宁夏社会科学院文库

自发移民与社会治理

宁夏的实践和经验

SPONTANEOUS IMMIGRATION AND SOCIAL GOVERNANCE
THE PRACTICE AND EXPERIENCE FROM NINGXIA

杨永芳 著

社会科学文献出版社
SOCIAL SCIENCES ACADEMIC PRESS (CHINA)

目 录

第一章　导论 / 1
　　第一节　课题研究背景及意义 / 1
　　第二节　课题研究框架、内容和观点 / 10
　　第三节　研究路径、方法和创新 / 15

第二章　移民与自发移民的概念、理论和讨论 / 20
　　第一节　国内外移民理论研究概述 / 20
　　第二节　移民界定与国内研究概述 / 32
　　第三节　关于自发移民的讨论分析 / 41

第三章　西部民族地区移民的历史回顾 / 52
　　第一节　古代和近代西部地区的移民与开发 / 52
　　第二节　新中国成立以来西部民族地区的人口迁徙 / 64
　　第三节　本章小结和讨论 / 78

第四章　西部民族地区自发移民的经济社会发展状况 / 82
　　第一节　自发移民的经济状况 / 82
　　第二节　自发移民的社会地位和社会生活 / 89
　　第三节　本章小结和讨论 / 102

第五章　西部民族地区自发移民与资源环境的可持续发展 / 105
　　第一节　自发移民与生态环境变迁 / 106
　　第二节　自发移民与资源的利用管理 / 117
　　第三节　本章小结和讨论 / 124

第六章　西部民族地区自发移民的民族关系与宗教、文化生活 / 128
　　第一节　自发移民聚居区的民族关系 / 129
　　第二节　自发移民的宗教、文化生活和价值观念 / 139
　　第三节　本章小结和讨论 / 146

第七章　西部民族地区自发移民的社会融合 / 149
　　第一节　社会融合的相关概念及理论演进 / 149
　　第二节　自发移民的聚居格局类型 / 156
　　第三节　自发移民的人际关系和社会参与 / 158
　　第四节　本章小结和讨论 / 169

第八章　西部民族地区自发移民的反贫困之路
　　　　　——以宁夏银川兴泾镇 X 村为例 / 174
　　第一节　区域贫困和区域差别 / 175
　　第二节　贫困地区农民自发迁移的机制 / 181
　　第三节　自发移民反贫困行动的调查分析 / 186
　　第四节　自发移民对区域反贫困的意义和价值 / 198
　　第五节　本章小结和讨论 / 204

第九章　自发移民聚居区社会治理结构与困境
　　　　　——以宁夏银川 X 村和 M 移民区为例 / 206
　　第一节　X 村的基本结构和调查样本的基本情况 / 207
　　第二节　X 村社会治理中自发移民的参与活动 /214
　　第三节　X 村社会治理的基本模式 / 221

第四节　M 移民区：一个独特的自发移民聚居区 / 225
第五节　从 X 村和 M 移民区看民族地区基层社会治理 / 230
第六节　本章小结和讨论 / 234

第十章　西部民族地区自发移民的发展困境与利益诉求 / 237
第一节　社会冲突与社会矛盾 / 238
第二节　自发移民的发展困境与利益诉求 / 244
第三节　本章小结和讨论 / 258

第十一章　创新自发移民聚居区社会治理的思路和建议 / 262
第一节　创新自发移民聚居区社会治理的意义 / 262
第二节　创新自发移民聚居区社会治理的思路和对策 / 268
第三节　本章小结和讨论 / 281

参考文献 / 284
附　录　宁夏回族自治区自发移民调查问卷 / 296
后　记 / 308

第一章
导 论

　　自古以来人口的流动迁徙就是人类社会普遍恒久的现象。从历史发展的轨迹来看，宁夏一直就是一个移民频繁的地区，移民现象延续到当代。改革开放以来，随着政府组织的大规模扶贫开发移民工程的实施，在西部民族地区产生了一个特殊的社会群体——自发移民。所谓"自发移民"，是指为解决自身贫困问题，不依靠政府组织搬迁，在不享受政府任何补助或扶持的情况下，由个人或家庭自主决定实施搬迁的贫困人口。由于特殊的自然环境，西部民族地区的贫困人口只能通过自主迁徙的方式改变生存环境。本研究以宁夏自发移民为研究对象，重点探讨西部民族地区自发移民迁入地聚居区社会治理创新及相关问题。

第一节　课题研究背景及意义

一　研究背景

（一）西部民族地区：小康社会建设的重点和难点

　　党的十八大确立了到 2020 年在我国全面建成小康社会的奋斗目标。对西部民族地区而言，要确保与全国同步进入全面小康社会，面临一系列严峻挑战，其中贫困和生态环境脆弱与退化是建设小康社会两个最关键的制约因素。西部民族地区由于自然禀赋较差，贫困地区大部分集中在山区、丘陵、高原和荒漠地带，这些地区往往群山连绵，盆地狭小，山石广布，植被稀缺，高寒阴湿，丘陵多，耕地少，水资源缺乏，或者水土流失，灾害频繁，生产条件、生活环境十分恶劣，很多地区被称为"不适合人类生存居住的地区"。由于经济社会发展水平的限制和自然环境的约束，这些地区往往基础设施建设普遍滞后。而薄弱的基础设施建设和严酷的自然条件导致这些地方长期以来贫困的负效应不断叠加，在加剧了当地环境破坏和恶化的同时，又进一步增加了摆脱贫困的难度。

尽管经过多年的反贫困斗争，特别是改革开放以来大规模的扶贫开发，西部地区的贫困面貌和生态环境发生了翻天覆地的变化，6亿多名贫困人口摆脱了贫困，我国成为全球首个实现联合国千年发展目标"贫困人口比例减半"的国家，扶贫领域的巨大成就也在国际社会引起了广泛关注。但根据最新一轮的扶贫规划，按照我国农民年人均纯收入2800元的新的扶贫标准来看，截至2015年底，我国仍有14个集中连片特困地区、592个贫困县、12.8万个贫困村、5500多万名贫困人口，贫困发生率为5.7%。而西部地区的贫困县数量高达375个，占全国贫困县的63.3%，西部地区中的民族八省区（新疆、宁夏、内蒙古、广西、西藏、青海、云南、贵州）贫困县为232个，占全国贫困县的39%。[①] 这说明西部地区特别是西部民族地区依然是我国贫困面最广、贫困发生率最高、贫困程度最深的地区。由于西部民族地区贫困人口中的相当一部分是少数民族，加之这一地区交通不便、基础设施和公共服务条件较差，这一地区的贫困程度更深，减贫成本更高，脱贫难度更大。正如习近平总书记讲到的，我国的扶贫开发正处于一个特殊的历史阶段，即已进入"啃硬骨头、攻坚拔寨"的冲刺期。从2015年我国小康社会建设进程的各项指标来看，西部各省区与全国的均值相差十几个百分点，可以说，西部要想与全国同步进入全面小康任重而道远。当然，没有西部地区的小康，就没有全国的全面小康，从这个意义来说，全面建成小康社会的重点、难点都在西部地区。

---

① 国家统计局：《2015国民经济和社会发展统计公报》，2016年2月29日。

（二）反贫困：西部民族地区发展的必由之路

改革开放以来，我国加大了对西部民族地区贫困的治理力度，特别是随着《国家八七扶贫攻坚计划（1994－2000 年）》和《中国农村扶贫开发纲要（2001－2010 年）》的实施，西部民族地区的贫困状况得到明显改善。与此同时，在西部民族贫困地区也形成了一系列行之有效的扶贫方法，这些方法在大类上可以概括为专业扶贫、行业扶贫、社会扶贫以及对口支援等方式，具体到操作层面可以分为易地扶贫、整村推进、连片开发、科技扶贫、产业扶贫和金融扶贫等措施，其中"易地移民扶贫开发"成绩最为显著。特别是在一些贫困率较高的少数民族地区，如宁夏的西海固地区、云南的怒江地区、甘肃的定西地区、青海的海东地区、广西的百色地区等，通过采取易地移民扶贫的方式，有效改变了少数民族贫困人口的生活现状，搬迁群众普遍走上了脱贫致富的道路。

作为全国脱贫攻坚的主战场之一，宁夏西海固地区属于国家 14 个集中连片特困地区之一的六盘山片区。六盘山片区包含甘肃中东部的 40 个县区以及青海、宁夏和陕西的各 7 个县区，共 61 个国家重点贫困县区。郑长德等学者通过对全国 14 个集中连片特困地区多维贫困的测度比较后认为，从重度贫困县的绝对数量来看，2010 年所有片区 19.16% 的贫困县属于重度多维贫困县，重度贫困县最多的片区则包括西藏、六盘山区和滇桂黔石漠化区等；从各自片区多维贫困程度的结构来看，西藏、乌蒙山区、六盘山区和滇桂黔石漠化区的重度贫困县在相应片区的比重最高；从各片区重度贫困县的变动情况来看，六盘山区和乌蒙山区重度多维贫困县占集中连片特困地区总体重度贫困县的比重上升最为显著，分别从 2001 年的 10.14% 和 9.30% 上升到 2013 年的 19.35%。[①] 这一结论表明，六盘山片区仍然是当代中国 14 个集中连片特困地区中贫困程度最重的地区之一。西海固地区以"苦瘠甲天下"而闻名，经过"三西"扶贫、"双百"扶贫、

---

① 郑长德、单德朋：《集中连片特困地区多维贫困测度与时空演进》，《南开学报》（哲学社会科学版）2016 年第 3 期。

千村扶贫、百万贫困人口扶贫攻坚四个阶段的努力，贫困状况有了很大改观。宁夏全区累计减少贫困人口290万左右，[1]扶贫开发成就显著。

（三）扶贫移民开发过程中产生的自发移民对社会治理提出了挑战

"十二五"以来，西部民族地区为保护生态环境、解决水土流失问题、帮助农村贫困人口脱贫，政府又以生态移民或工程移民的方式开始实施大规模人口迁移。宁夏对中南部地区35万名贫困人口实施了生态移民搬迁，青海累计搬迁10余万名农牧民，西部各省区的移民搬迁工作均取得了巨大成绩。宁夏通过移民搬迁，300个重点贫困村实现整村脱贫销号，贫困人口从101.5万人下降到2015年底的58万人，贫困发生率由26.6%下降到14.5%，中南部地区农民人均可支配收入增速连续多年高于全区平均水平。农村贫困人口大幅减少，贫困地区自我发展能力逐步增强，[2]生产生活条件明显改善，扶贫开发工作机制不断创新，有效推动了民族地区扶贫开发方式从"输血式"向"造血式"模式的转型，走出了一条脱贫致富的新路子。

过去30年的扶贫移民的历史表明，人口迁移是打破环境恶化和贫困循环的有效手段，人口迁移从根本上改变了贫困人口的生存环境，为他们彻底摆脱贫困、迈向小康铺设了一条新路，也促进了移入地区的经济发展和移出地区的生态恢复。[3]不论是20世纪八九十年代组织的扶贫开发易地搬迁移民，还是近年来以改善生态和扶贫为双重目标的生态移民，它们都属于政府有组织、有计划实施的移民安置方式。在迁移人口的管理上，迁入地和迁出地都能够实现有效对接，

---

[1] 李建华：《举全区之力坚决打赢脱贫攻坚战　提前两年实现"两个确保"脱贫目标》，《共产党人》2016年第2期。
[2] 李建华：《统一思想　明确目标　坚定打赢脱贫攻坚战的决心和信心》，《宁夏日报》2016年1月19日。
[3] 李培林、王晓毅：《生态移民与发展转型——宁夏移民与扶贫研究》，北京：社会科学文献出版社，2013年版，第7页。

并且迁移人口能够享受政府的迁移补助和统一安置等优惠政策，我们把他们称之为"政策性移民"。但由于政府在人财物投入方面的局限，贫困群众的移民意愿并不能得到全部满足。多年来，易地移民扶贫开发的成功示范，以及近年来生态移民搬迁工程的带动效应，使大批农村人口往往通过自主搬迁的方式举家迁移，改变生产生活环境，寻求出路。特别是近年来，随着西部地区城镇化的快速发展，大量农村剩余劳动力转移出去外出务工，加速了贫困人口走出去的步伐，在西部民族地区形成了一个数量庞大的特殊的移民群体——自发移民。

所谓"自发移民"，是指贫困人口不依靠政府组织动员实施的搬迁，他们完全没有享受政府的任何补助或扶持，由个人或家庭自主决定，通过多种渠道离开户籍所在地，搬迁到生态环境相对更好地区定居生活的农村人口。自发移民往往是与政策性移民相伴而生的特殊移民群体，是移民政策不能满足农村贫困人口迁移需求而产生的一个必然结果。自发移民群体往往涉及人口规模大、数量多、覆盖面广，从贫困地区的实际情况来看，可以说，哪里有政府搬迁的政策性移民，哪里就自然会产生自发移民。从宁夏自发移民的情况来看，近十几年来，90%以上的自发移民来自宁夏中南部贫困山区，主要迁往宁夏北部平原地区，仅宁夏的自发移民人数就有20多万人。云南红河州、广西百色地区也同样涌现了大量自发移民，"一些土石山区的贫困户不甘于现状，纷纷冲出家门，异地开发，寻求致富路。他们或联户异地承包荒山搞种养，或与林、果场联营搞开发，或大胆承包企业，走个体经营之路。经过几年发展，这些异地开发的农户已基本摆脱了贫困，并开始走上了富裕"。[①] 可以说，自发移民为摆脱贫困，自主迁移，已成为西部民族地区人口流动过程中一个庞大的不能被忽视的特殊群体。

自发移民的产生是人口流动和我国城镇化快速发展的必然结果，它体现了农村社会的快速变革和开放进步。从积极的一面来看，自发

---

① 罗桂海、黄宁：《早出去　早开发　早脱贫——百色地区部分农户异地开发见成效》，《广西农村经济》1994年第2期。

移民通过自身力量迁出了自然环境恶劣的山区，客观上使原居住地长期存在的人地紧张矛盾得以缓解，大大减轻了当地由于人口超载对自然环境造成的压力。自发移民通过自身的努力改变了自己的生产生存困境，摆脱了贫困，逐步走上了致富道路，自发移民的实践对我国西部落后地区的反贫困实践无疑是具有启发和借鉴意义的。当然，自发移民的自由迁移也带来了一些不可避免的社会问题。

由于自主迁移流动，自发移民大部分是从农村流向农村，和政府组织的生态移民即政策性移民相比，自发移民始终处于人户分离的状态。在新迁入地，其土地、房屋的权属关系模糊，教育、医疗和社会保障等公共服务短缺，计划生育难管理，政治权利缺失，有的移民和当地村民争夺水资源。自发移民既脱离了户籍所在地的管理，在新的迁入地又不能被纳入村委会正常管理的范围，导致自身缺乏归属感、认同感，在某种程度上，自发移民聚居区成为基层社会治理的真空地带。从近年来宁夏回族自治区内自发移民的现状和发展趋势来看，由于人口数量多、规模大、分布广等特点，这一群体已成为基层社会治理的难点。目前，如果要求这部分人返迁原籍，显然难度非常大，可能会引起大的社会震荡，也不符合以人为本的执政理念，与当前要全力打赢脱贫攻坚战的做法亦是背道而驰。如果放任不管或久拖不决，那等于将这部分人口基本排除在政府的社会治理范围之外，他们也无法享受到公民应有的完整的公共服务和公共产品。近年来，由于自发移民权益得不到切实保障，自发移民因维权导致的群体性上访事件时有发生，对社会稳定造成一定影响。从全国来看，宁夏银川市的M移民区现象、云南红河州的"开远"现象等都说明，自发移民引发的社会问题已给西部民族地区的社会治理带来了巨大挑战。

（四）正确对待自发移民是打赢扶贫攻坚战的必然要求

党的十八届三中全会做出的《中共中央关于全面深化改革若干重大问题的决定》首次使用了"社会治理"的概念，提出了"创新社会治理，必须着眼于维护最广大人民根本利益，最大限度增加和谐因素，增强社会发展活力，提高社会治理水平，全面推进平安中国建设，维护国家安全，确保人民安居乐业、社会安定有序"。党的十八届四中全会就推进社会治理创新做出重大战略部署，提出要"坚持源头治理，标本兼治、重在治本，以网格化管理、社会化服务为方向，健全基层综合服务管理平台，及时反映和协调人民群众各方面各层次利益诉求"。当前，要推进我国经济发展、政治清明、文化昌盛、社会公正、生态良好，实现和平发展的战略目标，① 确保到2020年如期全面建成小康社会、实现中华民族伟大复兴的中国梦，西部民族地区必须把维护社会稳定、确保贫困人口全部脱贫作为首要任务。

不论是政策性移民还是自发移民，移民迁徙都是贫困人口摆脱贫困的路径和方式，而让贫困人口能够稳定脱贫致富实现可持续发展则是政府工作的出发点和落脚点，也是全面建成小康社会最艰巨的任务。2013年11月，习近平总书记到湖南湘西考察调研时，首次提出了"精准扶贫"的概念。在贵州调研时又讲了扶贫的六个精准，即"对象要精准、项目安排要精准、资金使用要精准、措施到位要精准、因村派人要精准、脱贫成效要精准"。② 习近平总书记提出的精准扶贫思想切中了我国长期以来在扶贫领域中普遍存在的低质、低效的症结，即贫困人口底数不清、情况不明、针对性不强、扶贫资金和项目指向不准等问题。"精准扶贫、精准脱贫"思想不仅为下一步扶贫攻坚明确了方向和任务，也为更好地保障贫困人口的发展权益提供了有力保障。

消除贫困、改善民生、逐步实现共同富裕，是社会主义的本质要求。确保到2020年农村贫困人口实现脱贫，是全面建成小康社会最艰巨的任务。③ 为此，2015年11月，中央召开扶贫开发工作会议，向全党全国人民发出了坚决打赢脱贫攻坚战的总动员，颁布了《中共中央国务院关于打赢脱贫攻坚战的决定》，确立了"到2020年，稳定实现农村贫困人口不愁吃、不愁穿，义务教育、基本医疗和住房

---

① 郭正礼、杨永芳：《在法治轨道上不断推进社会治理创新》，《宁夏日报》2015年1月4日。
② 闫书华、范伟：《坚决打赢脱贫攻坚战》，《学习时报》2016年2月15日。
③ 《中共中央国务院关于打赢脱贫攻坚战的决定》，《人民日报》2015年12月8日。

安全有保障。实现贫困地区农民人均可支配收入增长幅度高于全国平均水平,基本公共服务主要领域指标接近全国平均水平。确保我国现行标准下农村贫困人口实现脱贫,贫困县全部摘帽,解决区域性整体贫困"的总体目标。① 面对纷繁复杂的国内外社会发展形势,打赢脱贫攻坚战,保障民生,是确保全体人民共享改革发展成果、实现共同富裕的重大举措。

西部民族地区的自发移民有很大一部分是少数民族贫困人口,因为宗教信仰、生活习俗等涉及民族文化问题,这部分自发移民问题具有相对的特殊性。当前,如何正确看待认识自发移民问题,落实自发移民的各项权益,解决自发移民的可持续发展和出路问题,使自发移民中的贫困人口能够得到及时识别和有效帮扶,特别是防范自发移民群体因权益缺损导致的二次返贫,使自发移民聚居区治安稳定、管理规范,让自发移民和其他政策性移民一样都能享受到惠农政策和均等的公共服务、公共产品,使精准扶贫、精准脱贫不留死角,更有效地减轻政府反贫困的压力,这不仅是一项巨大的民生工程和民心工程,也是对各级党委、政府能否适应新阶段我国社会发展的客观现实,创新社会治理方式,转变执政理念,提升政府公信力,打赢脱贫攻坚战的考验。

总之,自发移民群体是脱贫攻坚战中不能忽视和回避的群体,自发移民引发的社会问题也是政府在社会治理过程中绕不过去的亟待破解的现实难题。自发移民问题的特殊性迫切需要学术界和理论工作者运用学术理论研究的方法,从党委、政府部门层面决策的视角,从基层部门层面实践操作的视角深入剖析思考,为各级政府推动自发移民问题解决提供更客观、更翔实的理论依据、思路和决策参考。

二 研究意义

(一)理论意义

移民是我国政府实施反贫困战略的重要手段和方式,移民问题是

---

① 《中共中央国务院关于打赢脱贫攻坚战的决定》,《人民日报》2015年12月8日。

一个具有全球意义的研究议题。近年来,不论是学术界还是实际部门的工作者,都对我国的移民问题进行了广泛深入的研究探讨,学术成果总体颇丰。从研究对象来看,这些研究主要集中在吊庄移民、工程移民和生态移民等方面,这些移民都属于政府有计划、大规模组织的政策性移民。从研究视角来看,研究者主要从社会学、人类学、经济学、政治学等角度探讨研究的居多,涌现了一批有决策参考价值的研究成果。从研究内容来看,主要集中探讨了移民与扶贫的关系、移民的产业及可持续发展、移民的社会适应和社会融入等问题。纵观我国学术界针对移民问题的研究,主要还是集中在政策性移民的相关问题上,而对属于非政策性移民,即自发移民群体的研究成果明显偏少,理论界对该问题的重视程度显然不够。自发移民群体是西部民族地区在反贫困过程中出现的一个特殊而庞大的群体,开展自发移民问题研究,对丰富移民的理论体系,创新自发移民聚居区的社会治理方式,实现对农村贫困人口的精准扶贫、精准脱贫,为政府解决自发移民问题提供理论依据和政策支持具有十分重要的意义。

(二) 现实意义

西部民族地区自发移民数量多、规模大、分布广,自发移民自谋生活出路,一方面缓解了迁出地的生态环境压力,解决了自身的贫困问题,减轻了政府乃至全社会在反贫困方面应当承担的责任和压力;但另一方面,自发移民自身发展又面临诸多困境,政治、经济和发展权益缺失,同时,自发移民又给迁入地政府的社会治理带来巨大压力和困扰。自发移民在迁入地因户籍问题享受不到与当地居民同等的待遇,成为被"边缘化"的社会群体,导致上访和群体性事件经常发生,对民族地区的社会稳定造成了影响。而地方政府因利益博弈,在解决自发移民问题上疑虑重重,迟迟不能出台有效的政策措施,使自发移民不仅成为困扰基层政府社会治理的难点,自发移民中大量贫困人口也成为当前精准扶贫过程中的盲点。所以,创新自发移民聚居区社会治理,重新认识自发移民对反贫困的价值和意义,使他们能够和政策性移民一样,享受均等的公共服务、公共产品和惠农政策,走上稳定脱贫乃至致富的道路，对西部民族地区打赢脱贫攻坚战，确保到2020年与全国同步实现全面小康社会奋斗目标具有十分重要的现实意义。

第二节　课题研究框架、内容和观点

一　研究框架和内容

本课题是基于以下四个维度来构建课题的研究框架的：移民的历史回顾，自发移民经济社会发展及社会融入的现状，自发移民的权益缺失和保障，政府治理的困境和责任。

（一）主要研究内容

（1）关于移民的概念和理论问题。主要包括移民的类型、自发移民的特点、搬迁动机、模式、影响因素及与政策移民的异同点。

（2）对西部民族地区移民历史演变的回顾和总结。主要阐述古代、近代以来西部民族地区的移民状况，描述分析新中国成立以来移民或人口的迁徙流动对西部民族地区经济社会发展产生的深远影响及启示。

（3）关于自发移民经济社会发展现状的分析。主要依据自发移民问卷调查的统计数据，从自发移民的经济状况、社会发展、政治权益、生态环境、资源利用、宗教文化及社会融入等多个角度对自发移民的生产生活现状进行详尽系统的考察、分析和评估。

（4）关于自发移民的民生建设与区域反贫困问题。探讨了自发移民迁入地聚居区的民生保障及社会建设问题，分析了自发移民在区域反贫困过程中的地位和影响。

（5）自发移民聚居社区社会治理结构分析。以宁夏银川市西夏区兴泾镇一个典型的自发移民聚居区为例，分析了自发移民聚居社区在多年的人口流动迁徙过程中是如何实现社区的治理与运行的，以及自发移民与基层政府形成的博弈关系。

（6）关于自发移民的发展困境及利益诉求。主要以2015年宁夏自发移民群体性上访案例和自发移民个案访谈为分析视角，分析自发移民群体当前面临的发展困境和利益诉求。

（7）关于自发移民聚居区社会治理面临的挑战和困难。主要包括户籍制度改革、土地权益、计划生育管理和政策落实、社会治安、宗教管理及公共服务与公共产品的供给和享有问题等。

（8）关于如何创新自发移民聚居区社会治理体制机制的思路和建议。分析了加快解决自发移民问题的必要性和紧迫性，提出了解决自发移民问题必须坚持"尊重历史，以人为本"的原则。

（二）调查点的选取和样本基本情况

为了更好地研究西部民族地区自发移民的生活生产现状及存在的问题，本课题组于2015年4~10月，对宁夏自发移民的总体状况进行了问卷调查，即"课题组2015抽样调查"，本书中使用的抽样调查数据，均来自此项调查。

宁夏的自发移民主要是从自然环境恶劣的南部山区自主搬迁到地势平坦、水资源相对丰富的北部川区。为了准确把握自发移民的状况，本次问卷调查选取了自发移民聚居相对集中的具有典型代表的3个乡镇，即银川市西夏区兴泾镇、永宁县闽宁镇和中卫市沙坡头区宣和镇。

兴泾镇隶属于宁夏银川市西夏区，距离银川市市区约15公里，辖6个行政村，38个自然村，1个居委会，1个流动人口管理站，总面积28.86平方公里，总人口约4043户21000人（其中户籍人口17000人，自发移民986户4000余人），人均耕地0.8亩。全镇有小学6所，初级中学1所，镇卫生院1所，村卫生室6家。兴泾镇X村居住群众近1000户，属计划内搬迁户仅167户，其余800余户均无户口。兴泾镇移民搬迁，始自1983年，至1988年搬迁基本结束。2000年属地管理移交至银川市郊区，2003年银川三区划界时，划归西夏区管理。搬迁开发初期，中央制定了"三西"扶贫政策，在土地开发、人口搬迁时，有充足的资金保障。自治区制定了"以川济山，以山济川，山川互济"的帮扶政策，由自治区属部门及川区市县在移民搬迁上予以全方位支持。泾源县制定了"搬得走，留得住"的扶持措施，在县内和吊庄各成立搬迁指挥部，抽调得力干部负责搬迁工作。搬迁工作结束后，不管是当初的泾源县，还是现在的西夏区，对兴泾镇都给予了各方面的政策支持，特别是自治区决定移民吊庄移交属地管理时，在移民吊庄地区继续执行10年山区的扶贫政策，大力促进基础设施建设，富有回族特色的小城镇初步形成，对兴泾镇的经济社会发展起了主要作用。

闽宁镇隶属于银川市永宁县，辖6个行政村，总面积56平方公里，总人口8870户4.4万人，Y村是闽宁镇的一个大村，全村共18个村民小组，4106户18453人，其中：常住人口2516户10823人，流动人口（主要是自发移民）1590户7630人，回族人口8225人，占总人口的44.6%，建档立卡贫困户253户983人，占总人口的5.3%。总耕地面积10800亩，人均耕地不足1亩。群众经济收入当前以劳务为主，近年来，逐步形成了以葡萄及枸杞种植、牛羊养殖、劳务输出和服务业为一体的四大优势主导产业。

宣和镇位于中卫市区东南，距中心城区26公里，总面积488.9平方公里，下辖24个行政村、1个场，总人口8.24万人，其中回族2万余人，是一个回汉共存、山川共济的农业大镇。辖区内共有自发移民2137户8716人，其中回族5426人，占62.3%，汉族3290人，占37.7%，全镇共设有17所中小学校和3所幼儿园。宣和冶金化工园和农副产品加工基地吸引了众多企业厂家入驻，形成了以电石、石灰氮、双氰胺、铁合金、新型建材为主的电石化工基地和以禽蛋加工、饲料加工、粮油加工、农资配送销售、肉食品加工为主的农副产品加工基地。经果林、设施农业、蔬菜种植、畜禽养殖、硒砂瓜、枸杞等优势特色产业发展突出，是该镇农村经济的重要支柱。2014年，全镇社会总产值达到26.67亿元，农民人均纯收入达到9900元。2002年宣和镇被自治区确定为全区20个示范集镇之一；2011年被自治区确定为全区14个沿黄城市带特色小城镇之一；2014年被中卫市委市政府列入了"四城八镇十村"建设总体规划。宣和小城镇建设步伐大大加快，现已形成以中心大街为轴线、向外辐射"四纵五横"

的镇区建设框架。

鉴于自发移民的聚居形式多样，外出打工人数较多，问卷调查采取了随机抽样入户调查的方式。调查共发放问卷 720 份，回收有效问卷 699 份，问卷有效率为 97.1%。其中兴泾镇为 313 份，占比为 44.8%；闽宁镇为 206 份，占比为 29.5%；宣和镇为 180 份，占比为 25.8%。在样本总量中，男性 371 人，占样本总量的 54.2%，女性 313 人，占 45.8%（按该项有效样本计算，下同）；汉族 41 人，占 5.9%，回族 654 人，占 94.1%；从年龄结构看，25 岁及以下 276 人，占 40.1%，26～45 岁 186 人，占 27.0%，46～60 岁 163 人，占 23.7%，61 岁及以上 63 人，占 9.2%；从婚姻状况看，未婚 69 人，占 10.0%，已婚 613 人，占 88.8%，离婚 8 人，占 1.2%；从户籍状况看，95.6%的受访者为农业户口，2.7%的受访者为非农业户口，1.6%的受访者没有户口；从受教育程度看，没有上过学的 265 人，占 38.1%，小学文化程度的 184 人，占 26.4%，初高中文化程度的 228 人，占 32.8%，大专及以上文化程度的 19 人，占 2.7%。

二　本课题的主要观点

（一）自发移民的迁徙行动在主流上是符合时代潮流的

研究解决自发移民问题对维护民族地区社会稳定具有十分重要的意义。自发移民不仅为迁出地的生态恢复做出了贡献，也减轻了国家的扶贫压力，还为迁入地提供了大量劳动力。各级地方政府应从全面建成小康社会的要求出发，以人为本，摒弃狭隘的地方本位主义意识，对自发移民实施积极的社会政策。

（二）自发移民的迁徙是改革开放的大社会背景下催生的结果

经济因素并不是影响自发移民搬迁的唯一因素，迁入区良好的受教育条件、就业机会和便利的交通等基础设施也是影响移民搬迁的重要因素。

（三）自发移民成为被"边缘化"的群体

由于户籍制度壁垒，西部民族地区自发移民不仅给迁入地政府的社会治理带来巨大压力，自发移民群体也长期面临权益受损的境遇，主要表现为经济权益受损、政治地位边缘化和公共服务缺失。由于各项权益得不到有效保障，自身发展机会不足，自发移民成为被"边缘化"的社会群体。

（四）重建移民社会网络有助于移民的发展

自发移民搬迁后原来积累的社会关系相当一部分已淡化或断绝，移民与迁入地的关系需要重新建立起来。社会网络重建是每一个自发移民都必须面对解决的问题。总的来看，移民的社会网络会因为搬迁而发生或多或少的改变，移民要想在新的迁入地立足发展，只有通过重建新的社会关系网络获得必要的帮扶。

回汉关系对于回族和汉族都是一种特殊的社会关系。自发移民的大多数受访者作为回民，他们的很多社会活动都要与汉族人共同完成。如何看待和处理回汉关系，是自发移民在新的迁入地需要重新把握的问题。但从实地调研来看，自发移民聚居区的回汉民族关系总体良好，也体现了宁夏回族自治区当前民族关系的真实状况。

（五）自发移民与政策性移民具有共生关系

自发移民是政府组织的政策性移民的伴生现象。西部民族地区各级地方政府应从全面建成小康社会以及实现精准脱贫的目标要求出发，历史地看待移民中的土地转让行为，理性认识自发移民对反贫困的意义和价值，全力推进自发移民问题解决。

（六）对待自发移民要"尊重历史，以人为本"

解决自发移民问题要坚持"尊重历史，以人为本"的原则，本着"消化存量，控制增量；整体解决，分类施策；抓住重点，保障民生"的思路进行。针对自发移民跨省迁移问题，需要从国家层面出台政策文件统一协调解决。

（七）政府在创新自发移民聚居区社会治理中承担主体责任

加强和创新自发移民迁入地聚居区的社会治理，政府必须采取积极的措施回应社会民众的需求，强化公共服务职能，保障公众的需求和利益，建立迁出地与迁入地政府的良性合作互动机制。在具体实践中，要发挥移民社区多元治理主体的合力，在自发移民社区实现公共服务均等化。

（八）户籍和土地问题是解决自发移民问题的关键和核心

解决自发移民问题，一是要加快户籍核转落实，使自发移民在迁入地有合法身份；二是要做好耕地、住宅（宅基地）的确权，切实维护自发移民的经济权益。在解决户籍问题的同时，要提高自发移民的社会保障覆盖面。

第三节　研究路径、方法和创新

一　本课题研究的路径、重点和难点

（一）研究路径

本课题属于典型的社会学实证研究，研究路径如下。

（1）文献研究。系统梳理收集前人的研究成果（论著、论文等），通过召开座谈会、访谈等方式收集有关自发移民发展现状的第一手数据资料，走访政府部门收集相关历史文献资料。

（2）问卷调查。问卷内容主要涉及移民的经济状况、社会发展、生态环境、资源利用、宗教民族关系、社会融入和搬迁满意度等几个方面。调研点主要选取银川市和中卫市具有代表性的3个自发移民聚居社区，通过入户的方式开展问卷调查。

（3）深度访谈。在银川市选取两个移民点开展深度访谈，访谈对象包括普通自发移民、自发移民中的"管理人员"和宗教人士、乡镇及村委会干部等人员，为典型案例的深度分析提供依据和支撑，撰写典型案例调研报告。

（4）实证分析。结合问卷的统计数据和访谈资料，对自发移民的经济社会发展状况、生态环境与资源利用的影响因素、权益保障困境等进行实证分析研究。

（二）本课题研究的重点

（1）梳理问题。通过调查厘清当前民族地区自发移民自身面临

的生存发展困境及政府在自发移民聚居区社会治理中面临的问题。

（2）深度研究。包括如何创新自发移民在迁入地聚居区的社会治理体制机制、如何有效解决自发移民在迁入地的社会融入问题等。

（3）提出对策。解决自发移民问题，首先需要在理论上对自发移民有比较全面的评价和认识，更需要在操作层面找到有针对性的、切实能让自发移民安居乐业的举措。同时，解决自发移民问题应当以保障自发移民在迁入区的发展权益为前提，真正实现自发移民"搬得出、稳得住、能致富"，实现可持续发展。

（三）本课题研究的难点

自发移民问题涉及我国的一些土地政策和制度，同时又存在对资源的有序开发和利用问题，从而导致自发移民问题久拖不决。正因此，研究自发移民有相当的难度。

（1）把握自发移民的总体状况。鉴于自发移民长期处于政府管理的"真空"状态，或者被边缘化的实际情况，全面准确掌握自发移民的总体状况有相当难度。

（2）对策建议要切实管用。对策建议要考虑到如何实现自发移民迁出地与迁入地政府的有效协调管理，如何解决跨省区迁移的自发移民，户籍管理如何松绑，土地及宅基地如何确权，同时还有如何解决自发移民迁入地聚居区公共服务、公共产品及公共资源的优化配置和共享问题，如何解决公共财政投入的来源等问题。这些问题涉及的政策面广、范围大，把问题考虑周到，确实能解决实际问题而不是纸上谈兵，有相当难度。

（3）理论要创新。移民现象自古有之，移民研究也成果颇丰。而自发移民则是当代中国改革开放背景下特别是扶贫开发后产生的一个特殊群体。正确认识和评价自发移民，涉及许多理论问题，包括我国的基本土地制度、自主性迁徙行动的合法性及其对基层社会治理结构的挑战、对资源的合理有序开发利用、自发移民的公民权益保障等，需要通过理论创新，对于涉及自发移民的诸多问题予以更有说服力的解释。

二 本课题研究方法

在研究方法上，本课题主要采用以下方法。

（一）实证研究与学理分析相结合

实证研究侧重于对研究对象的客观描述，学理分析侧重于对研究对象的理性判断，在对各个自发移民点调研的基础上，收集第一手资料展开实证分析，提炼观点进一步升华到理论高度，达到理论与实践相互补充和结合的目的。

（二）定性分析与定量分析相结合

在对自发移民问题进行定性分析的基础上，以问卷统计数据为依据，就自发移民的经济社会发展等问题进行定量分析，保证结论的客观性和说服力。

（三）动态分析与静态分析相结合

移民是在一个较长时间里"动态"进行的，在这一绝对的动态发展过程中，存在若干个"静态"时点，通过纵横时间维度，综合分析自发移民发展的特点、规律和困境。

（四）理论分析与对策建议相结合

从面到点，多种调研方式并用，在市一级召开政府相关部门参加的座谈会，了解各市自发移民总体情况。在基层召开乡镇及村委会管理人员的小型座谈会，将问卷调查和深度访谈相结合，尽可能多地掌握第一手资料，保证研究的系统深入。以国内外相关理论分析为支撑，力求提出的对策建议具有前瞻性、针对性、创新性和应用性，对实践有较强的指导作用。

三 本课题研究特色和创新

（一）研究特色

（1）针对性。当前，社会治理的难点和重点在基层，而自发移民导致的大量社会问题正是基层社会治理的难点所在。本课题聚焦于民族地区自发移民这一特殊群体，通过对自发移民社会治理创新难点的剖析，反思我国当前在扶贫开发、基层社会治理、公共服务供给、民生建设及户籍制度改革等相关领域的深层次问题。

（2）典型性。本课题以宁夏为视角进行实证研究。宁夏是我国唯一的回族自治区，宁夏的历史其实就是一部移民开放史。从历史上来看，宁夏自古以来就是中原王朝与游牧民族的必争之地，是农耕文化与游牧文化的交汇碰撞之处，历朝历代的统治者都采取多种形式进行了移民开发。新中国成立以后，国家抽调大批人财物支援宁夏发展。改革开放以来，宁夏中南部地区进行了大规模的扶贫开发，创造性地走出了一条易地移民扶贫开发之路。宁夏的政策性移民取得了显著的经济社会效益，政策性移民的成功示范也带动了一大批自发移民，特别是形成了像宁夏银川市 M 移民区"兴泾镇 X 村"这样由自发移民独自管理的在全国极具特殊性和典型性的自发移民聚居区。与其他西部省区相比，宁夏在该领域的研究尚比较薄弱。宁夏被誉为"民族团结的典范"，宁夏的移民工程堪称全国的样板。而回族又是宁夏自发移民的主体，2016 年伊始，宁夏回族自治区党委、政府就解决银川市 M 移民区自发移民问题正式出台了文件政策，开启了西部地区解决自发移民问题的先河，宁夏的做法和经验将对西部地区解决此类问题提供借鉴和启示，因此，以宁夏为例开展研究具有一定的代表性。

（3）系统性。本课题研究内容丰富，从移民的发展历史，到自发移民的经济社会发展现状、生态环境保护、宗教文化生活及社会融入，再到自发移民聚居社区的社会治理结构、自发移民的权益保障问题、自发移民的反贫困意义，研究领域涵盖了自发移民的方方面面。

（4）应用性。自发移民问题是多年来困扰西部民族地区基层社会治理的难点问题，研究并推动这一问题的解决，是民心所向、政府所需、社会所求，对确保西部民族地区社会稳定，打赢脱贫攻坚战，与全国同步进入全面小康社会具有十分重要的现实意义。

（二）本课题的创新之处

（1）研究领域。以民族地区自发移民为研究对象，以西部为研究的地域背景，探讨民族地区社会治理创新的难点问题，选题切中时弊。课题设计了一套系统完整的自发移民农户的调查问卷，通过大量翔实的调研资料和问卷统计数据，解析当前基层社会治理面临的困境，不仅可以为民族地区各级党委、政府的决策提供有价值的研究成果，而且对从国家层面统筹解决自发移民问题起到借鉴和推动作用，研究具有很强的针对性、紧迫性。

（2）研究视角。在研究视角上，综合运用社会学、民族学、人口学、人类学、经济学和政治学等多学科的理论知识作为分析视角，从微观的对个体生活的考察入手，着眼于宏观的政策安排，试图建构关于分析研究自发移民的体系。

（3）研究方法。在研究方法上，注重理论分析与实证调查、定性分析与定量分析、静态分析与动态分析相结合，突出应用性和实用性。

第二章
移民与自发移民的概念、理论和讨论

在人类漫长的发展历史上,迁徙成为重要的活动方式。而在近代以来,人文社会科学从自然科学中分离出来以后,移民现象成为众多学科研究的内容。前人关于移民研究的理论和观点,是本项研究思想理论的源泉,有助于本项研究的深入进行。本章梳理国内外关于移民研究的理论观点,并对自发移民做一些概括性的分析。

第一节 国内外移民理论研究概述

移民是人口流动的结果。在世界工业化的过程中,移民成为席卷全球的浪潮,而殖民主义则使人类的迁徙充满了血腥。伴随移民的全球化浪潮,各个国家内也出现了形式多样的移民。因人口迁移而引发的大量社会问题受到全世界的共同关注,针对移民问题的研究也成为全球学者共同的旨趣。

从 19 世纪下半叶开始,西方的学者们从经济学、地理学、社会学等学科视角,对移民问题进行了多维度、多层次的研究,提出了一系列移民理论。1960~1970 年代,以拉里·萨斯坦(Larry Sjaastad)为代表的新古典派将移民理论研究提升到一个新高度,成为移民研究的重要分水岭。国际移民研究呈现空前繁荣的景象,各种理论层出不穷,出现了大量的概念、模型与分析框架,[①] 移民研究的理论体系更加完善。

---

① 傅义强:《当代西方国际移民理论述略》,《世界民族》2007 年第 6 期。

西方学界在移民问题研究领域的突出贡献，不仅为全球范围的移民问题研究奠定了良好的理论基础和学科基础，也为我国学者参与国际范围的移民研究对话和创设有价值的本土化理论提供了借鉴和经验。近30年来，随着移民研究范围和角度的拓展，我国的学者一方面用国际移民理论来阐释国际人口流动现象，另一方面从基本国情出发，针对不同形式的国内移民及理论问题进行了深入的探讨分析，提出了许多有影响的观点和模式，移民研究取得了重大建树，构建了具有中国本土特色的移民理论体系，为认识我国的移民实践起到了很好的指导作用。

一　国外移民研究的主要理论

移民作为一种复杂的人口流动现象，受到迁出地和迁入地的经济、社会、政治、文化和地理等多方面的影响。为了解释国际移民现象，分析由此衍生的大量社会问题，学者们从移民的动因、过程和结果等角度展开了全面深入的分析，形成了丰富的移民理论体系，主要包括："推－拉"理论（Push-pull Theory）、新古典主义经济理论（Neoclassical Economic theory）、新经济移民理论（New Economics of Migration）、劳动力市场分割理论（Segmented Labor-Market Theory）、世界体系理论（World Systems Theory）、移民系统理论（Immigration System Theory）、跨国主义理论（Transnationalism Theory）、移民网络理论（Network Theory）、累积因果关系理论（Cumulative Causation Theory）等。[1]

（一）"推－拉"理论

"推－拉"理论始于美国学者埃内斯特·乔治·莱文斯坦（E. G. Ravenstein）19世纪对"人口迁移法则"的研究。[2] 莱文斯坦在1885～1889年所著的《移民的规律》（*The Laws of Migration*）一文中，对移民的迁移规律进行了总结，认为人口迁移并非完全无序流

---

[1] 位秀平、杨磊：《国际移民理论综述》，《黑河学刊》2014年第1期。
[2] 位秀平、杨磊：《国际移民理论综述》，《黑河学刊》2014年第1期。

动，而是遵循一定规律，这些规律表现在：人口迁移受距离的影响；人口迁移呈分层递进的特征；迁移流与反迁移流并存；城乡间迁移倾向有差别；短距离迁移以女性居多；技术发展使人口迁移呈现增加的趋势；人口迁移以经济动机为主。莱文斯坦因此也成为公认的现代移民研究的奠基人。

在莱文斯坦研究的基础上，赫伯尔（Herberle）于1938年、米切尔（Mitchell）于1946年分别对"推－拉"理论进行了更深入的阐述，认为决定人口迁移行为的因素是原住地的"推力"和迁入地的"拉力"，"推力"一般是消极因素，"拉力"一般是积极因素。1960年代美国学者李（E. S. Lee）又提出了四个迁移因素：与迁移的目的地有关的因素；与迁移的原住地有关的因素；介于迁移目的地和原住地之间的因素；与迁移者个人有关的因素。而有利于迁移的正因素、不利于迁移的负因素和不起作用的中性因素的较量和综合，才促成最后的迁移行动。通常只有当迁移的好处大于迁移成本，人们才会选择迁移行为。[1] 由于"推－拉"理论只能对移民现象做定性的比较研究，随着移民研究的深入，"推－拉"理论模型的缺陷受到越来越多的批评和质疑。在20世纪后期学者们针对移民问题的研究中，则不是单纯地提出"推力"或"拉力"因素，开始着眼于研究分析推拉因素产生的原因，以及在不同的对象身上又产生了怎样不同的效应。[2] 新古典经济学派将目光转移到移民迁移的主动原因的考察上，使移民理论研究进入了一个全新视野。

（二）新古典主义经济理论

新古典主义经济理论包括宏观经济学理论和微观经济学理论，其代表人物是拉里·萨斯塔（Larry Sjaastad）、迈克尔·托达洛（Michael Todaro）。该理论着重从经济学角度分析移民行为产生的动因，认为国际移民的根源在于不同地区劳动力供求状况的差异和国家之间

---

[1] 位秀平、杨磊：《国际移民理论综述》，《黑河学刊》2014年第1期。
[2] 钟涨宝、杜云素：《移民研究述评》，《世界民族》2009年第1期。

的工资差距。① 国际移民是迁移者个体基于投资回报率的计算和考量理性选择的结果，认为出国能够获取最大的净收益。国际移民被认为是一种人力资本投资，迁移必然要付出高昂的物质成本、生活成本和心理成本，如果他们的迁移能够保证带来较高的收益，而且收益能够抵消迁移带来的各种成本，即当移民后的预期收入明显高于为移民而付出的代价时，移民行为就会发生②，移民将决定迁移到净收益最大的国家或地区。而地区之间的收入差距将因移民行为缩小或消除，工资差异的消失也将结束劳动力的流动。

新古典主义经济理论主要从经济学的视角分析移民行为产生的动因，堪称迄今最有影响的移民理论。而批评者则认为，收入差距是引发移民的原因之一，但绝不是唯一的原因③，新古典派理论低估了非经济因素尤其是文化因素的影响。

（三） 新经济移民理论

新经济移民理论的主要代表人物是奥迪·斯塔克（Oded Stark）、爱德华·泰勒（J. Edward Taylor），其主要观点是：迁移决定并非由独立的个体做出，而是由更大范围的相互关联的个人，如家庭来做出。迁移不仅是为了使期望的收入最大化，也是为了使家庭能够承受市场失灵带来的各种风险，让家庭面临的风险最小化。④ 同一收入差距对于生活在不同地区、处于不同社会地位的人具有不同的意义，因此，引发移民的动因不是两地"绝对收入"的差距，而是与参照群体比较后可能产生的"相对失落感/剥夺感"（sense of relative deprivation）。对不同地区而言，收入不均地区的人比收入均等地区的人更可能移民；当社会发生急剧变动时，人们习惯在熟悉的人中选择那些

---

① 高洪：《当代中国人口流动问题》，复旦大学博士学位论文，2003；曾迪洋：《劳动力迁移对婚姻的影响》，清华大学博士学位论文，2014。
② 李明欢：《20世纪西方国际移民理论》，《厦门大学学报》（哲学社会科学版）2000年第6期。
③ 李明欢：《20世纪西方国际移民理论》，《厦门大学学报》（哲学社会科学版）2000年第6期。
④ 曾迪洋：《劳动力迁移对婚姻的影响》，清华大学博士学位论文，2014。

原先自身条件不如己可现在处境却比自己好的人作为参照系，强烈的"失落感"油然而生，成为出走他乡、寻求社会地位提升的动力。新经济学强调家庭的作用，把家庭看成追求收益最大化的主体，强调移民汇款的意义。家庭成员的迁移不仅能使该家庭的绝对收入有所增加，而且能提高其家庭在当地的社会地位。①

新经济移民理论对新古典经济理论提出了挑战，思路更加开阔，认为是否移民的决策不是孤立的个人单方面做出的，而是以家庭为单位集体决策的结果。工资差异并不是国际迁移的唯一原因，减少经济与社会危机、关注信息、移民与周围环境复杂的互动关系也是导致移民的重要因素。但是，新经济学理论仅仅关注输出国一方造成移民的原因，使这一理论的适用范围过于狭小。②

（四）劳动力市场分割理论

迈克尔·皮奥雷（Michael Piore）开创了从二元劳动力市场解释国际移民问题的先河。他于1979年提出从分析发达国家的市场经济结构来探讨国际移民的原因，认为国际移民主要是由发达国家对移民这一廉价劳动力的持续不断的需求决定的，而这一需求来自发达国家的四个主要特征，即结构性膨胀、激励问题、二元劳动力市场和劳动力供给的人口特征。现代发达国家已形成了双重劳动力需求市场，上层市场提供的是高收益、高保障、环境舒适的工作，而下层市场则相反。由于发达国家本地劳动力不愿进入下层市场，不肯从事低报酬、不稳定、没技术、太危险的工作，故而需要外国移民填补其空缺。在"双重劳动市场理论"的基础上，波蒂斯（Alejandro Portes）和巴赫（Robert Bach）于1985年进一步提出了"三重劳动市场需求理论"，即增加一个"移民族群飞地／聚集区"（the ethnic enclave）。他们认为，移民族群经济圈对原住地人群有特殊的吸引力。一方面，该经济圈的运作需要引进新的低廉劳动力以增强其产品的市场竞争力；另一方面，由于族群经济圈的形成，移民企业家的地位更显突出，原住地

---

① 位秀平、杨磊：《国际移民理论综述》，《黑河学刊》2014年第1期。
② 位秀平、杨磊：《国际移民理论综述》，《黑河学刊》2014年第1期。

人群往往从这些成功者身上汲取移民的动力。①

劳动力市场分割理论只从宏观角度关注结构因素，从需求的一方解释跨国移民产生的原因，认为国际移民的出现源于发达工业化国家对移民劳动力的大量需求。但从劳动力供给的角度来看，移民自身则既创造了供给，也产生着需求。

（五）世界体系理论

世界体系理论是全球化发展的结果，代表人物主要包括伊曼纽尔·沃勒斯坦（Immanuel Wallerstein）、艾勒占德罗·波蒂斯（Alejandro Portes）、约翰·沃尔顿（John Walton）、萨斯凯·萨森（Saskia Sassen）。该理论认为，16世纪以来世界体系由核心国家、半边缘国家、边缘国家三个同心圆组成，② 为了获取更多的财富和利润，资本家进入世界经济边缘地区的贫穷国家，寻找土地、原材料、劳动力和新的市场。这种市场渗透最初是通过殖民统治的方式完成的，现在这种渗透是通过新殖民主义的政府和跨国公司来实现的。随着资本主义生产方式由核心国家向边缘国家的扩展，商品、资本、信息的国际流动必然推动国际人口迁移，使全球大部分地区和越来越多的人口融入核心国家主导的全球经济体系中，移民潮成为经济全球化的必然结果。

世界体系理论主要探讨宏观的社会过程，更关注全球政治、经济由于发展的不均衡对人口在全球范围迁移的影响因素。但该理论无法解释复杂的当代国际移民现象，对解析其他诸多类型的移民问题也存在一定的局限性。

（六）移民系统理论

移民系统理论的主要代表人物包括阿金·马博贡耶（Akin Mabogunje）、克里茨（M. Kritz）、利姆（L. Lim）、兹洛特尼克（H. Zlotnik）等学者。他们认为，由于殖民、政治影响、经济、文化和外交联系等

---

① 位秀平、杨磊：《国际移民理论综述》，《黑河学刊》2014年第1期。
② 位秀平、杨磊：《国际移民理论综述》，《黑河学刊》2014年第1期。

原因，移入国与移出国之间形成了紧密而稳定的纽带，导致了后续的大规模移民；一个或一组核心的移民移入国和许多移出国，构成了移民系统。移民系统存在宏观与微观双重结构（macro-and micro-structures）。宏观结构指的是世界政治经济状况、国际关系、政府的移民政策与法律制度，这些对当代国际移民具有重要影响。微观结构主要指的是移民链（migration chain），移民链使移民过程较为安全、稳妥，在增进新移民对移入国的了解、适应新环境等方面，移民链有极为重要的影响。家庭与社区在移民链中扮演了核心的角色，移民链一旦建立就会使移民行为持续不断。因此，移民的产生就是宏观与微观结构相互影响和作用的结果。

移民系统理论是一种综合的理论框架，对移民的发生、生存和发展提供了较有说服力的解释。它试图整合其他研究方法，对移民流两端的所有关系，如移民网络、中间组织、文化联系、国际关系等进行整体性的研究，其研究潜力尚待进一步挖掘。[1]

（七）跨国主义理论

"跨国主义理论"是西方学术界在1990年代为研究全球化背景下跨越国界的人口流动提出的理论。当代跨国主义理论最典型的体现就是对双重或多重公民权（双重或多重国籍）的认可。当代人口流动与信息传递的便捷高速使许多人得以跨越边界，同时生活在两个甚至多个国家，他们跨越边界的意义可能是经济的、政治的、社会的或文化的，他们的活动领域是"跨国社会空间"，他们的认同隶属于"跨国主义"，这一群体因而也就被称为"跨国社群"。跨国参与对于建构、维护与变革世界秩序具有一定影响，跨国参与可以为各国政府开辟相互影响的新渠道。[2]

跨国主义的移民研究不再拘泥于传统的移民概念、模式的窠臼，对于解释全球化时代的国际移民现象和运动做出了划时代意义的探索，为移民研究提供了全新的视野和方法，从而为移民与国家关系的

---

[1] 位秀平、杨磊：《国际移民理论综述》，《黑河学刊》2014年第1期。
[2] 位秀平、杨磊：《国际移民理论综述》，《黑河学刊》2014年第1期。

互动提供了学理上的分析、判断和预测,但这一新的研究仍在不断完善中。①

(八) 移民网络理论

移民网络理论认为,每一次移民行为都为移民输出国与移民输入国之间建立了新的社会网络关系,移民网络是基于血缘、乡缘、情缘、业缘等关系而形成的一系列人际关系纽带,依靠这些纽带将输出国与输入国的移民联系起来。依靠这些关系网络,移民获取了大量有价值的信息,有效降低了迁移的成本和风险,增加了移民的预期收益。移民网络关系构成了一种社会资本,当迁移人口达到一定峰值,关系网络的扩展会加速移民潮的形成。

(九) 因果积累理论

因果积累理论认为,每一次移民行为的出现都为后来的移民行为创造了条件,促进了更多移民的出现。移民加剧了当地收入的不平等,使收入差距无形拉大,使那些没有移民汇款收入的家庭产生"相对失落感",从而导致大量新的移民出现。移民一般是人力资本较高的人,持续的劳动力外流会导致输出国人力资本枯竭,而输入国人力资本富余,在输入国,移民集中从事的工作往往会被贴上一种具有歧视意味的社会标签。

(十) 移民的社会适应理论

移民的社会适应理论包括古典同化论、多元文化论和分层同化论。古典同化论认为,随着移民在当地居住时间的延长、语言和习俗及文化的适应、经济状况的改善、社会地位的提升,移民会自愿与当地的主流文化融合。古典同化论的代表是美国社会学家帕克(Robert Ezra Park),他将融入主流社会的过程分为四个阶段——相遇、竞争、适应、同化,并认为这四个阶段是单向发展、不可逆转的。多元文化论认为,来自不同民族和文化的移民是难以被彻底同化的,移民群体

---

① 吴前进:《跨国主义的移民研究——欧美学者的观点和贡献》,《华侨华人历史研究》2007 年第 4 期。

会在保留自身文化独特性的基础上适应输入国的主流文化。分层同化论则认为，移民的社会适应过程是多元的而不是单一的，移民有可能抛弃本族裔的文化而融入输入国的上层，也有可能融入底层，或者利用自身的文化优势融入输入国的主流社会。[1]

二 国内移民研究的主要理论[2]

改革开放 40 年来，随着中国社会的急剧变革，人口流动成为社会发展的常态。为深入研究我国人口流动的动因、方式、特点，我国学术界借鉴西方的移民理论与模型，从社会学、人口学、历史学、文化学等学科视角对我国的人口迁移、人口流动问题及相关的制度、政策因素等进行了深入的研究，提出了契合我国实际状况的移民概念、模型与分析框架，形成了具有中国本土特色的移民理论体系。

（一）移民类型理论

该理论认为移民现象通常分为外部移民和内部移民两大类，外部移民指的是跨越国界的移民，也称国际移民；而在某一国范围内不同地区间迁移的移民称为内部移民，在中国也被称为流动人口。移民类型理论是基于人口在流动空间范围的变化和移民的动因进行的分类，正是这个流动范围的区别，导致移民群体所面临问题的异质性，主要表现在就业取向、社会保障待遇、子女教育、生活方式、劳动和人际关系、文化适应等方面不一样。

（二）反城市化战略理论

李培林在其主编的《社会学与中国社会》[3] 一书中指出，1950 ~ 1970 年代末期，我国政府为推进工业化发展，通过设置户籍管理制度，限制城乡人口流动。同时，开展了一场以按政府计划指令和政治

---

[1] 李强、刘精明、郑陆：《城镇化与国内移民：理论与研究议题》，北京：社会科学文献出版社，2015 年版，第 16 页。

[2] 徐华炳、奚从清：《理论构建与移民服务并进：中国移民研究 30 年述评》，《江海学刊》2010 年第 5 期。

[3] 李培林、李强、马戎主编《社会学与中国社会》，北京：社会科学文献出版社，2008 年版，第 512 页。

需要所推动的移民运动，如知识青年上山下乡、市民返乡、干部下放等，这场移民运动是反向性的城乡人口运动，即人口是由城市迁往乡村、由经济发达地区或核心地区迁向经济不发达或边远地区。人口流动的"反城市化"战略，导致中国的城市化发展长期处于停滞状态。

（三）社会隔绝理论

该理论认为，来自农村的流动劳动力或流动人口之所以在城市中遭遇重重困难而难以定居下来，主要原因在于控制城乡人口流动的制度安排，这种制度安排形成了一道无形的社会隔绝壁垒，把农村移民排斥于城市正常生活领域之外。由于这种社会隔绝壁垒的存在，农村移民常常难以挤入城市人的生活领域和空间，为了能在城市里生存下去，他们不得不自己创造一些新的领域和空间。

（四）就地转移理论

改革开放初期，我国推行的农村家庭联产承包责任制使农业劳动生产率得到极大提高，大量农村富余劳动力从土地的束缚中解放出来，迫切需要寻找就业门路。但由于户籍制度壁垒和政府对城乡人口自由流动的政策限制，农村剩余劳动力无法进城谋取工作，农民再就业问题日益突出。为满足农民向非农产业流动的强烈愿望，费孝通等学者根据苏南农民开办社队企业的做法，提出了农村剩余劳动力就地转移模式，即通过大力发展乡镇企业，就地解决农村剩余劳动力的就业安置问题。

（五）特殊社会群体理论

1980年代以来，以苏南模式、温州模式、珠江模式为代表的中国乡镇企业异军突起，成为中国农民脱贫致富的重要渠道。但乡镇企业不能完全吸纳农村劳动力，大量剩余农村劳动力涌入经济发达的沿海城市，形成规模庞大的"民工潮"，成为我国改革开放后出现的"一个特殊的社会群体"。随着对这一群体认识的深入，其称谓也从最初的"盲流""民工"发展到现在的"农民工""城市新移民"等，全社会也从最初的反对、限制、排斥到现在的认可、接纳，认为农民工是我国产业大军中的一支重要力量，他们在中国工业化、城市化、现代化建设中发挥着重要作用。农民工群体作为社会弱势群体，应该得到全社会的理解、尊重、善待和关心。

（六）有序转移、服务和管理理论

1980年代以来，伴随中国经济体制转轨、社会结构转型，中国大规模的农村富余劳动力转移到城市和乡镇就业，产生了农民工这一特殊社会群体。农民工为推动我国经济社会发展做出了突出贡献。然而由于种种原因，农民工一直生活在城市的边缘，为了更好地维护农民工的权益，学者们围绕农民工群体的就业、劳动报酬、技能培训、劳动保护、社会保障、子女就学、户籍、住房及权益保障等问题进行了深入研究，提出了加强对农民工有序转移、服务和管理的思路和建议。

（七）跨社会建构行动理论

该理论认为，社会网络是移民在迁入地生存、发展和融入的重要社会资本，而不是移民融合的障碍。对于移民来说，个人自身的资源相当有限，不足以支撑他们的生存和发展。他们更多的是依赖族人和同辈，通过族亲、朋友、乡邻三者编织起自己的社会网络，或者说这样的网络为他们的流动和迁移、就业、融资及情感沟通等活动提供了支柱。同时，他们的生存和发展又进一步扩大了他们的社会网络，他们所拥有的社会网络使他们与周围社会形成了一种新的关系状态。

（八）文化适应理论

该理论认为，不论哪种方式的移民，他们长期在原居住地生产、生活中积淀下来的文化体系，包括情感方式、思维模式、价值观念、道德规范、礼仪行为、风俗习惯及宗教禁忌等，必然会同移入地的文化体系存在这样或那样的冲突与矛盾。他们面临移入地新的文化环境和新的社会群体，为适应新的社会环境，他们必须尽快调整自身，经历一个由不适应到逐步适应以至基本适应的过程，他们与当地居民必然要经历一个较长的磨合时期，这种磨合主要包括心理层面、认知层面和文化层面的磨合。

（九）侨乡社会资本理论

李明欢在《"侨乡社会资本"解读：以当代福建跨境移民潮为

例》一文中提出了侨乡社会资本理论。① 该理论认为，在侨乡，通过已定居移民、信息网络和人情互惠提高移民操作的成功率及获益率的能力是一种社会资本，这种资本有望转化为经济资本、文化资本乃至政治资本。跨国民间网络是侨乡社会资本的基本载体，跨国互惠期望是侨乡社会资本的运作机制，跨国链接增值是侨乡社会资本的效益特性。侨乡社会资本的特殊性体现在它与发达国家劳动力市场的链接上，其效益通过其投资对象——"移民"进入发达国家劳动力市场而实现转换与增值。当移民作为一种投资途径并且存在有效运作空间时，移民行为必然生生不息，而侨乡社会资本正是通过一次次诸如此类的跨国运作不断增值。

三　小结与评析

根据以上对国内外移民理论研究的回顾，可以得到这样的判断，不论是西方宏大的移民理论还是国内新兴的移民理论，都是对不同类型移民现象发展演变轨迹的一种解释和分析。但由于人口迁移的复杂性及移民形态的多样化，每一种完善的理论的解释力不得不受到时空等诸多条件的限制。基于理论本身的局限性，有必要对上述移民理论做一简要评析，以推动移民理论更好地创新发展。

（一）西方移民研究奠定了移民研究的理论框架

西方大规模的国际人口流动为西方学者研究移民问题提供了现实基础，国际移民呈现的多样性和复杂性，不仅丰富了移民的研究范式，也奠定了西方移民研究的理论框架。从移民理论发展的脉络来看，"推－拉"理论、新古典主义经济理论、新经济移民理论、劳动力市场分割理论和世界体系理论，主要是针对移民动因的研究；移民系统理论、移民网络理论、因果积累理论是针对移民过程及生活的研究；移民的社会适应理论则是针对移民结果的研究，既包括对移民本人的社会适应状况的研究，也包括对移民行为给输出国和本地人带来

---

① 李明欢：《"侨乡社会资本"解读：以当代福建跨境移民潮为例》，《华侨华人历史研究》2005 年第 2 期。

的后果的研究。早期的移民理论主要是从经济学的角度来解释分析移民现象，认为经济因素是移民产生的关键原因，而后期的移民理论则从更开放的视角对移民的迁移、适应、融入、融合等问题进行了解释分析，揭示了国家制度、政策及民族文化在移民过程中的影响和作用。总之，西方学者在移民研究方面的理论贡献，不仅为西方的移民发展提供了分析帮助，也为中国的移民实践提供了范式借鉴和理论指导。

（二）具有时代特征的中国移民理论体系

改革开放40年来，随着国内移民人口的大幅增长，移民的原因和类型呈现多元化态势，移民问题日益凸显，学术界对移民问题的研究日趋活跃。中国的移民理论也伴随国内的移民实践，在借鉴西方理论的基础上得以蓬勃发展，形成了具有中国时代特征的移民理论体系。随着中国移民实践的拓展，这些理论对实践产生了较好的服务与指导作用。

（三）理论与实践相结合

移民作为全球性的社会现象，其对一个国家或地区的影响是深远的。移民导致的社会问题的复杂性，一方面，需要全球的学者以开放的态度积极开展国际交流对话，推动学术理论创新；另一方面，需要我国的学者在全球化大背景下，坚持中国的本土实践特色，消除国际社会对中国移民问题的质疑，建构具有中国特色的移民话语体系和理论体系，促进中国移民学的学科建设，解决中国移民发展进程中的实际问题，推动我国经济社会的可持续发展。

第二节 移民界定与国内研究概述

一 移民的概念及类型

（一）移民界定与相关概念辨析

（1）移民。移民是以迁移为主要特征的人口流动现象，但究竟具备哪些要素才可以被认定为移民，我国学者从不同角度对"移民"

的概念进行了界定，主要包括以下几种认识。《辞海》认为，所谓"移民"，是指迁往国外某一地区永久定居的人或较大数量的、有组织的人口迁移。① 葛剑雄在《中国移民史》一书中对"移民"的界定是：具有一定数量、一定距离，在迁入地居住了一定时间的迁移人口。② 孙嘉明、王勋认为，"移民"是人口由原来的居住地迁往较远的地方定居，甚至跨越国界而定居。③ 文军认为，中国的"移民"，不仅包含跨境的国际移民，还包含国内移民，是指通过正式或非正式渠道实现区域转移、获得相对稳定的工作和固定住所，且在三观上具有长期定居意愿的群体。④

综上所述，"移民"概念至少应该包含三个要素，即地理区域的变动、实现了定居、有永久定居的意愿。符合前两个要素的移民，可称之为狭义的移民，指人口在地区之间进行了空间位置上的流动和改变；符合上述三个要素，则是广义的移民，是指通过正式或非正式渠道实现空间区域的改变，在迁入地获得相对稳定工作和固定住所，已经实现了相对稳定的定居，且在主观上具有长期定居意愿的人口。狭义的移民强调是否实现了在迁入地的定居；广义的移民强调不仅已迁入居住地，而且有在迁入地定居的意愿。

根据我国学术界对"移民"概念的界定，在移民问题研究中，针对流动人口和农民工群体是否应该纳入移民研究的范畴，学界也存在一定争论。为了研究需要，我们有必要对这几个概念加以辨析，将有助于我们更好地研究分析自发移民这一特殊群体。

（2）流动人口。"流动人口"和"农民工"是针对我国近年来在城乡之间流动的农村人口，由于他们的流动形式、从业领域及发展方式的不同，而给予的特定称谓。所谓"流动人口"，根据2010年

---

① 辞海编委会编《辞海》，上海：辞书出版社，2000年版，第2115页。
② 葛剑雄：《中国移民史》（第一卷），福州：福建人民出版社，1997年版，第10页。
③ 孙嘉明、王勋：《全球社会学——跨国界现象的分析》，北京：清华大学出版社，2006年版，第88页。
④ 文军：《论我国城市劳动力新移民的系统构成及其行为选择》，《南京社会科学》2005年第1期。

底第六次全国人口普查给出的定义,是指离开户口所在地,跨乡(镇、街道)居住半年以上的人口,主要包括农村户籍流动人口和城镇户籍流动人口。

"流动人口"的概念是从我国人口统计学的角度进行的界定,是指没有发生户籍变更的那部分群体,流动人口只是暂时改变居住地,属于"人户分离"的状态。"迁移人口"是指发生了户籍变更的人口。而移民则是要永久性变更居住地或有这种永久改变居住地的需求或愿望。流动人口和迁移人口是以是否实现了户籍的迁转作为划分的标准,而移民是以是否实现了在迁入地的稳定居住或有永久性迁移的意愿为标准的。

我国由于受特殊的户籍制度限制,很多流动人口在流入地生活时间较长且具有迁入意愿,但无法实现迁移,他们已经具有迁移人口的特征,仅仅因为户籍的限制而被归入流动人口。这使学术界对流动人口的研究往往忽略了迁移人口,也忽略了流动人口中具有永久迁移意愿与非永久迁移意愿人口的区别。在我国,这几个概念是互相交织的。具有永久迁移意愿,但受户籍制度限制而没有户籍变更的流动人口应被视为移民。[①] 按照这一界定,自发移民尽管在迁入地没有户籍,但他们实现了在迁入地的稳定居住,而且有强烈的在迁入地落户永久定居的愿望,所以,自发移民虽然在迁入地被当作流动人口对待,在本课题的研究中将其视为移民的范畴。

(3)农民工。"农民工"是指我国改革开放后,农村剩余劳动力进入城镇以从事非农产业劳动为主的人口,农民工群体是我国特有的城乡二元体制的结果,是我国在特殊历史时期出现的一个特殊的社会群体。1980年代中后期,随着农村剩余劳动力开始进城务工经商,这一人口流动逐渐演变为规模庞大的城镇化运动。根据国家统计局发布的数据,截至2015年底,我国农民工总量达2.7亿人,其中在户籍所在乡镇之外务工的有1.6亿人,占全部农民工的60%。从以上

---

① 冯春梅、史贤华:《新视角下我国移民分类研究》,《宿州学院学报》2014年第10期。

对"流动人口"和"农民工"两个群体的界定来看,毫无疑问,农民工已成为我国流动人口的主体。从这个意义上来看,应将农民工纳入移民研究的范畴,因为他们中的许多人都有在城市定居的愿望和追求,只是严格的户籍管理和城乡分治的格局人为阻止了他们的自由流动和移民愿望,[①] 这一点在新生代农民工身上体现得尤为明显。

(二)移民的类型

基于不同的角度和分类标准,移民可以分为不同的种类,以下是目前学术界根据不同标准对移民进行的分类。

(1)以人口迁移的空间、区域为标准,可以将移民分为国内移民、国际移民和太空移民。

(2)以人口迁移的主观意愿为标准,可以将移民分为自愿或自发移民、非自愿移民等。

(3)以导致人口迁移的因素为标准,可以将移民分为政治移民、经济移民、文化移民、社会移民、生态移民、自然灾害移民等。

(4)以人口迁移的目标为标准,可以将移民分为扶贫或脱贫移民、生存性移民、发展性移民等。

(5)以人口迁移的规模为标准,可以将移民分为个体移民、小规模移民、中等规模移民、大规模移民、超大规模移民等。

(6)以人口迁移的距离为标准,可以将移民分为短途移民、中途移民、长途移民等。

(7)以人口迁移的时间为标准,可以将移民分为短期移民、中期移民、长期移民、永久移民。

(8)以人口迁移的合法与否为标准,可以将移民分为合法移民、非法移民等。

(9)以人口迁移的流向为标准,可以将移民分为乡-城移民、城-城移民、乡-乡移民和城-乡移民。

总之,伴随人口迁移分类标准的拓展,移民的类型形态也必然会

[①] 文军:《从季节性流动到劳动力移民:城市农民工群体的分化及其系统构成》,《探索与争鸣》2006年第1期。

增多，这是一个随着移民研究的发展而不断丰富的动态过程。

二 关于国内移民问题研究概述

（一）国内移民问题研究概述

我国学术界对国际移民、国内移民都进行了全面深入的探讨分析，学术成果丰硕。为了考察我国移民问题研究的整体发展脉络，本节以问题较突出的国内移民为研究重点，就学术界近30年来对农民工移民群体、生态移民及自发移民群体的研究状况做一简要回顾和梳理。

1. 农民工移民群体研究[①]

以农民工为视角的移民研究，经历了四个发展阶段。

第一阶段把移民作为农村剩余劳动力的转移群体，关注的焦点主要集中于剩余劳动力的迁移途径、迁移规模和历史，以及迁移原因。这一阶段的研究思路主要还是遵循了莱文斯坦的"推－拉"理论，认为剩余劳动力的迁移结果是推力与拉力相互作用的结果，但"推力"作用更显著，主要原因是产业之间和区域之间的比较利益所导致的经济收入差别。农村的推力是收入水平低、缺乏发展机会、太穷；来自城市的拉力是收入高、外出见世面、生活方式吸引人等。主要研究者如段成荣、宋林飞、杨宏山、李强等。

第二阶段把移民作为管理对象，研究重心放在移民群体的教育、管理和控制上。认为制约移民培训的首要问题是重视不够、投入不足，政府部门垄断了大部分移民培训市场，导致国内的移民培训市场总体上呈现专业化和市场化程度较低的局面，易挫伤移民培训的积极性。应把农民工管理纳入城市基层管理，管理部门要转变视外来人口为负担的观念，按照以人为本的精神实现个人与社区群体、社区环境的良性互动。要鼓励各级各类社会组织运用社会规范及相应的手段方式，对移民社会行为及价值观念进行指导约束，防范移民犯罪问题。

---

① 李强、刘精明、郑陆：《城镇化与国内移民：理论与研究议题》，北京：社会科学文献出版社，2015年版，第20~27页。

研究者如刘玉辉和李多全、冯桂林和朱玲怡、胡永利、陈月、牟君发、殷一兵、王海堤、汪玉亭、魏建斌、江立华等。

第三阶段把移民视为弱势群体，从政治、经济、社会、文化及户籍管理的角度对农民工遭遇的困境和制度障碍进行了全面的分析探讨。认为由于中国户籍制度、产权制度等制度性因素及社会关系网络等非制度性因素的存在，由农村向城市迁移的移民在社会中受到社会发展的先天性制度的整体排斥，阻碍了他们的迁移，使他们成为城市"边缘人"。研究者如徐林清、李强、张敦福、徐艳、聂爱霞、罗惠缙等。移民在城市生活中的困境，在政治方面表现为难以行使应有的政治权利，研究者如迟淑清、张丽宏、李健、周柏春、孔凡瑜。在经济方面，移民的地位主要表现为经济地位低，劳动权益与社会保障缺失。应增强移民的团队意识，提高他们的组织化程度，从社会制度层面入手关注城市移民的社会保障问题。研究者如周大鸣、秦红增、邓可祝、范圣兵、薛昭、刘家鑫、郑杭生、洪大用、郑功成等。在文化方面，学界特别关注了移民的心理层面和价值态度的变化，以及这一群体的消费情况。研究者如周晓虹、朱启臻、陶兴林、李淋、冯桂林等。在生活方面，研究重点集中于移民的职业流动、家庭模式和子女教育等问题。认为移民的职业流动，初次职业流动实现了职业地位的较大上升，而再次职业流动却基本上只是水平流动。原因在于他们缺少地位积累、地位继承和社会资源，移民家庭模式以分居为主，而分居家庭的稳固是基于在外移民对家庭经济的支持。研究者如李强、周运清、王培刚、郭彩琴、周大平、李晓燕等。

第四阶段的移民研究正式步入移民研究的范畴，是完整的移民系统。学者们从移民概念的界定出发，认为应将农民工纳入移民研究的范畴，劳动力新移民构成了一个复杂的"移民系统"，存在宏观、中观、微观三重结构，分别是移民系统所处的社会制度环境、社会网络、社会资本，三重结构都对移民的行为选择产生影响。城市新移民的社会融合包含文化融合、心理融合、身份融合和经济融合。城市新移民由于人力资本、社会资本缺乏而陷入贫困。研究者如文军、宋林飞、张文宏、雷开春、康建英、叶继红、谢建社、李然等。

2. 关于政策性移民——生态移民的研究

关于生态移民问题的研究，涉及的内容和领域比较广。一是关于生态移民概念的界定，包括原因层面说、目的层面说、综合层面说、其他层面说等。研究者如李笑春、陈智、葛根高娃、乌云巴图、刘学敏、陈静、王培先、方兵、彭志光、皮海峰、杜小丽等。二是关于生态移民类型的研究，依据不同的标准将生态移民划分为不同类型，研究者如阿布力孜·玉素甫等。三是关于生态移民影响因素及战略意义的研究，对生态移民的经济效益、政治效益、文化效益、生态效益、社会效益进行了论述，从资金约束、政策导向、资源整合和思想观念束缚等角度分析了影响因素。研究者如李华、马丽华、程鹰飞、文冰、宋媛、梁福庆、宋建军等。四是关于生态移民的作用与效应的研究。正效应包括对个体、群体、社会及国家的政治、经济、文化、社会和生态的积极影响。当然，生态移民工程也带来一些负面效应。研究者如方兵、张军、苏大学、李皓、周竞红、张丽超、焦克源、王瑞娟、苏利那、徐红罡、包智明。五是关于生态移民工程存在问题的研究，主要涉及规划、资金投入、资源利用、主观认识、后续产业发展、社会各界合作共建等问题。研究者如李培林、王晓毅、阿布力孜·玉素甫、葛根高娃、乌云巴图、刘小强、王立群、孟琳琳、包智明等。六是关于生态移民对策的研究，提出要做好科学规划，加强劳务输出，加大科技帮扶力度，做好农村小额信贷支持等建议。研究者如岳富贵、斯日古楞、任雪娇、杨龙、贾春光、吴桂林、侯东民等。七是关于生态移民社会冲突、整合及社会治理的研究。重点研究生态移民在迁入地产生冲突的原因、表现形式、功能及冲突的整合措施等。认为移民必须重新构建社会网络，否则会产生移民返迁的现象。研究者如施国庆、宋林飞、闵文义、束锡红、张青松、王茂福、罗天莹等。

此外，学者们也对工程移民、劳务移民等政策性移民进行了研究。

3. 关于非政策性移民——自发移民的研究

国内对自发移民问题的研究主要集中在以下几个方面。一是关于移民概念的界定。主要提出了移民、自发移民、生态移民、吊庄移民等概念，并对自发移民与政府组织的移民从搬迁主体、搬迁形式、搬迁目的及效果等方面进行了比较探讨。研究者如丁鼎、王明华、赵俊臣、文冰、林志斌、王希恩等。二是关于自发移民理论的研究。对我国农村扶贫中涉及移民搬迁的理论与实践进行了研究，形成了社会隔绝理论、特殊社会群体理论、文化适应理论等，主要将迁移者、迁移动因、迁移方向、迁移规模、迁移过程、迁移模式、迁移结果以及影响人口迁移的诸多因素，如环境、政治、经济和文化等要素作为人口迁移的分析框架。代表者如李培林、李强、黄承伟、唐传利、施国庆、葛剑雄、桑敏兰、陈林、王益谦、宋上年、刘天明等。三是关于自发移民的动因及成本效益博弈的研究。根据移民搬迁选择性理论，认为迁移是有成本和收益的。运用"推-拉"理论，从迁出地的"推力"、迁入地的"拉力"、移民的主观能动性以及社会背景等方面分析自发移民的原因，认为推力在于生存与发展条件的缺乏与恶化，拉力在于经济效益、先期移民的带动及婚亲社会裙带作用等。研究者如陈通明、李惠、林志斌、张启敏、张志良、张涛、钟涨宝等。四是关于自发移民地位边缘化及管理困境的研究。认为户籍制度壁垒，导致自发移民政治、经济、社会等权益保障不足，在迁入地引发大量社会治理问题。研究者如风笑天、李汶娟、曾富生、杨砚池、孔令强、覃明兴、陆海发、范建荣、李君等。五是自发移民的权益保障与政府责任。主要从移民的迁徙权、补偿权、受助权、公共服务异域平等享有权、生存发展权等角度阐述分析了移民的各项权益及政府管理责任"缺位"的问题。研究者如乔召旗、张体伟、刘有安、刘绍吉、郑瑞强、施国庆等。六是关于自发移民发展对策及政策支持的研究。认为解决自发移民的根本之策是将其接纳并融入当地主流社会，配套相应的政策措施，提高其主体地位及国民待遇，落实户籍待遇，明确土地房屋的权属。研究者如纳麟、高扬元、张体伟、范建荣、孔炜莉、陈之曦等。[①]

[①] 陈之曦：《自发移民的社会适应和社会融入研究》，宁夏大学硕士学位论文，2016。

(二) 小结与简要评析

由于国内移民的多样性和复杂性，移民研究在当下具有非常重要的现实意义。近年来，我国的移民研究取得了一系列有价值的研究成果，形成了自身的特点，当然也有诸多不足。

（1）继承与创新。我国的移民研究总体上是沿着西方移民理论研究的范式展开的，通过对国内移民问题的实证研究，实现了理论上的构建和创新。这一理论建树对探索中国移民活动的具体规律，解决中国移民发展进程中的实际问题，具有积极的意义。

（2）明晰移民群体的范畴。进一步厘清移民及流动人口、迁移人口、农民工等相关概念的界限，有助于我们明晰移民群体的范畴，更好地研究移民问题。学界在前期的研究中将农民工视为流动人口研究的范畴，近年来，随着我国城市化的高速发展，流动人口和农民工被纳入移民研究的视角。将流动人口和农民工纳入城市移民研究范畴是移民研究的必然趋势，是顺应社会发展潮流的需要，也符合我国当前实施的城镇化发展战略需求。

（3）不足之处。第一，纵观移民研究的内容和脉络，发现多数研究都致力于探讨移民行为对输出地和输入地的影响、移民的现实境遇及角色分析。移民研究缺少动态视角，忽视了移民行为对移民自身及其人生发展和生命历程的影响。[1] 当前研究主要集中在劳动力移民上，而通过智力、财富和婚姻途径实现移民的群体对中国城市化也产生了较大影响，但探讨较少。第二，目前的移民研究主要侧重于经验分析和实证研究，理论研究较少，应该加强理论创新与经验的结合，推进移民研究的深入发展。

总之，移民研究必须加强学科之间的交流与合作。通过整合学科资源，构建移民研究的统一范式，促进移民研究成果更好地服务于我国经济社会发展。

---

[1] 李强、刘精明、郑陆：《城镇化与国内移民：理论与研究议题》，北京：社会科学文献出版社，2015年版，第27页。

第三节　关于自发移民的讨论分析

一　自发移民的界定及特征

（一）自发移民的概念及界定

所谓"自发移民"，是相对于"政策性移民"而言的。"政策性移民"是指依照国家相关政策或规划，由政府统一组织实施搬迁的人口，如生态移民、工程移民、劳务移民等。自发移民属于非政策性移民，是指为了摆脱贫困的生活处境、恶劣的生态环境，经过自主选择，依靠自身力量，通过亲戚朋友介绍，或在原住户特别是政策性移民搬迁的示范带动下，从原居住地搬迁到自然环境相对较好或经济社会较为发达地区，以解决自身经济贫困及生存发展问题的农村户籍人口。

从人类社会发展历程来看，移民现象自古有之，而且伴随人类社会发展不断演进。尽管历史上移民的背景各异，方式不同，各有其错综复杂的动因，但无论何种形式的移民，其实质都是对失衡的人类社会的一种必要的整合手段，是一种社会—文化—经济综合演进发展的过程。它能够对人口布局起到不可或缺的调节作用，对社会发展起到重要的促进作用。[①] 改革开放 40 年来，随着我国经济社会的高速发展，区域之间、城乡之间发展的差距越来越大，直接加剧了城乡及区域之间的人口流动。在这一背景下，西部地区的贫困人口为解决自身的贫困问题，一部分人走上了自主搬迁的道路。近年来，自发移民的搬迁速度越来越快、发展规模越来越大、搬迁范围越来越广，自发移民与政策性移民形成了一种"共生"关系，哪里有政策性移民，哪里就有自发移民，成为西部贫困地区凸显的社会现象。

[①] 丁鼎、王明华：《中国古代移民述论》，《安徽师范大学报》（哲学社会科学版）1997 年第 4 期。

（二）自发移民的特征

自发移民在实现自我脱贫的过程中，表现出一些独有的特征。

（1）主动性。从搬迁的意愿来看，自发移民的搬迁完全由移民自己或家庭成员共同商量做出决定，包括搬迁的具体时间、地点、方式，搬迁后原籍房屋土地的处置，搬到目的地后的生活生计等发展思路，完全由自己考虑决断，体现了移民自身真实的想法和愿望。

（2）多元化。从移民搬迁的动机和目的来看，表现出多元化的特征，即绝大多数自发移民搬迁的目的是摆脱贫困，也有一部分自发移民是为了子女接受更好的教育，或寻求更好的生活环境，或为了躲避计划生育处罚和管理等。

（3）多样性。从自发移民搬迁定居的形式来看，表现出多样性的特征，即有的属于先买地盖房再举家搬迁，有的属于直接买房买地举家搬迁，有的家庭只解决住房，搬迁后以打工为主等。

（4）低成本。自发移民完全依靠自身的力量解决家庭的搬迁、生计及下一步的发展问题。虽然移民自身要承担购置土地、建房、买房及发展等相关费用，但相对于政府的责任而言，政府没有任何投入。从政府扶贫的成本来看，这是以低成本甚至零成本付出的方式促成了这部分人口走上脱贫之路。

（5）互助性。自发移民有强烈的脱贫致富的愿望，自立、自强的意识很强。在搬迁到新的地区后，自发移民能够互帮互助、修建房屋、介绍打工的工作，或共同解决眼前的生计问题。只是由于户籍问题，他们不能纳入迁入地管理范围。自发移民的互助行为较好地保障了自发移民聚居区的社会稳定和自发移民在迁入区的适应、融入，促进了移民的脱贫致富。

（6）边缘化。由于自发移民的户籍关系在原籍，虽然他们在现居住地购置了土地、房屋，实现了稳定居住或就业，但无法纳入迁入地基层组织正常的管理范围，对于自发移民相对集中且以自发移民为主的聚居区，政府通过设立流动人口管理站实施管理（例如银川市西夏区兴泾镇 X 村）。在政府实施的惠民政策方面，自发移民不能享受与居住地村民同等的待遇，缴纳社会保险要回到原籍，社会救助、社会福利只能在原籍享受，在迁入地没有选举权和被选举权，自发移民在迁入区往往成为被边缘化的社会弱势群体。

（7）流动性。从某种意义上说，自发移民是最稳定的流动人口。自发移民尽管有的已在迁入地定居了十几年，有的二三十年，但因为户籍问题，他们只能无奈地被动保持着与原籍的联系，还在现居住地和原籍之间流动往返，"被迫流动"成为这个群体非常显著的特征。

二 自发移民的类型及影响因素

自发移民是自主迁移流动的社会群体，来自不同的地区，迁移的动机有相同之处，也各有各的促成迁移的具体因素，迁移路径也各不相同，因而其类型呈现多样性的特征。

（一）划分自发移民类型的若干角度[①]

（1）搬迁的组织模式。按搬迁的组织模式来分，可分为"家庭整体型"、"结伙型"和"企业组织型"三种模式。"家庭整体型"搬迁模式是指移民以单个家庭为单位自主组织的搬迁；"结伙型"搬迁模式是指由几户家庭或以家族的形式自发联合组织的搬迁；"企业组织型"搬迁模式是指企业为解决生产发展所需的原料问题，通过采取易地开发土地的方式，组织实施移民搬迁，以满足本企业发展的实际需求。该模式的典型代表是宁夏银川市西夏区贺兰山农牧场"M自发移民开发区"。

（2）迁入地的性质。按迁入地的性质来分，可分为"移民区型"、"国营农场型"和"无人管理区型"模式。"移民区型"模式是指自发移民搬迁到政策性移民统一安置区域，如早期的吊庄移民村或者生态移民新村定居发展的模式，他们往往通过投亲靠友的方式，以购买政策性移民的土地、房屋或在购置的土地上建房，实现家庭的

[①] 范建荣、姜羽：《宁夏自发移民理论与实践》，银川：黄河出版传媒集团，2012年版，第33页。

整体搬迁。"国营农场型"模式是指自发移民根据一些国营农场土地资源相对富余，而农场劳动力相对不足的现状，自主迁移到一些大的国营农场承包土地或自主开发土地，以解决生计问题，实现家庭整体的移民搬迁。"无人管理区型"模式是指自发移民选择地势平坦、水资源丰富的村落周边无人管理或管理相对松懈的区域，通过自主开发土地建造房屋，实现搬迁定居。无人管理区往往是泄洪区、荒漠区，土地经过改良后一般能满足移民的耕作需求。

（3）居住的格局。按居住的格局来分，可分为"集中型"和"分散型"两种居住模式。"集中型"居住模式是指自发移民在新的迁入地集中居住，形成独立的居住区域，如宁夏银川市西夏区"M自发移民聚居区"。"分散型"居住模式是指自发移民分散居住在政策性移民安置区内或当地常住户的村组中，属于"插花式"的移民模式。

（4）从业的性质。按从业的性质来分，可分为"务农型"、"务工型"和"综合型"三种模式。"务农型"模式是指自发移民在迁入区从业的方式以务农为主，这种模式往往是在迁入区有相对丰富的土地资源、水资源，农业基础设施相对完善，农业的效益相对稳定可观的环境下产生。"务工型"模式是指自发移民在迁入地以务工为主。"综合型"模式是指自发移民在迁入区谋求生计的方式是务工和务农相结合，还有一些从事承包工程，或做小生意、小买卖等经营活动，这种兼业型的发展方式是目前自发移民从业的主要模式，农忙时务农、农闲时打工，也是他们提高收入的主要手段。

（二）产生自发移民的社会环境和影响因素分析

从全球的人口迁移来看，贫困和发展不足是人口迁移的主要原因。改革开放40年来，西部民族地区出现大量自发移民，除了贫困这一诱因外，迁出地恶劣的生态环境、社会发展滞后、产业不足等都成为移民迁移的推力因素；而迁入地良好的经济发展环境、资源优势、就业环境、便利的交通等条件则成为自发移民搬迁的拉力因素。

第二章　移民与自发移民的概念、理论和讨论

1. 自然环境的优劣是自发移民迁移的重要原因

我国的贫困人口绝大多数分布在 14 个集中连片特困地区，这些地区干旱缺水、高寒阴冷、水土流失，生态环境非常脆弱。从近年来自发移民迁出区的自然环境来看，自发移民的原居住地大多是土石山区、荒漠区、干旱区，环境非常恶劣。而生态脆弱地区往往也是基础设施建设滞后的地区，恶劣的自然环境和落后的基础设施建设使这些地区缺乏发展潜力，从而导致贫困，而贫困又加剧了人口对环境的破坏。

基于不同的自然资源禀赋，宁夏形成了三种不同的地区——北部引黄灌区、南部山区和中部干旱带。南部山区和中部干旱带是我国贫困程度最深的连片贫困地区之一，1980 年代，这里有将近 3/4 的农村人口处于贫困状态，成为移民的主要迁出地。宁夏南部山区和中部干旱带即西海固地区属于温带大陆性半干旱气候，水资源短缺，年均降雨量为 350.6 毫米，而蒸发量为 800～2400 毫米，往往是"十年九旱"甚至"十年十旱"。这里地形地貌较为复杂，土地长期过度开垦造成严重的水土流失，水土流失面积占区域总面积的 84%，脆弱的生态系统使这一地区成为我国自然灾害的高发区。加之较高的海拔和低温，农业一直处于广种薄收的状态，西海固素有"苦瘠甲天下"之称。而与南部山区比较，北部引黄灌区较好的自然环境和资源优势则成为移民迁移的拉力因素。这里土地资源丰富，水资源充沛，还有大量易于开垦适于种植的半荒漠区、荒地。由于地势平坦，土地质量比南部山区的山地要好得多，非常适宜从事农业生产，土地产出效益较高，所以对西海固地区的贫困人口有很强的吸引力。

2. 产业发展滞后，潜力不足，经济贫困是自发移民迁移的关键因素

自发移民迁出区以农业为主，这里一方面干旱缺水，另一方面，农业基础设施建设薄弱，当地往往靠天吃饭，农业的比较效益一直很低，二、三产业不发达，没有吸纳农村剩余劳动力的能力，收入的主要来源是种植业，所以家庭收入非常低。绝大多数家庭难以维持生存，往往依靠政府的救助才能维持生存，贫困问题非常突出。而迁入地较好的经济环境、便利的务工条件、较高的经济收益不断吸引着自

发移民，成为自发移民迁移过程中关键的拉力因素。

3. 社会发展滞后，民生保障不足是自发移民迁移的间接诱因

自发移民的迁移并不是一个单纯的经济行为。迁出区由于社会建设滞后，事关群众切身利益的民生建设严重滞后，教育、医疗卫生等资源严重短缺，上学难、看病难；住房主要是土坯房或窑洞，比较简陋，而且居住分散。贫困人口往往住在山区偏远地带，道路交通不便利，交通基础设施不能满足群众的基本需求，自发移民即便想外出打工也十分不便。自发移民一开始是出于经济目的而迁移，但在外出务工的过程中，迁入区良好的就业环境、优越的教育医疗资源、便捷的交通基础设施等对自发移民产生了强大的吸引力，这些便利条件就成为自发移民迁移的强大拉力。他们不断调整自己的发展思路，从家庭成员外出打工到举家迁移。

4. 政策性移民的示范效应带动了自发移民的迁移

从1980年代以来，我国政府为解决农村人口的贫困问题，实施了大规模的移民搬迁，宁夏主要采取吊庄移民、易地搬迁移民和生态移民等方式解决农村贫困人口的出路，这些移民方式都属于政策性移民，即由政府统一组织实施的移民搬迁。在30多年的扶贫开发过程中，政策性移民通过易地搬迁有效改变了家庭的贫困面貌，绝大多数家庭走上了脱贫致富的道路。由于政府的扶贫资金有限，贫困人口易地搬迁的愿望并不能得到全部满足。一部分贫困人口外出打工，开阔了眼界，在政策性移民的示范效应的影响下，依靠自身的力量，在亲朋好友的帮助下，纷纷从南部山区迁往北部川区。而宁夏南部山区贫困人口中的回民，由于相同的宗教信仰和民族认同感，他们更容易互相影响，回民也成为宁夏自发移民的主体。

5. 基层社会治理薄弱导致自发移民产生

迁入区基层社会治理薄弱成为自发移民大量产生的拉力因素。由于政府职能缺位，管理跟不上，自发移民可以在迁入区从政策性移民手中购置买卖土地、住房，或者在购置的土地上随意建房；有的任意开垦荒地，获取土地资源、水资源。

三 自发移民与政策性移民的比较分析

改革开放以后，我国的反贫困事业取得了举世瞩目的成就，主要得益于我国在扶贫开发领域采取了一系列卓有成效的举措。自发移民和政策性移民都属于贫困人口，是我国扶贫开发的主要对象。这两大群体既有相同之处，也有诸多差异性。

（一）自发移民与政策性移民的相同之处

自发移民是伴随政策性移民产生的，自发移民易地搬迁后，因为户籍关系，他们在原籍有的又被纳入生态移民搬迁的范围，成为政策性移民的对象；而一部分政策性移民在享受了搬迁政策的同时，又进行了二次搬迁，成为自发移民。所以，这两个移民群体有时会有一些交叉，但他们总体上有一些共性的特征。

1. 来自生态环境恶劣的地区，都属于贫困人口

不论是自发移民还是政策性移民，他们在搬迁以前都生活在自然环境极其恶劣的宁夏南部山区和中部干旱带，属于我国集中连片特困的范围。这里经济社会发展落后，农业以种植业为主，广种薄收，收入低，移民属于典型的贫困人口。

2. 搬迁的目的和动机相同

这两个群体搬迁的目的和动机都是因为原居住地生态环境恶劣，农业效益低下，"一方水土养活不了一方人"，长期处于贫困的状态。同时，贫困地区道路交通等基础设施建设滞后，社会发展和民生保障不足，贫困人口为解决自身的生存生计问题、彻底摆脱贫困，走上移民搬迁的道路。

3. 搬迁后都产生了良好的经济社会效益

不论是自发移民还是政策性移民，通过实施易地移民搬迁，取得了良好的经济社会效益。2016年7月，习近平总书记在宁夏视察扶贫开发工作时，针对宁夏在扶贫开发中取得的巨大成就，指出移民搬迁是脱贫攻坚的一种有效方式，对宁夏的易地搬迁扶贫给予了高度肯定。从经济效益来看，迁入区农业基础设施完善，土地收益明显提

高。交通便利,发达的二、三产业为移民提供了大量就业岗位,移民搬迁后除了务农,务工收入成为家庭经济收入的主要来源;从社会效益来看,移民在迁入区能够享受到较好的医疗卫生、教育等社会发展的成果,生育观念发生了巨大变化,更加重视子女的教育。从生态效益来看,移民搬迁后,缓解了迁出区人地矛盾紧张的局面和生态环境的压力,迁出后原来耕种的土地不再用于农业,而主要用于生态修复,通过退耕还林还草等政策给予农民补助,有效改善了迁出区的自然环境,有利于水土保持、植被保护,对生态建设起到了积极的作用。

(二) 自发移民与政策性移民的不同点

1. 组织实施搬迁的主体不同

从实施搬迁的组织者来看,自发移民是一种自发行为,由移民个体或家庭自主做出搬迁决定,搬迁的时间、地点、方式完全由移民自己决定。有的是先一个人外出务工打拼,自己发展好以后,组织全家搬迁;有的是通过亲戚朋友或邻居的介绍和帮助,直接购买土地、房屋,从原籍搬迁到条件较好的迁入地。政策性移民则是由政府统一组织实施的搬迁,搬迁的时间、范围、方式以及迁入地等都由省区政府相关部门统一筹划,制订相应的搬迁计划,由各市、县和乡镇负责具体的组织工作,统一搬迁,由迁入地政府统一接收管理。自发移民相比政策性移民更具有普遍性和广泛性,而政策性移民一般都纳入省区的重大发展规划中,也是国家的扶贫开发战略之一。

2. 享受的政策待遇不同

从实施搬迁及搬迁后享受的政策待遇来看,自发移民由于是自主搬迁,所有的问题都由移民家庭内部决定并解决。迁出区各级政府没有给予扶持或补助,在迁入地,自发移民往往依靠自身的力量买地建房或直接购买住房,也就是说,土地、房屋、就业,包括子女接受教育、就医、缴纳社会保险等完全依靠个人力量完成。由于迁入地和迁出地缺乏沟通,没有相关交接手续,迁移总体上是零星的、散乱的、无序的。而政策性移民是政府组织实施的有计划的移民搬迁,在实施搬迁前，迁入地和迁出地经过协调沟通，迁入地的承载能力和发展潜力都经过了论证，搬迁一般是分批次进行，制定了翔实的规划，有一套完善的政策体系能够保障搬迁工作的有序开展。以宁夏政策性移民搬迁的历程来看，从 1980 年代初期的吊庄移民，到"十一五"的易地移民，再到"十二五"的生态移民，政府首先开展调研，制定符合移民的搬迁规划和政策，针对移民的户籍、土地、住房、就业、医疗、子女教育、社会保障等问题，均做了详尽妥善的安排。政策性移民享受的搬迁待遇与自发移民形成了鲜明的对比和反差。

3. 搬迁的意愿和发展的主观能动性不同

从搬迁的态度和意愿来看，自发移民是"我要搬"，所以，自发移民的积极性、主动性及自我发展意识很强，完全依靠自己的力量谋生存图发展，解决自身的温饱问题，而且大多数已摆脱了贫困，也减轻了政府扶贫的压力。而政策性移民是"要我搬"，部分移民比较被动，积极性、主动性相对要弱一些。从宁夏移民搬迁的历程来看，早期的吊庄移民多数不愿意搬迁，随着移民搬迁后效益的显现，"十二五"时期，生态移民在观念上发生了极大的改变，在搬迁的意愿上有了转变，对于政府组织的移民搬迁，大部分贫困人口采取了积极参与的态度甚至主动要求搬迁，搬迁积极性很高，但搬迁后能动性发挥得不够好，"等靠要"的依赖思想在一定程度上依然存在。

4. 社区治理不同

自发移民由于户籍仍在原籍，不能在迁入地入户，不能纳入迁入地基层政府的正常管理范围，只能被看作流动人口来管理，所以不能在迁入区享受各项惠民政策。自发移民聚居区基本上处于基层社会治理的"真空"状态，自发移民在迁入区总体处于政治地位缺失、经济权益受损、社会地位边缘化的境况之中。而政策性移民按照相应的安置政策，通过迁出区与迁入区的有效对接，核转了户籍，解决住房、土地等问题，在教育、就业、社会保障等各方面都得到政府政策的支持，全部纳入迁入区基层组织的管理范围，政策性移民聚居区社会治理规范有序，有助于他们在迁入区的社会融入。

(三) 对自发移民现象的思考：鼓励、反对还是默许？

西部民族地区是我国贫困发生率比较集中的地区，改革开放40年来，我国政府为解决西部地区的贫困做了大量工作，进行了巨额的投入。由于西部民族地区贫困程度深，尽管政府扶贫开发的成效显著，大量的贫困人口已经摆脱了贫困，但仍然有部分农村贫困人口需要搬迁而尚未纳入政府政策性移民的范畴。这部分农村贫困人口中的一些人，不等不靠，完全依靠自身的力量走出去，自力更生、艰苦奋斗，解决了自身的生存生计问题，使整个家庭摆脱了贫困面貌或走上了脱贫的道路，日子越过越好。这种自发迁移的行为，客观上减轻了政府多年来的扶贫压力，也缓解了迁出区的生态环境压力，对迁出区生态恢复起到了积极作用。但从西部各省区实际情况来看，自发移民的价值和作用还没有得到政府及全社会的正确认识、评估或肯定。他们犹如生活在夹缝中，在迁出区他们被视为已经脱离村庄的村民，而在迁入区他们因为户籍问题往往又被视为外来人，没有选举权和被选举权，不能享有迁入地农村居民正常应有的权利和惠民政策。在宁夏调研中发现，有的自发移民在迁入地已经生活了30多年，第一代自发移民还有一些留恋故土的情结，但第二代自发移民则完全把自己视为本地人，他们的生活方式、观念、人际关系已经完全融入迁入区。可以说，自发移民已经成为西部民族地区"回不去"而又"进不来"的特殊群体。

目前，如何认识自发移民的自主迁移行为，各方面的态度、看法还不完全一致。从迁出区基层政府层面来看，他们对自发移民的创业意识和奋斗精神表示肯定，期望这部分人能够核转户籍，得到迁入地政府的接收。而从迁入地基层政府层面来看，由于这部分人户籍不在当地，基层政府并没有直接的管辖权和约束力；如果不管，又会出现更多倒卖土地、房屋及乱搭乱建等违法行为，当发生邻里纠纷或社会矛盾时，基层政府不得不出面管理。自发移民群体已成为迁入地基层政府社会治理的难点。从农村居民层面来看，政策性移民一方面将自己的土地、住房或宅基地转卖给自发移民，另一方面又认为，自发移民的迁入加剧了当地土地、水资源的紧张，导致就业机会减少，造成了当地社会治安的不稳定。

近年来,学术界和政府各级部门就自发移民地位的合法性与合理性问题进行了大量研究,是鼓励、反对还是听之任之,也进行了很多探讨。学术界基本一致的看法是肯定自发移民在反贫困中的作用,认为自发移民的迁移活动尽管存在这样或那样的有瑕疵的行为,如土地的转让和买卖,但在主流上应予肯定和扶持。然而,由于这一问题的复杂性,在全社会并没有取得完全一致的认识。

2013年12月,《中共宁夏回族自治区委员会关于深化改革推动经济社会发展若干问题的决定》提出了"自治区内自发移民在迁入地农村居住并承包经营农村土地的人员,可在迁入地入户"。但这一文件的落实进度比较缓慢,解决自发移民问题并没有取得实质进展。2016年1月6日,宁夏回族自治区党委政府印发了《关于M移民区整体移交银川市管理有关问题的指导意见》,正式开启了解决自发移民的具体进程。2016年1月7日,宁夏回族自治区党委书记李建华在全区脱贫攻坚誓师大会上又提出:宁夏24万名自发移民中存在的各种问题,要统筹考虑解决。宁夏统筹解决自发移民问题,将为全国解决此类问题提供经验借鉴。当然,自发移民的跨省迁移,是西部民族地区比较普遍的人口流动现象,还需要从国家层面出台政策统筹解决。

贫困人口全部脱贫是全面建成小康社会的标志性指标,西部贫困地区要打赢脱贫攻坚战,与全国同步建成全面小康社会,必须重新认识自发移民群体的自主搬迁行为,要保障自发移民的合法权益,为自发移民的全面发展创造条件,最大限度发挥自发移民的潜能。西部民族地区自发移民聚居区所在地政府需要从经济上扶持自发移民,政治上平等对待自发移民,文化上重塑自发移民,社会上支持帮助自发移民,[①] 使他们真正融入迁入地的主流社会,成为西部地区发展的重要力量。

[①] 张体伟:《西部民族地区自发移民迁入地聚居区建设社会主义新农村研究》,北京:中国社会科学出版社,2011年版,第16页。

第三章
西部民族地区移民的历史回顾

西部民族地区地域辽阔，民族众多。在漫长的历史发展进程中，作为远古人类活动的场所，这里是农耕文化与游牧文化碰撞交流的地区，无论是战火硝烟弥漫还是开发建设，都将各民族迁徙流动的足迹深深留在了历史的记忆之中。西部民族地区是丝绸之路的必经之地，人口迁移与文化交融形成了西部民族地区特有的区域文化和人文精神。本章以宁夏历史为主线，按时期分阶段梳理历代移民迁徙和开发史。

第一节　古代和近代西部地区的移民与开发

一　远古和秦汉时期

（一）远古传说和先秦时期的大迁徙

历史时期的移民开发状况非常复杂，在汉代张骞"凿空"西域之前就曾是人类交往迁徙的一条主要大通道。早在旧石器时代晚期，宁夏境内的水洞沟就留下欧洲旧石器文化的印迹，也就是西方先民的足迹。从水洞沟遗址石制品可以看出，它们在器形和制作技术方面，与欧洲旧石器时代中晚期的莫斯特和奥瑞纳文化有相同或相近的表现。这或许说明早在距今两三万年以前，欧洲古人类已通过所谓"草原之路"和沿着黄河来到过西部地区，留下了欧洲古人类迁徙（移民）的身影。西部民族地区还是中华民族远古文明的发祥地，产生于黄河中上游的陇山文化，其代表人物就是传说中的华夏人文始祖伏羲（包括女娲）。这个以伏羲为首领的伟大部落的发祥地就在西北黄土高原的六盘山地区。华夏人文始祖伏羲部就是从这里东迁中原，进而形成了强盛的炎黄集团，并与东夷、南蛮的蚩尤部落联盟再次融合，从而最终形成了一个统一的华夏集团。到了传说中的"三皇五帝"时期，西部民族地区出现了强制性组织的大规模民族迁徙行动。尧舜时期，曾将不服从管理的共工、驩兜、三苗、鲧贬为'四凶'，这四个部落被集体流放到东、南、西、北方的边远地区。"流共工于幽陵，以变北狄；放驩兜于崇山，以变南蛮；迁三苗于三危，以变西戎；殛鲧于羽山，以变东夷。"[①] 其中的三苗部落原来生活在长江中游和江淮地区，被迁赶到西北的三危山，也就是河西走廊的敦煌一带。先秦时期，西部民族地区是北方众多游牧部落大出大进和游猎、居牧的家园。他们在不同的历史阶段有不同的称呼，有鬼方、猃狁、獯鬻、北狄、北羌、犬戎、匈奴等。他们是北方草原文化的创造者，与中原农耕文化的创造者华夏族，同为伏羲、女娲的苗裔和炎黄的子孙，只是因为所处地域的地理环境不同，形成了不同的生产方式和与之相适应的生活习惯而已。

（二）秦汉时期：开启移民戍边和农业开发的先河

公元前221年，秦始皇统一六国，建立秦朝。秦始皇三十二年（前215年），大将蒙恬率30万大军北击匈奴，占领"河南地"（今河套地区大部），[②] "因河为塞，筑四十四县城临河，徙適戍以充之"。[③] "迁河北、榆中三万家。"[④] 所谓"河南地"，地域包括今内蒙古河套和今宁夏平原以及陕北北部部分地区。这次移民既是历史上中央政府开发边疆的首创，也是西部民族地区移民开发的开端。秦朝在"河南地"的移民戍边和农业开发，虽然时间短，成绩有限，但意义是巨大的，它是中国历史上中央政权开发边疆的第一次尝试，也是农

---

① 司马迁：《史记·五帝本纪第一》，北京：中华书局，1999年版，第22页。
② 杨森翔：《吴忠溯源》，银川：宁夏人民出版社，2010年版，第178页。
③ 司马迁：《史记·匈奴列传》卷110，北京：中华书局，1959年版，第2886页。
④ 司马光：《资治通鉴·秦纪二》，北京：中华书局，1956年版，第246页。

业经济由内地和关中地区向黄河上游推进的一次试验，可以说，它揭开了历史上西部大开发的序幕。

到了汉代，中央政府对西部民族地区的移民政策吸取了秦朝惩罚式移民的失败教训，改为招募式劝迁的办法，并辅之以一套优惠政策。其中向"河南地"的移民规模大、时间长、政策优，成绩也显著，是中国历史上移民开边的一次高潮。元鼎六年（前 111 年），"上郡、朔方、西河、河西开田官，斥塞卒六十万人戍田之"。①移民总数约 200 万口，其中徙往"河南地"的人数当占其大半，在 100 万人左右。汉朝向"河南地"移民开发是非常成功的，很快就把新垦区建设成为一个"新秦中"。"秦中"，是对汉代京畿地区富甲天下的关中三秦大地"八百里秦川"的称呼。"新秦中"的意思就是等于再造一个新的"八百里秦川"的比喻，甚至在史书中还把汉代的"新秦中"称为"新富贵"的代名词。但是进入东汉后，经过羌人三次大起义的打击，社会动荡，经济破坏，人口流亡，朝廷不得不把安定、北地等郡内徙。永建四年（129 年），羌人起义一度被镇压下去，汉顺帝命安定、北地、上郡回迁旧县。但好景不长，永和六年（141年），边郡再次内徙，西部地区全境遂成为羌人、匈奴为主的少数民族的势力范围，汉族农业人口外逃、死亡，游牧民族大量入居，牧业经济上升，农业经济下降，少数民族成为西部地区的新主人。

汉代西部民族地区少数民族移民活动也非常频繁，汉朝政府在西北塞外 5 郡境内设置北地、朔方、陇西、上郡、云中 5 个属国，安置匈奴各部落内附民众。属国选址大多在秦长城以北和黄河以南的水草丰美的区域，其中北地属国就建在时灵州境内（今宁夏吴忠境内大罗山一带的红寺堡开发区和同心县的范围内）。元鼎三年（前 114年），因屯田事业发展，人口增加，又将北地郡一分为二，设置北地、安定两个郡级地方政权。因原北地属国治所已改属新设立的安定郡管辖，故此后史书又把北地属国改称为安定属国。所谓属国者，正如唐代训诂学家颜师古在《汉书注》中所解释的："存其国号而属汉

---

① 司马迁：《史记·平准书》卷 30，北京：中华书局，1959 年版，第 1439 页。

朝，故曰属国。"这是汉朝政府对归顺少数民族的一种特殊的自治管理形式，即划定一个特殊的行政区，让居住在这一行政区内的少数民族自己管理自己的行政事务，其生产方式、生活方式和文化、语言、本民族习俗，以及社会组织、吏治、官号等都保持不变。但是，朝廷要在这一行政区特派一名官员，名为"属国都尉"，进行监管，并且属国政治上必须服从中央的大政方针，在军事上还须听从朝廷的统一调遣，担任征战的军事任务。所以，属国的少数民族在建设边疆、保卫边疆方面，同样发挥了积极的作用，同汉族人民一起做出自己的贡献。[①] 这些安置在西部民族地区的匈奴人，也可以认为是最早的少数民族移民。汉朝采用"属国"这种自治的方式来解决民族问题，是和睦的团结的积极的民族政策的产物，对后来历代统治者来说都是极有启迪和借鉴作用的。

（三）魏晋南北朝：各游牧民族的大规模迁徙和移民迁居

在东汉灭亡之后，经历三国、两晋、南北朝300多年的战争和改朝换代，西部民族地区经济社会遭受到了严重的破坏，人民死于沟壑，移民倒流，田园荒芜，"河南地"的"新秦中"繁荣和美景已消失殆尽。在多年的动乱之中，西部民族地区也曾先后出现过南北朝间北魏和北周两个朝代的移民开发小高潮。北魏太武帝拓跋焘统一黄河流域后，为了防御柔然部南下，在西北民族地区实行军事管理，在宁夏南部设立高平镇（今固原地区），北部改灵州为薄骨律镇（今吴忠市利通区境内）。薄骨律镇将刁雍在黄河两岸修复古渠，组织移民兴垦，又在黄河东岸故秦浑怀障废址设立历城郡（今银川市兴庆区月牙湖乡境内）。如《水经注》载："河水又东北径浑怀障西。《地理志》，浑怀都尉治塞外者也。太和初，三齐平，徙历下民居此，遂有历城之名矣。"[②] 历城即今山东省济南市。以上这些移民全部来自"关东"。关东，指帝京长安的关中地区以东，即函谷关（今河南灵宝境内）以东，包括中原大地和东部沿海地区。北周政权继续向西

---

① 吴忠礼：《"安定属国"汉代的民族自治试验区》，《共产党人》2007年第8期。
② 郦道元：《水经注》，（清）王先谦校，成都：巴蜀书社，1985年版，第398页。

部民族地区大量移民，其规模大于北魏而仅次于汉代，再次出现了一次移民小高潮，并且很有特色，它一改前代移民多为"关东"人籍贯的传统来源地，而变为以长江下游的"江南人"为主的移民。周武帝宇文邕建德三年（574年），就一次性从南方移民两万户，集中安置在怀远县，并增设怀远郡，以领怀远县。宣政元年（578年），北周大将王轨打败南朝陈国大将吴明彻，吴军3万多人全军覆没，其中两万人被俘后，连同他们的家属子女数万之众全部强制迁移到灵州（今吴忠境内，管辖范围相当于宁夏北部黄河两岸全境）屯田。正如《太平寰宇记》中所说："（灵州）本杂羌戎之俗。后周宣政二年（应为元年之误），破陈将吴明彻，迁其人于灵州（即薄骨律镇）。其江左之人尚礼好学，习俗相化，因谓之塞北江南。"①

从东汉末年到两晋、南北朝的200多年间，是中国历史上黄河流域胡汉各民族大融合的时期。东汉末年，宁夏经过三次羌人大起义，南北郡县撤并废除，人民逃亡，客观上已成为各少数民族部落迁居、放牧和活动的场所。西晋时"河西鲜卑"秃发部，在首领树机能的领导下，举行反晋斗争。从晋武帝太康五年（284年）至太康八年（287年）间，在匈奴和鲜卑等部落内迁高潮中，鲜卑族"其入居者有屠各种、鲜支种、寇头种……黑狼种……贺赖种……，凡十九种，皆有部落，不相杂错"。②这些所谓"黑狼种""贺赖种"，后来可能转音译为"贺兰种"。由于他们长期居牧在宁夏平原西部的汉代名为"卑移山"（南段）、"乞伏山"（北段）一带，所以山因部族而改译名为"贺兰山"。北魏时期，西部民族地区被南下的鲜卑、匈奴、羌、敕勒、柔然等少数民族各部落占领，史称"西北诸郡皆为戎居"。③入居西部民族地区的少数民族为了反抗封建统治者的残酷压迫，多次掀起大规模的起义斗争。在北魏正光五年至普泰元年（524～531

---

① 杨新才：《宁夏历代农业统计叙录》，北京：中国统计出版社，1992年版，第36页。
② 房玄龄：《晋书·北狄匈奴传》卷97，北京：中华书局，1974年版（通史61），第2550页。
③ 房玄龄：《晋书·北狄匈奴传》卷97，北京：中华书局，1974年版（通史61），第2549页。

年),高平(今固原原州区)爆发了以敕勒人胡琛和匈奴族人万俟丑奴先后为首领的各族人民大起义,官军耗时七年才把这次民族大起义镇压下去。

二 隋唐五代宋夏时期

(一) 羁縻府州与"昭武九姓"

隋唐间,突厥部落雄踞北方,不断内犯,使中原政权受到严重威胁。西北民族地区既是北方游牧部落南下的必经之途,又位于京畿近邻、国之巨防。为了把守这道大门,隋唐两朝在西部民族地区驻扎重兵,并把驻防与屯田结合起来,称为营田。仅在宁夏地区,唐代中期的屯田人数就在万人以上。唐朝在灵州地区安置了大量少数民族移民,唐朝在灵州等地所设立的"六胡州",主要是安置粟特胡人,他们来自西域和中亚地区的康国、米国、伊国、史国、曹国、石国、安国和火寻、戊地九国的部落,统称为"昭武九姓"。这些小部落城邦国家的人民以善于经商闻名。唐朝设在边地这种带有自治性质的羁縻府州,不同于内地的州郡。据《新唐书·地理志》所载:"唐兴,初未暇于四夷,自太宗平突厥,西北诸蕃及蛮夷稍稍内属,即其部落列置州县。其大者为都督府,以其首领为都督、刺史,皆得世袭。虽贡赋版籍,多不上户部,然声教所暨,皆边州都督、都护所领,著于令式。"所以这些,一般都是只有州府之名,而无城郭之建和户籍管理,当然也就不承担赋税劳役。唐朝的羁縻府州形式,实际上就是汉代的"属国"制与魏晋以来的"都护"和"护军"制的发展。这种让少数民族(一般都是游牧民族)自主管理本民族内部事务的办法,是我国历史上中央政权有效管理边政与少数民族事务的一种比较成功的模式。①

(二) 党项族的内迁和崛起

唐末五代至北宋前期,西部民族地区被各种割据势力控制。党项

---

① 杨森翔:《吴忠溯源》,银川:宁夏人民出版社,2010版,第97页。

族是羌族的一支。唐初，党项不堪近邻吐蕃的侵扰，不得不向唐朝政府请求内迁，先后被安置在陇右和关内道的庆、灵、夏、银、胜等州境。经过安史之乱以后和五代时的动乱，党项人以拓跋氏为首领的平夏部日渐强大起来，成为唐末藩镇之一。其首领拓跋思恭被赐国姓李，封为夏国公，担任夏州节度使（定难军节度），成为地方实力派武装集团。北宋太平兴国七年（982年），李继迁率部叛宋，并于北宋咸平五年、辽统和二十年（1002年），攻占军事重镇灵州，改名为"西平府"，作为李继迁集团的"新都"。李继迁死后，儿子李德明继位，他又把位于河东的灵州"新都"改迁到河西的怀远镇（今宁夏银川）并改名为兴州。北宋景祐五年（1038年），党项贵族集团新首领、李德明之子元昊称帝，建立大夏国（羌语为"大白高国"，音释为"邦尼定国"，史称"西夏"）。西夏疆域"东尽黄河，西界玉门，南接萧关，北控大漠"，"方二万余里"[①]的广大地区，号称"万里之国"。西夏割据政权是党项贵族建立的，国内的主体民族当然就是党项人，还有吐蕃人、回鹘人，汉族人已从多数降为少数。西夏境内的居民以党项族为主，加上其他少数民族，最多时的人口总数约为200万之多。

三　元明清时期

（一）元代屯田与人口迁入

公元12世纪后期，蒙古族崛起漠北，建立以蒙古族为主体民族的元朝。蒙元中统二年（1261年），先在西夏故疆建立"西夏中兴等路行省"，改中兴府为中兴州（今银川）作为省城。从此，蒙古族军民大批进入西部地区各地，成为各地新的主宰者。元朝政府认识到宁夏等西部民族地区的重要性，派著名汉族知识分子张文谦、董文用管理新省，同时命水利专家郭守敬同行治水，为恢复农业生产创造了条件。元代西部民族地区是移民屯垦的重点地区，各地普遍建立有管理

---

① 脱脱等：《宋史·夏国下》卷486，北京：中华书局，1977年版，第14028页。

屯田的机构，调来大批军民开垦屯田，一度成绩巨大，仅在宁夏平原先后设立管理屯田的机构就有宁夏等处新附军万户府屯田、宁夏营田司屯田、宁夏路放良官屯田等。移民的主要来源是"发迤南新附军"，"金发随州、鄂州投降人民"等，他们是南宋长江中游两湖地区（今湖南、湖北）的降军和被迁赶的民众。

（二）回族的形成和在西北的定居

元末明初，是中国回族形成的时期，元朝西北地区有大批回族先民回回人居住，他们中有被签发的军士、工匠和被俘掠的妇孺百姓以及投降的上层人士，还有随军经营的商贾与仕元的官员、学者等。当时官方史书统称他们为"回回"。元朝统一全国后，大规模战争结束，散处于各地的"回回人"就地聚屯牧养和垦种，也就地入社，"与编民等"，称为"回回户"，其分布呈大分散、小聚居的特点。但是，在陆路中西交通大道沿线的西北地区、海上中西交通的东南沿海商埠城市和茶马古道的云南一带，是回回人率先入居的地方，其中尤以西北陕甘宁居多。在全国各地定居下来的回回人，由于大多数人没有携带家眷，不得不与所在地的汉族、蒙古族等周边的土著居民通婚，成家立业，繁衍后代，从而渐渐形成一个新的民族——回族，时间应在元朝中后期。可见回族是在中国土地上产生和生长起来的信仰伊斯兰教的一个新民族，也是中华民族大家庭中的一个兄弟民族。又有元世祖忽必烈之孙、藩封于西北（在六盘山建立王府）的安西王阿难答皈依伊斯兰教，并在他所统领的 15 万大军和西北各地区强行推广伊斯兰教，致使西北，特别是他的王府所在的六盘山地区，成为中国回回民族的重要发源地。

（三）明代军屯制度下内地居民的移民实边

明初，西部民族地区成为明朝政府与蒙古残元势力激烈争斗的战场，只好被暂时放弃，官府和人民内撤，宁夏府城被"空其城"，成为无人区。洪武九年（1376 年），朱明政权巩固，重新开始经营边地，但是由于西北区位特殊，始终属于双方交战的重要战区，所以明朝政府在西部民族地区实行军民合一、全民皆兵的军卫管理方式，先后设立宁夏、甘肃、延绥等镇,从内地"迁五方之人实之",并执行"十之七屯种,十之三城守",即担任屯垦和军卫双重任务。这些戍边屯守的官员,大多是跟随朱元璋打天下的安徽老乡和帮助朱元璋发家的江浙籍将领,其所带领的子弟兵当然也以这些地区的人员为主。后来随着屯田数日益增加,也有从山陕甘等地招徕或自流的大量劳动力作为补充。明朝西部民族地区的军屯发达,其移民人口应该基本上都来自内地,所谓"五方杂处"。他们就是明代西部民族地区新的移民和耕耘者,这些移民以"齐、晋、燕、赵、楚之民,吴、越居多"。①

(四) 明代西北地区的"土达"

明代虽然没有从边外迁入成批的少数民族,但西部地区也有少数民族不断入居,不过他们大多不是移民所至,而是以元末明初形成的回族为主,散居于原丝绸之路沿线一带的城乡之间。另外,还有一些蒙古族军民,他们之中大部分是元亡之际,不愿意北撤的蒙古人,其中也有少部分是历次战争中投降明军的蒙古军人。他们之中被保留官职者,称"达官",官兵合称"达官军",军民统称"土达""土夷"。如《嘉靖宁夏新志》就记载灵州所辖地方有"瓦渠、枣园、苜蓿、板桥四里",居民有"土夷"和"土民"。②《明宪宗实录》中亦有同样记载曰:"宁夏灵州之地,土达错处……土达安抚已久,无事迁动,恐致他虞。"③ 从严格意义上来说,上述生活在西北地区的回族和蒙古人民,基本上应该属于明代的土著人,他们与移民是有区别的。

(五) 满族的迁入和战乱中的回族迁徙

清朝在西部民族地区改军为政,将前明的军事卫所组织,一律改

---

① 《万历朔方新志》卷1,载贠有强、李习文主编《宁夏旧方志集成》卷6,北京:学苑出版社,2015年版,第106页。
② 胡汝砺编,管律重修《嘉靖宁夏新志·所属各地·灵州守御千户所》卷3,银川:宁夏人民出版社,1982年版,第181页。
③ 杨新才、吴忠礼主编《明宪宗实录》卷100,银川:宁夏人民出版社,1988年版,第290页。

变为府、州、县一级地方政权机构。化兵为民,把明代的屯军"军籍"身份废除,全部改为自由民身份,就地转化为自耕农民,成为小农经济的生产者,从而大大调动了他们的生产积极性,使清中前期,西部地区的封建经济进入一个空前繁荣发展的时代。清代,西部民族地区摆脱了历史上地属农耕民族与草原民族传统战区的处境,进入和平建设时代,经济发展很快,人口也大幅度增加。清代西部民族地区较大的移民活动也有两件事,都与少数民族有关联。一是清朝政府在西北地区派驻八旗驻防军,带来了新的民族成员满族的入居;二是同治、光绪年间回民反清运动失败后,清朝政府将投降的回民军强制性集体安置到六盘山地区,其人数"不下数十万",[①] 比较集中的安置点就是今天的宁夏泾源县。

  清代满族贵族入主中央政权,满蒙亲善,关内外一体,所以西部民族地区在传统上向北设防的战略地位已不复存在,也不需要历史上出现过的、不断从内地向西部地区调驻大量军队和招募大批移民屯垦戍边的军事部署。但是,前有康熙十二年(1673年)爆发的"三藩之乱",使陕西、甘肃、宁夏大地反清浪潮高涨,后又有康熙二十七年(1688年),西部蒙古准噶尔部首领噶尔丹的分裂叛乱。西部民族地区地处向南、向西用兵的后方补给基地和前进出发之地,所以清朝政府于康熙三十四年(1695年)7月,决定在宁夏等地设立满营,派驻满洲八旗驻防军。派驻"镇守宁夏等处将军",满洲八旗兵亦称为"旗人",他们由满族人组成,享有种种特权,这就是满族人入居西部民族地区的渊源。到康熙末雍正初,西北形势又趋紧张,准噶尔蒙古部新首领策妄阿拉布坦(噶尔丹之侄)和噶尔丹策零父子二人再次先后发难,新疆、青海、西藏和甘肃各地的局势骤然紧张。西部民族地区成为清廷西征的军事基地与后勤补给的总粮台要地,因此负责西北军务的抚远大将军、川陕总督年羹尧于雍正二年(1724年)3月,报告朝廷,提出"宜于宁夏令满洲兵驻防"的建议。经

---

① 杨新才、吴忠礼主编《清德宗实录》卷159,银川:宁夏人民出版社,1986年版,第1158页。

朝廷同意后，当年10月，再次调派满营驻扎宁夏。西部民族地区的满营驻防官兵及家属大多来自东北的白山黑水之乡，八旗驻防军的官兵、匠役与家属必须专城居住，不与地方混杂，其军营被称为满城（或满营）。

四　近代以来西部地区的移民状况

近代中国半殖民地半封建社会的现实，使西部民族地区的民族矛盾和阶级矛盾日益激化，在此大背景下，西部民族地区的移民开发呈现复杂多变的态势。特别是清末回族反清斗争的爆发，深刻影响西部民族的分布格局。民国时期，军阀混战，灾荒频仍，民不聊生。抗日战争爆发，西部民族地区成为抗战的大后方，大批移民从敌占区逃难来到西北，使这一时期的移民态势更加复杂化。

（一）民国时期的军事移民

辛亥革命推翻了清王朝的统治，结束了中国历史上延续两千多年的封建君主专制制度，建立了中华民国政府。1929年，在国民革命军冯玉祥集团军控制西北的背景下，设甘肃一省为甘、宁、青三省。西部民族地区在民国期间，人口基本上是稳定低增长的。民国前期，新旧军阀混战，国民党的南京中央政府实质上并没有真正完成全国的统一大业，权威有限，政令不通，各地多为地方武装集团的实力派所控制，不可能再组织大规模移民，但是带有移民性质的人群迁徙活动并没有终止，使西部民族地区的人口籍贯仍在发生着变化，主要表现在客籍军人及其家属入居。其一，甘肃昭武军入驻。民国元年（1912年），北洋政府任命甘肃地方回族小军阀马福祥担任宁夏镇总兵官。次年，马福祥率所部昭武军进驻宁夏。其二，增编甘肃新军。这支部队是马福祥驻防宁夏和升任宁夏护军使后扩编的地方军，这支部队的大多数官佐是除由马福祥的老部下、甘肃河州（今甘肃临夏）人担任外，并由他们在原籍以"拔门兵"的方式招募而来的，同样具有移民的色彩。其三，马鸿逵率15路军赴任宁夏省主席。马鸿逵是马福祥的长子，字少云。1932年9月，马鸿逵被任命为宁夏省政府主席。次年,马鸿逵将其部精锐改编为三个独立旅、一个特务团,加总部约1.5万人马(对外号称3万人马),从河南开到宁夏赴任。他以省主席、国民党省党部主任和15路军总指挥的党政军三重身份统治宁夏直至1949年9月。史书称其为"宁马"集团。马鸿逵的故里是甘肃河州(今甘肃临夏县),起家于宁夏,队伍长期在中原地区作战、驻防,兵源补充当然也是以当地人为主,所以他带到宁夏来的一两万成员,也是以豫、鲁、皖籍人为主。马家军入驻宁夏以前的广大士兵和中下级官佐是中原人居多,而驻防宁夏后又以宁夏回汉族子弟兵为主,但是高层核心仍然是牢牢地掌握在马氏家族和河州回族世家的手中,这种局面一直到马氏父子从宁夏逃亡时也没有丝毫改变。

(二) 战乱背景下的"流民"

除了军事移民外,还有大量所谓"流民",系指非政府安排的带有个人行为小规模的人口流动,这是西部民族地区民国时期军事性移民之外的其他移民形式。自1927年国民政府建立之后,先是新旧军阀混战,后是日本军国主义入侵,山河破碎,民族危亡,东南沿海和内地大半国土沦丧之后,西北作为大后方,是当时抗战建国的重点区域,而沦陷区的难民和河南"黄泛区"的灾民也急需得到移居安排,西部民族地区得天独厚,占黄河水利,又是历史上安置移民的传统地区,更是接纳移民的理想目的地。但是当时中央政府和地方政府根本无心也无力安排大规模移民建设边疆事宜,所以移民只是停留在计划中,写在纸上而已。正如《移民开发与宁夏历史文化》一书记载,"1939年,国民政府又从甘肃天水迁移两万难民进入宁夏从事垦殖","尤其是蒋介石为阻挡日军前进而炸断黄河花园口段河堤后形成大片的黄泛区,迫使大量的灾民沿陇海线经陕西辗转进入宁夏,部分由内蒙古包头进入宁夏地区"①。但是这类所谓移民,除少部分由政府安置外,大部分只能称为"灾民"、"难民"或"流民",也多属于自流型移民。

---

① 刘天明、王晓华、张哲:《移民大开发与宁夏历史文化》,银川:宁夏人民出版社,2008年版,第103页。

第二节　新中国成立以来西部民族地区的人口迁徙

一　新中国成立初期西部民族地区的移民[①]

（一）支援西北建设的大规模人口迁徙

清后期以来持续不断的战乱和自然灾害对西部民族地区的经济社会发展造成了巨大破坏，加之反动统治重盘剥、轻建设，至1949年，西部民族地区经济社会长期处于停滞之中，已成为当时全国生产力落后、工业基础薄弱、人民生活困难的地区之一。1949年中华人民共和国成立后，党和国家非常重视西部民族地区的经济社会发展。新中国成立之初，西部民族地区人才缺乏，发展滞后，基础薄弱，经济、文化、教育、医疗卫生等各方面都十分落后。为改善西部民族地区各族群众的生活，促进西部民族地区经济社会的全面进步，国家先后动员北京、上海、浙江、山东、河北等地的工人、农民、知识分子和干部支援西部民族地区的社会主义建设。这批新时代的新移民中的大部分人在当地安家落户，先后有多批次、数以万计的移民充实到了西部民族地区的农业、工业、科技、卫生、教育等各行各业，促进了西部民族地区的经济发展和社会的全面进步。

（二）新中国成立初期西部民族地区移民的特点

新中国成立初期西部民族地区的移民主要是国家政策性移民，其历史使命是支援西部民族地区的社会主义建设，是一种非自发性的移民，移民的大部分是由国家分配或安排来西部地区的，这种特殊性质也决定了这一时期的移民具有以下特点。

[①] 刘有安：《20世纪迁入宁夏的汉族移民社会文化适应研究》，兰州大学博士学位论文，2010；刘有安：《新中国成立至改革开放前宁夏的人口迁入及其特点》，《西北民族大学学报》（哲学社会科学版）2011年第5期。

第三章 西部民族地区移民的历史回顾

1. 移民的综合素质较高，对推动西部民族地区各项事业的发展起到了不可替代的重要作用

新中国成立初期迁入西部民族地区的移民具有很强的优势，他们中有一部分是经国家精心挑选或抽调的知识分子、技术骨干和优秀干部。这部分移民的结构性特征，一是从地域构成来看，移民来自全国各地。向西部民族地区输出人口较多的省份主要是浙江、北京、上海、陕西、河南、河北、山东等，北京、上海和浙江的移民由于种种原因后来大多返迁，留居西部民族地区的人口相对较少，而移民人口中定居率最高的是河南、山东、河北以及东北地区的移民。二是从性别及婚姻构成来看，以未婚青壮年为主，男性居多。例如，1959年，宁夏共安置浙江来宁建设青年及其家属57829人，其中青年50077人，占总数的86.6%。青年中的男女人数和比例分别为，男32839人，占65.6%，女17238人，占34.4%。已婚夫妇10314对20628人，单身青年29449人。[①] 由此可以看出，这一时期迁入西部地区的汉族移民在人口的构成方面具有很大优势，为西部地区的经济开发和人口素质的整体提高提供了有利条件。三是从文化程度构成来看，移民受教育程度和知识结构远远高于当地居民。1959年，浙江支宁建设青年文化程度为小学19488人，初中3879人，高中521人，高中以上102人，占青年总人数的比例分别为38.9%、7.7%、1.0%、0.2%。[②] 这一时期迁入的新移民中还有很多大学生和高层次人才，如1958年支援宁夏高教事业的教师100人中，大多是北京师范大学和华东师范大学等知名高校的毕业生及北京回民学院的教师。[③] 同时国家考虑到西部民族地区的文化教育、医疗卫生等方面十分落后，动员和分配了一大批医疗、文教人员支援西部地区建设。这一时期迁入的移民文化素质

[①] 银川市档案馆：银川市委档案，全宗号：A1，案卷号：238，宁夏党委批转《自治区安置来宁建设人员委员会1959年安置浙江来宁建设青年工作总结报告》。
[②] 银川市档案馆：银川市委档案，全宗号：A1，案卷号：238，宁夏党委批转《自治区安置来宁建设人员委员会1959年安置浙江来宁建设青年工作总结报告》。
[③] 《当代宁夏纪事》编写部：《当代宁夏纪事》，银川：宁夏人民出版社，1990年版，第356页。

普遍较高，他们中的高级知识分子成为西部民族地区建设的重要智力资源。他们不仅带来了先进的科学技术和文化，而且为西部民族地区经济社会的发展注入了活力。

2. 移民的迁入改变了西部民族地区人口的民族结构与分布

经过明清以来几百年的文化融合和社会整合，形成了西部民族地区特有的地域文化和人文环境。新中国成立后移民的迁入和安置，使西部民族地区各民族交错杂居的居住格局更为明显。以宁夏回族人口居住比较集中的灵武县（1996年撤县设市）为例，新中国成立初期的10年中，回族人口占总人数的一半以上，随着迁入人口的增加，回族人口在全县人口中所占比例缓慢下降。1952年灵武县回族人口占全县总人口的60.3%，1962年占52.9%，1972年占48.6%，1982年占47.1%。[1] 迁入型的人口必然也会带来民族成分的增加，1949年，宁夏只有回、汉等6个民族，1957年增加到13个，1965年增加到23个。[2] 这说明各民族移民的大量迁入，使西部民族地区的民族构成发生了显著变化，民族成分增多，民族关系交融，形成了多民族混杂居住的城市居住形态，有利于民族间的交往和沟通，有利于民族团结和进步。

3. 移民的迁移规模大，定居率低

受国家政策的影响，大量人口迁入西部民族地区，但受各种因素影响，最终留下的移民只是其中的一小部分。一些档案资料反映，在迁入后不久，很多移民就返回了原籍。例如，1959年迁入宁夏的浙江籍移民刚迁入不久就有很多逃跑或者重返，宁夏农垦局党组1960年2月2日发的文件《关于做好浙江支宁青年工作的意见》中提道："根据浙江省民政厅掌握的情况，目前返籍现象还未得到制止，最近初步统计已返籍人数达5000多人。"[3] 特别是1960年以后，由于自

---

[1] 《灵武市志》编纂委员会编《灵武市志》，银川：宁夏人民出版社，1998年版，第281页。
[2] 《银川市志》编纂委员会编《银川市志》，银川：宁夏人民出版社，1998年版，第143页。
[3] 银川市档案馆：银川市委档案，全宗号：A1，案卷号：325，宁夏党委转发农垦局党组《关于做好浙江支宁青年工作的意见》。

然灾害等原因，粮食、物资匮乏，安置在农村的外地移民开始大规模返乡。到1962年，陕西移民、河南移民大部分返迁。1961年至1964年间，安置在银川地区农村的浙江、北京、上海等地支宁者大多返乡。一些安置在工矿企业的移民，也在不同时期返迁。这些移民的迁返行为与当时的政治氛围和社会形势密切相关，返迁成了必然。

4. 移民活动的负面影响

移民活动违背了人口迁移的自然规律，使不少移民经历了生活的磨难，承受了不少痛苦，这个教训应当吸取。在1950年代至1960年代，北京、上海等东南沿海发达地区的青年来到西部民族地区参与经济建设，但是西部民族地区当时经济条件比较差，不能满足大量移民生产、生活的基本需求，艰苦的生活超出了他们的想象，很多人被迫逃离，留居者承受了常人难以承受的磨难。有些被安置到农村地区的支边人员住的房子由于地基不良时时有倒塌的危险，有的单身青年3个人合盖一条被子，铺着麻袋；有的移民住的房屋没有门窗，有的房间没有炕，新来的移民只能打草铺。[1] 西部民族地区当时整体医疗条件差，安置地的医疗机构不健全，医务人员缺乏，技术水平低，不少青年生病后得不到及时医治而病故。在农业合作社时期，有的移民还遭受到不公正待遇和歧视，例如派活分工时不合理，记分不公平，甚至被辱称为"侉子""蛮子""吵呼子"等。[2] 1960年代三年困难时期，大量移民流失回乡。以安置浙江支宁人员最多的农垦系统为例，当时大量的浙江移民的到来，给准备不足的农垦系统带来巨大压力，由于条件所限，住房、吃饭成了大问题。1960年由于粮食供应不足，开始"低标准、瓜菜代"。这时又开展"反坏人坏事""反地方民族主义"的所谓"双反运动"，一些移民因小节而受到迫害，在疾病、饥饿和政治等多重原因影响下，移民中不少人逃离西部民族地区，重

---

[1] 全宗名称：宁夏回族自治区民政厅，《关于对60年浙江来宁建设青年安置工作检查的报告》，案卷号50。

[2] 全宗名称：甘肃省银川专署移民办公室，《关于北京市移民安置工作情况的检查报告》，案卷号162。

返故乡，途中受了很多苦难。① 新中国初期的西部民族地区的移民是根据国家的政策安排和总体政治战略而形成的非自发性移民，这种行为是在国家政策的推力下完成的，违背了人口社会流动的自然规律。当国家政策这一强大推力不复存在时，移民的返迁就成为必然。一些来自上海、浙江等江南地区的移民，很难在短期内适应西部民族地区的自然环境及地域文化。因此，这一时期迁入西部民族地区的移民虽然规模比较大，但是定居率低，很多移民陆续返迁。当然，这些移民的迁入，为当时西部民族地区落后的工业体系的构建、现代政权的建设、农业的发展、科教文卫事业的兴盛做出了重要贡献。

二　三线建设时期西部民族地区的移民

（一）三线建设的由来②

"三线建设"是指从1960年代中期到1970年代末，在中国西南、西北内陆地区开展的一场以备战为中心、以军工为主体的大规模的经济建设运动，包括全国的"大三线"建设和各省的"小三线"建设。这是以毛泽东为主要领导的中共中央从对当时国际环境的认识出发，根据国防需要对全国经济建设所做的划分。大、小三线的集中建设，在1960年代至1970年代的国民经济建设中占有很大的比重。它曾是中国经济建设的中心环节和首要任务，其投资之集中、地域之广、持续时间之长，是新中国建设史上仅有的。西部民族地区由于其独特的地理位置及资源条件，成为三线建设规划中的重要地区。1965年9月至10月召开的中共中央北京工作会议，各省区、各部及军队各部门着重汇报和交流了全面加强战备、加速三线建设的情况和计划。会议同意"三五计划"的基本方针是"国防建设第一，加速三线建设，改变工业布局"，自此，经济建设的中心从解决吃穿用转变为备战，

---

① 宁夏农垦志编纂委员会编《宁夏农垦志》，银川：宁夏人民出版社，1995年版，第72页。
② 汪红娟：《甘肃三线建设述论》，《河西学院学报》2008年第3期；朱理峰：《三线建设评析》，《长春师范学院学报》2007年第5期。

三线建设的战略决策终于确定。开始于 1964 年的三线建设,引发了大规模的移民。进入 1970 年代前期,国际国内形势都发生了巨大变化,国家开始调整建设方针,三线和沿海地区的建设得到并重。1980 年,国家建设方针实行大转变,三线建设基本结束。

（二）三线建设中的人口迁入[①]

鉴于西部民族地区所处的战略位置和工业基础薄弱的状况,国家决定在该地区安排一批三线建设重点项目。从 1965 年初开始,由沿海和内地陆续向这里迁移了一批大中型工业企业,随着工业基地的建设,其他与之配套的工业、交通运输业等单位以及与人民日常生活紧密相关的轻纺工业、商业网点及文教卫生事业等单位相继迁入,在短短的几年内吸引了大批的人口迁入。自 1960 年代后期开始,从华北、华东、东北等地通过全厂搬迁、部分迁厂、包建和技术援助等形式,向这一地区迁入大批大中型工矿企业和大量职工。这些迁建企业的职工及其家属是这一时期西部民族地区移民的一个重要组成部分,特别是城市早期移民的一个重要来源。

三　西部民族地区上山下乡知识青年移民

（一）大规模的知识青年上山下乡运动

知识青年上山下乡,是一种特定的历史概念和特殊的移民形式,曾为西部民族地区的建设和发展做出了历史性贡献,是西部地区移民史的重要组成部分。20 多年的知识青年上山下乡移民活动,缘起于 1950 年代中期,终止于 1980 年代。整个知青历史与国家的政治形势和经济状况密切相关。西北少数民族聚居区,人口密度不大,土地资源丰富,农业开发的潜力巨大。从发展经济和资源开发的角度来看,可以容纳移民。知识青年上山下乡,就西部民族地区而言,对当地的建设与发展有正面的意义。庞大的上山下乡知识青年移民来源有两

[①] 刘有安:《20 世纪迁入宁夏的汉族移民社会文化适应研究》,兰州大学博士学位论文,2010;刘有安:《新中国成立至改革开放前宁夏的人口迁入及其特点》,《西北民族大学学报》(哲学社会科学版) 2011 年第 5 期。

类：一是城市工商业及行政事业单位无法完全容纳的初高中毕业生；二是西部民族地区城市迁移到农村地区的大量知识青年。知识青年上山下乡，经历了几个不同的历史阶段。由于各个历史阶段的情况不同，安置结果也不尽相同。1961年至1962年，西部民族地区上山下乡的知识青年，全部由国营农牧场来安置。但由于农牧场安置人口规模有限，逐渐饱和，从1963年起，知识青年的安置开始向农村转移，主要安置方向是到人民公社生产队插队，其次才是进入国营农、牧、林、渔场工作。1973年以后，西部民族地区知识青年上山下乡，主要采取以下四种形式：一是插入人民公社生产队，在人民公社生产队中建立青年点；二是以下乡知青为主，由带队干部和部分贫下中农参加，在人民公社里建立集体所有制的青年队；三是在土地比较多的地方，单独建立以下乡知识青年为主，由带队干部和部分贫下中农参加的集体所有制农场；四是到国营农、林、牧、渔场。① 1970年代后半期，西部民族地区上山下乡知识青年通过升学、招工、征兵、提干等途径，多数人离开农村走上了新的工作岗位。到1980年后，国家对知识青年进行分别安置，根据不同情况，分期分批办理回城手续，给予安置就业。根据中央精神，不再动员上山下乡，标志着大规模知识青年上山下乡历史的结束。此后几年，绝大多数的上山下乡知识青年返回城市，被安置在城市的各个领域工作，有的返回原居住地城市，有的则被安置在西部地区的城镇工作。

（二）知识青年上山下乡对西部民族地区产生的影响

知识青年大规模上山下乡，给西部民族地区带来了一些重要影响。

1. 增加了大量农业新型劳动力人口

1968~1969年，大量初高中毕业生（俗称"老三届"）奔赴西部农村地区插队落户，他们大部分被分配在人民公社生产大队。至于跨辖区从浙江、北京、天津等地来的知青，无论在农垦还是农村，其

---

① 党史资料：《中共中央转发国务院关于全国知识青年上山下乡工作会议的报告》，http：//blog.sina.com。

劳动力支援的意义更加彰显。正值青春年华的他们,不是一般意义上的普通劳动力,而是整个农村(场)最肯学习、最少保守、最有生气的力量。在有知青的地方,绝大多数社队都发生了不同程度的变化。在集体安置知青的场队,创业效应就更突出一些。

2. 提高了农村农场科技文化水平

知识青年在普及文化知识、传播科学技术、活跃文娱生活、开展农业科研以及为集体当家理财等方面发挥了重要作用。例如,1973年,到宁夏永宁县插队的杭州知青共计939人,下乡8年中,被招到自治区和永宁县财贸、工业、文教、卫生等部门工作的381人,大中专在读的45人,因特殊情况迁出的224人,其余289人中,有民办教师20人,代课教师16人,赤脚医生4人,拖拉机手2人,生产队会计6人。银川市1977年统计数据显示,11000多名知青,有986人成为辅导员、农技员、拖拉机手、民办教师、赤脚医生、会计等。知识青年在接受劳动锻炼的过程中,在弥补个人生产知识不足的同时,也让自己的书本知识发挥了关键作用。有些知青在社队领导的支持下,组织成立农民夜校,帮助农民识字、学文化。知青们实际需要学习农业技术、畜牧兽医、医药卫生和农村财务等方面的知识,还结合农业生产开展科学实验,钻研技术创新,推广农业新技术。他们身体力行,促进了当地科技水平的提高。

3. 改变了农村落后的生产生活习俗

知青们受过正规教育,多才多艺,他们分片到各生产队去访贫问苦,开办扫盲夜校,教唱革命歌曲,吸收孩子们参加文艺演出,丰富了农民的精神生活。知青们良好的文化素养和先进的生活理念给封闭落后的西部农村送来了清新空气,打破了当地农民世代沿袭的生活模式。

4. 造就了一批领导人才

知识青年在农村实践中逐渐成长并显露出才干,不少人被选拔到各级领导岗位。如1973年宁夏回族自治区党委《关于知识青年上山下乡工作会议的报告》(〔1973〕101号文件)中的数据显示:宁夏自1968年以来,有7200名知识青年上山下乡,连同"文革"前下乡的11200多人，共18400多人（包括接收京、津、浙7900多人），有686人参加了社队基层领导班子，占下乡知青总数的3.7%。

四　西部民族地区的扶贫开发移民

（一）吊庄移民

从1982年开始，党中央和国务院启动了"三西"（甘肃河西、定西地区和宁夏的西海固）农业建设与扶贫开发建设，通过加大基础设施建设、吊庄移民开发等措施，逐步改变西部民族地区的贫困面貌和解决这些地区的贫困问题。吊庄移民是宁夏回族自治区政府在扶贫开发中探索出的一种解决贫困问题的行之有效的新路子。

1. 吊庄移民产生的背景

吊庄移民的出现，有其特殊的环境和条件。一是西部民族地区一些生态条件恶劣的地区，水资源贫乏，靠天吃饭的现象普遍存在，无法承载现有人口的生存。在这些缺乏基本生活要素的深山区、石山区、荒漠区，根本不适宜人类生存，即使国家在这些地区投入大量的人力物力也难以从根本上改变这一地区人民的贫困问题，只有把贫困地区的人口迁移到适宜人类生存生产的地区。移民搬迁是解决贫困的一个重要方式。二是走吊庄移民之路必须要具备生态条件较好的可供开发的地域。在宁夏，随着黄河水资源的开发利用，在中北部等生态环境较好的地区，还有大量的土地资源可供利用。这些地区靠近黄河，引黄灌溉相对便利，为贫困地区的移民提供了较好的生活环境。据宁夏农业规划办公室调查，宁夏后备土地资源总量为2802.54万亩，其中宜农荒地848万亩。丰富的土地资源使移民开发成为可能。

2. 吊庄移民开启了扶贫移民开发之路

大规模的吊庄移民建设始于1980年代初期。1983年1月，宁夏回族自治区政府根据中央"三西扶贫"战略精神，结合宁夏实际，做出隆德、泾源、固原三县在引黄灌区建立吊庄生产基地的决定，将部分山区贫困群众有计划地迁移到引黄灌区进行开发建设。到1990年代中期，"三西"吊庄移民开发建设初具规模。截至1994年，隆湖、大战场等9处县外大规模集中安置移民开发区已开发配套土地22.66万亩，搬迁安置移民90061人，群众建房34324间。1995年6月，宁夏回族自治区政府与江苏华西村达成协议，建设华西移民新村。在江苏华西村的对口支援下，吊庄移民新村"宁夏华西村"建设顺利，截至2000年，先后从海原县、固原县及同心县搬迁移民882户6000人，在银川近郊镇北堡地区建设移民新村"宁夏华西村"。到1996年，宁夏共建县外移民开发区15处，共建县内移民开发区6处，吊庄移民建设在宁夏结出了硕果。吊庄移民的基本政策和举措，一是移民新区的各项水利骨干工程及配套工程、道路、电力均由国家按计划投资，统一规划建设；二是平田整地和工程建设采取以工代赈的办法；三是坚持自愿搬迁原则，移民原居地的承包土地在若干年内可不收回，允许两头有家，来去自由；四是政府除对移民提供较高的搬迁费、建房费补助外，搬迁第一年，移民口粮由迁出县供应，搬迁后3年内免交水电费、免征税、免提留；五是各级政府鼓励各类专业技术人员、干部支援吊庄建设，制定了一系列优惠政策。

（二）扶贫扬黄灌溉工程移民

1990年代后期开始，吊庄移民开发建设转向扶贫扬黄移民开发工程（也称宁夏"1236"工程）建设为主。"1236"工程是宁夏回族自治区为改变宁夏南部山区贫困人口的生产、生活条件，实现百万人口脱贫致富的一项大型扬水工程。规划迁移100万名宁夏南部山区的贫困人口到扬黄灌溉地区实现脱贫，开发200万亩扬黄灌溉土地，投资30亿元，6年建成，故而简称"1236工程"。1996年5月，工程奠基启动。利用已建成的固海扬水、盐环定扬水等水利工程，新建扶贫扬黄灌溉工程，延伸一批水源工程，通过调整用水结构和合理开发，在节水的前提下优化配置水资源，扩大供水范围，发展设施农业、优势特色农业和节水高效农业，调整人均耕地占有量，可增加新的生态移民安置资源。[①] 2001年10月，宁夏扶贫扬黄灌溉工程黄河

[①] 《自治区人民政府办公厅关于印发宁夏中部干旱带县内生态移民规划纲要（2007－2011年）的通知》，《宁夏回族自治区人民政府公报》2008年3月10日。

泵站正式通水运行，可同时满足红寺堡灌区和固海扩灌区130万亩灌溉用水，是当时黄河流域控制灌溉面积最大的扬水泵站，从根本上解决了移民新区的用水问题。2001年宁夏扶贫扬黄灌溉工程红寺堡移民开发区的移民人口数就达14.2万人，其中回族达8.1万人。2001年11月，宁夏回族自治区政府对扶贫扬黄灌溉工程做出重大调整，由原来以单纯解决温饱为目标的规划原则调整为"脱贫致富求发展，建立以种植业为基础、以林业为重点、以畜牧业为主导，节水高效生态农业体系"的目标规划原则，并对土地开发、移民等做了相应调整，工程规划调整为开发土地面积40万亩，搬迁移民20万人。经过数年努力，宁夏扶贫扬黄移民开发取得了明显成效。截至2015年，红寺堡开发区总人口已达23万人，其中回族人口14万人，农民人均可支配收入由开发之初的不足500元增加到6409元。

（三）生态移民

生态移民系指原居住在自然保护区、生态环境严重破坏地区、生态脆弱区，以及自然环境条件恶劣、基本不具备人类生存条件地区的人口，受气候变化和生态条件恶化的影响，搬离原居住地，再在环境较好的地方定居，并重建家园的迁移活动，在人口迁出的同时，对迁出区实施生态保护与恢复。[①]

1. 21世纪前十年的生态移民工程

21世纪初，国家对扶贫移民开发的思路进一步调整。按照易地搬迁扶贫与生态建设并重的原则，对西部地区居住在生态环境极端恶劣地区的贫困人口，采取易地扶贫开发、搬迁安置的扶贫政策，实施易地扶贫搬迁试点工程。宁夏被确定为国家易地扶贫搬迁试点工程四个试点省区之一。在宁夏，易地扶贫搬迁试点工程又称为"生态移民工程"。宁夏的生态移民主要分为两个阶段，分别是国家易地扶贫搬迁移民与中部干旱带县内生态移民，经历了由跨县搬迁易地安置移民向县内搬迁就近集中安置移民的演变。由于受资金、水源、土地等因

---

① 马忠玉主编《宁夏应对全球气候变化战略研究》，银川：阳光出版社，2012年版，第232页。

素的制约，搬迁对象一直锁定中南部山区的贫困群众。其中，2001~2006年试点阶段移民对象主要考虑六盘山水源涵养林区的困难群众。自2007年起，宁夏的生态移民主要考虑中部干旱带人畜饮水无法保障、生态环境不断恶化、人类无法生存地区的贫困群众。

第一阶段，国家易地扶贫搬迁移民宁夏试点（2001~2006年）。2001年，国家发改委利用国债资金在宁夏、内蒙古、贵州、云南开展国家易地扶贫搬迁工作的试点项目。该项目是退耕还林还草、生态环境建设保护的配套工程，由于该阶段移民主要目的是应对气候变化、保护生态脆弱区的生态环境，因此，该阶段的移民工作被称为生态移民工程。[①] 移民主要来自中部干旱带和南部山区。该项目共在宁夏建成移民基地23处，搬迁移民12.6万人，采取整村搬迁的形式，将贫困人口搬迁到已建成的引、扬黄灌区和国有农场，国家按照人均5000元的标准给予补助。移民迁出后，拆除原住房、供水、供电等设施，土地由县人民政府统一调整纳入退耕还林规划，由林业部门统一造林、统一管护，移民享受退耕还林政策。

第二阶段，中部干旱带县内生态移民（2007~2010年）。中部干旱带是一个特殊类型的困难地区，虽经数十年扶贫历程，群众生活有所改善，但由于恶劣的自然条件，仍难以稳定解决温饱，更难以得到发展。为从根本上彻底解决这一地区群众生存和发展问题，自治区政府决定从2007年开始，第一阶段用5年，在引、扬黄灌区大力实施节水灌溉，在扬水灌区周边建高效节水补充灌溉工程，配套高效设施农业措施，计划投资28.42亿元，开发土地35万亩，建设42个移民安置区，县内移民20.7万人。该移民计划重点是县内农业移民和劳务移民。县内农业移民是有"土"安置，突出高效节水补灌措施和高效设施农业措施的配套与结合；劳务移民是无"土"安置，结合移民区周边工业园区建设，开展劳务输出。截至2010年底，已移民

[①] 范雷、田丰、李培林：《农民消费与全面建成小康社会——宁夏生态移民家庭消费研究》，《江苏社会科学》2013年第5期。

16.08万人。[1]

2. "十二五"时期（2011~2015年）的生态移民[2]

2011年宁夏启动了"十二五"中南部地区生态移民扶贫工程。5年来，全宁夏累计完成投资123亿元，通过土地权属处置批准安置区用地9万亩，批复建设移民安置区161个，建成移民住房7.75万套，搬迁安置移民7.65万户32.9万人。宁夏生态移民工程取得了积极的效益。

第一，移民群众的生产生活条件大幅改善。统一规划建设移民安置区，配套完善基础设施和公共服务设施。有土安置移民每户分配1套54平方米的住房（上下有圈梁，中间有构造柱），达到抗震设防标准。移民村道路硬化率、自来水普及率、供电保证率等均达到100%，户户安装了太阳能热水器，实现移民村"七通八有"（通电、通自来水、通硬化路、通公交车、通广播电视、通邮、通电话；有学校、有村级活动场所、有医疗计生服务站、有劳动就业服务中心、有超市、有文化广场、有新能源、有环保设施），解决了移民饮水难、出行难、上学难、就医难、住房难等一系列问题，人居环境大为改善。

第二，移民增收途径明显拓宽。引导移民发展特色种养、交通运输、商贸服务等多种经营，拓宽增收渠道。加强移民实用技术和务工技能培训，提高转移就业能力。引进企业在移民安置区投资建厂或建设农业生产基地，发展劳动密集型产业，吸纳移民就近务工。移民收入结构明显改变，务工收入占家庭总收入的67.8%，种养收入占23.5%，转移支付等其他收入占8.7%，形成以特色种养收入为基础、以劳务收入为主体的增收格局。移民收入水平稳步增长，大部分移民已初步跨越贫困线。

第三，经济社会资源得到优化配置。"十二五"期间，向沿黄地

---

[1] 马忠玉主编《宁夏应对全球气候变化战略研究》，银川：阳光出版社，2012年版，第256~258页。

[2] 《自治区人民政府关于印发宁夏"十三五"易地扶贫搬迁规划的通知》，《宁夏回族自治区人民政府公报》2016年9月15日。

区搬迁移民 17.95 万人，在城镇、工业园区、农业产业基地安置劳务移民 6.16 万人，推动了中南部地区农村劳动力资源的有序转移，解决了沿黄地区劳动力短缺的问题，促进了山川互济、共建共享。

第四，生态环境质量有效改善。易地扶贫搬迁工程的实施，使迁出区人为破坏生态环境的行为明显减少，有效遏制了生态环境恶化。移民迁出后，政府将原有土地收归国有，针对不同土地类型，因地制宜、分类指导、封造管结合，以自然修复为主，重点对迁出区 17 万亩的宅基地房屋、院落等拆除后恢复为农用地，用于生态建设。移民迁出区共完成生态恢复 230.1 万亩，在移民安置区完成环村林带、道路绿化 4.1 万亩。

第五，民族团结进一步增进。"十二五"生态移民搬迁对象中少数民族人口超过总规模的 60%，充分体现了党和政府对少数民族群众的关怀，促进了搬迁群众与迁入地群众的相互交流和融合，在共同发展生产、勤劳致富的过程中，增进了民族感情，促进了少数民族经济文化发展，实现了回汉各民族共同繁荣。

五　改革开放新时期西部民族地区的商业移民

1993 年 3 月，党中央提出实施西部大开发战略，加快中西部地区的发展。西部大开发战略的提出与实施，加快了西部民族地区商业移民的步伐。

（一）宁夏改革开放时期的商业移民

在西部民族地区的移民史上产生了早期的商业移民，其中具有代表性的是，清朝末年山西商人在宁夏银川创办的八家商号，被人们称为"宁夏八大家"。至 1970 年代，不少南方人和四川、河南、安徽等地自流人口来到西部民族地区，依靠手艺和吃苦耐劳的精神在落后的西部艰苦创业。随着西部民族地区与浙江、安徽、福建和上海等发达省区合作越来越频繁，激发了更多的商业移民来到西部，在外省和西部之间开辟了一条商业移民的大通道。商业移民在西部民族地区的总体人数无法统计，但可供参考的是，2015 年在公安户籍管理部门登记的宁夏流动人口为 26 万人，但这仅是一部分，户籍管理部门估计宁夏的流动人口总数在 80 万~100 万人。流动人口结构处在不断变化之中，除了在城镇打工就业的农村转移人口以外，[①] 外地赴宁夏做生意的人口也占有相当的比例，其中一部分商业移民已落户定居在宁夏，所以也不在流动人口之列。大部分商业移民居住在西部民族地区中心城市。西部民族地区的商业移民为当地深化投资体制改革，推进东西部合作，加快对外开放步伐，拓展资金渠道，缓解建设资金短缺，做出了积极的贡献。

（二）商业移民的新趋势[②]

近年来，大量东部发达省份的商业移民源源不断地进入西部民族地区，其数量、覆盖范围和投资总额远远超过以往的规模，如果说过去是"零敲碎打""单兵作战"，现在各商会的成立则为其"合纵连横""集团作战"找到了坚强有力的"靠山"。据宁夏回族自治区招商局统计，截至 2014 年，与招商局有联系的异地商会已达 17 家，商会促进了经济要素的整合，把分散的商业移民带来的资金聚集起来形成规模投资成为近几年商业移民投资的一大特点，商会已成为汇集商业移民资本的重要窗口。商业移民在西部民族地区的投资越来越广，涉及能源化工、机械制造、农副产品深加工、商贸流通等诸多领域。大量商业移民除了直接参加经济建设贡献力量外，还形成了丰富的商业移民文化，促进了迁入地人们的行为习惯、思维方式、价值观念、生活心态等方面的变化。

第三节 本章小结和讨论

西部民族地区历史悠久，民族众多，自古就是各民族赖以生存的家园。西部地区的历史是伴随移民的迁移而展开的，既是中华各民族的团结奋斗史，也是一部移民开发史。系统研究西部民族地区自旧石

---

① 陈通明：《当代宁夏社会的主要特征》，《宁夏日报》2016 年 1 月 15 日。
② 张瑛、洪琦：《异地商会：招商引资的"劲旅"》，《宁夏日报》2009 年 8 月 8 日。

器时代至改革开放后的移民历史,能够展现出西部民族地区在不同时期、不同背景下,因移民活动带来的社会变革、经济发展和文化交融,给我们带来诸多的启迪。

一 国家政治格局稳定是西部民族地区移民开发取得成功的根本保障

纵观西部民族地区历朝历代的移民开发,几乎都同中央王朝政治格局的稳定与否有巨大的联系。当中央王朝强盛时,对边远地区的政治、经济、文化影响力是巨大的,对西部民族地区产生着很强的吸引力。而且,中央王朝只有在强盛时,才有实力在西部民族地区开展移民开发,进行经济建设。如果国家内乱不断,不仅中央王朝自顾不暇,中原地区民不聊生,战乱频频,而且边疆民族地区也会互相争斗,此消彼长。因此,从中国历史上的移民开发史来看,只要中央王朝政府政治清明,措施得力,政治格局稳定,那么不论是西部民族地区的本土民族,还是移民西部地区的汉族和其他少数民族,都会得到妥善安置,中央充盈的财力人力物力也能支撑起移民开发的巨大投入。

二 民族关系和谐是西部民族地区移民开发顺利发展的重要基石

西部民族地区民族众多,宗教信仰各不相同,民族关系和谐与否直接关系着西部地区的稳定和繁荣。西部民族地区移民开发必然会牵扯到不同民族间的政治、经济利益,可谓是牵一发而动全身,一旦移民政策失误,导致民族关系出现裂痕和摩擦,那么在西部民族地区进行移民开发就会难以持久,或者根本无法实现。只有妥善处理各民族的诉求,帮助各民族群众发展当地经济,改善群众生产生活,才能得到当地各民族的支持拥护,移民开发建设才能稳定推进。

三 民族交流交往是西部民族地区移民开发互通有无的纽带桥梁

各民族互相之间的政治、经济、文化交流、交往和交融是民族关系和谐发展、共存共荣必不可少的前提条件。只有建立彼此信任的关系，民族之间才能和平共处。西部民族地区移民开发是联系各民族之间交流交往的重要纽带桥梁，只有在西部民族地区进行移民开发建设，缩小民族发展的差距，消除民族隔阂，融洽民族关系，各民族才会支持中央政府的移民开发政策和方针。所以，民族之间的交流、交往不仅可以使各民族加强了解，还可以互通有无、互相学习、互相借鉴，共同走向繁荣。

四 民族政策的正确与否，是西部民族地区移民开发能否顺利进行的关键

西部民族地区的移民开发要想取得成功，必须制定符合西部民族地区实际情况的民族政策。历代封建统治者为了加强封建统治，经略边疆和偏远地区，政策符合实际、适当可行，则会收到积极的效果，例如汉代的属国制度和唐代的羁縻政策，对安置内附的少数民族就起到了积极的作用。如果封建统治者穷兵黩武、横征暴敛，不仅不能稳固地统治西部地区，还往往激起西部众多民族的激烈反抗，使中央王朝的统治受到严重打击。东汉时期的三次羌族大起义、北魏时期的北方六镇大起义，以及清末的回族反清抗暴斗争，都削弱了中央政府对西部民族地区的统治，西部民族地区的移民开发建设也根本无从保障。所以，中央政府民族政策的正确与失误，直接关系着西部民族地区移民开发的成败得失，也决定了西部民族地区经济社会的发展进程。

五 西部民族地区的移民和人口迁徙的特点

第一，人口迁徙有生生不息的延续性。纵观历史，中国西部民族地区的人口迁徙活动是贯穿于历史长河中一个非常鲜明的脉络。迁徙成为人类的一项重要活动。以宁夏为例，从远古时期的民族迁徙开始，一直延续到当代。自改革开放以来，至2015年，仅各类扶贫开发移民就达111.48万人，超过宁夏总人口1/6的人口实施了大迁移，如果把20多万名自发移民与外地赴宁夏经商做生意和从事技术工作

的数十万名流动人口也计算在内，宁夏在 30 多年来迁徙流动的人口大约要超过总人口的 1/4。

第二，人口流动迁徙的被动强制性与自主自发性兼而有之。在漫长历史中，既有中央王朝组织的大规模移民实边活动，也有许多少数民族部落、部族迁徙流动。前者的移民迁徙是被动的，大都是被强制迁徙的，后者则多是自愿自主自发的迁徙活动。前者是政府组织的，是需要政府投入的；后者有的需要中央政府的组织和投入，例如属国和羁縻州，有的则没有政府的组织参与，例如魏晋南北朝时期许多民族的迁徙活动。

第三，各民族共同参与了人口迁徙活动。历史上在中国北方活动的大多数民族都有迁徙的经历，对游牧民族来说，迁徙更是他们生存的模式。他们几乎在宁夏都有活动，或路经宁夏，在宁夏或长或短地驻留过，或建立政权，如匈奴、羌、羯、氐、鲜卑、柔然、敕勒、党项、蒙古、满等民族。

第四，迁徙的动因比较复杂。在秦汉时期中央政府组织的移民实边有经济和政治双重考虑，核心还是为了抵御外侵、巩固边防；战乱亦是引起迁徙的重要动因，包括争斗和躲避灾祸等；有些少数民族的内迁是为了寻找更好的生存发展环境，有些则直接就是为了物质财富，中原地区的丰饶的物产和比较先进的文化显然对他们有很强的吸引力，所以交换和劫掠物资也成为迁徙的重要动力；还有经商做生意从内地迁徙到西部地区的；至于当代，开发建设与反贫困显然是促使人口迁徙流动的最主要因素。

第五，迁徙的方向与民族属性有内在联系。西北地区是农耕文化与游牧文化交流碰撞的交汇地区，而这种交流碰撞与他们的迁徙方向有内在的联系。一般来说，北方少数民族都是沿着自西向东或自北向南的方向迁徙，而汉族的迁徙则与丝绸之路的方向一致，即都是沿着自东向西或自南向北的方向迁徙。

第四章
西部民族地区自发移民的经济社会发展状况

贫困是自发移民迁移的主要原因，致贫的原因既有经济因素，也有社会因素。本章通过对自发移民的家庭经济收支情况、住房、教育、医疗卫生、社会保障、计划生育等多方面的考察，全面分析自发移民在迁入地经济社会发展的基本状况，为加快西部民族地区自发移民的经济社会发展提供理论依据。

第一节 自发移民的经济状况

宁夏是我国开放式扶贫的发源地之一，30多年的扶贫开发取得了举世瞩目的成就。截至"十二五"末，宁夏地区生产总值达到2911.8亿元，年均增长9.9%，人均地区生产总值达到43805元。城乡居民收入水平得到提高，截至2015年底，宁夏全区农村居民人均收入由1978年的116元增长到9119元，而固原市农民人均纯收入仅为7099元，占全区农民人均纯收入的77%。[①] 宁夏南部山区和中部干旱带，即西海固地区仍然是实施脱贫攻坚工程的主战场。宁夏自发移民主要来自西海固地区。这里是国家确定的六盘山集中连片特困地区的主要组成部分，也是宁夏全面建成小康社会的重点和难点地区，搬迁后的自发移民的经济状况如何？本项研究主要通过问卷调查他们的家庭经济收入、支出、收支盈余、土地拥有等方面的情况来反映。

[①] 《自治区人民政府关于印发宁夏回族自治区国民经济和社会发展第十三个五年规划纲要的通知》，《宁夏回族自治区人民政府公报》2016年5月12日。

一 经济收入

(一) 收入来源

通过搬迁,自发移民的收入来源结构发生了根本变化,打工收入成为自发移民在迁入区收入的主要来源,种植业和养殖业的收入居于家庭收入的次要地位。做生意的人数增长较快。调查数据显示,自发移民搬迁前后家庭收入来源的结构发生了显著变化。移民搬迁前,从事种植业是他们收入的主要来源,占 78.7%,其次是打工和从事养殖业,分别占 29%、10.4%。而移民搬迁后,打工的收入成为自发移民收入的主要来源,占 78%;其次是种植业和养殖业,分别占 28%、7.7%(见表 4-1)。自发移民搬迁后,选择"做生意"的人数比例显著增加,说明迁入区发达的经济发展环境激发了自发移民闯市场的热情,做生意的人数增长较快。搬迁后,享受政府补贴救济的人数也比以前增多,主要是近年来政府针对贫困地区的各种各样的扶贫项目和惠农政策逐年增加,自发移民虽然户籍不在迁入区,无法享受到迁入区的惠农政策和待遇,但一部分自发移民可以在原籍享受到迁出地的扶贫救助或惠农政策。

表 4-1 移民搬迁前后家庭主要收入来源情况

单位:人,%

	搬迁前 人数	搬迁前 有效百分比	搬迁后 人数	搬迁后 有效百分比
种植	550	78.7	196	28.0
养殖	73	10.4	54	7.7
打工	203	29.0	545	78.0
做生意	14	2.0	40	5.7
出租收入	2	0.3	3	0.4
行政事业单位收入	3	0.4	3	0.4
政府补贴救济	2	0.3	5	0.7
其他	3	0.4	2	0.3

(二) 收入显著增加

自发移民家庭收入的构成越来越趋于多元化,近五成的自发移民家庭年收入在 3 万元左右,绝大多数家庭的年收入比搬迁前增幅显著,贫困状况得到了根本改变。

1. 收入基本情况

从被访的自发移民回答情况来看,家庭年收入在 1 万元以下的家庭占 23%,1 万~2 万元的家庭占 20.7%,2 万元以上的家庭占 52.7%,3 万元以上的家庭占 25.5%(见表 4-2)。这说明有接近八成的自发移民家庭年收入已经在 2 万元以上,有 1/4 多的自发移民家庭年收入在 3 万元以上。当然,通过入户调查观察,从自发移民家庭的住房、家用电器以及汽车等交通工具的拥有情况来看,自发移民在问卷中针对家庭收入填答选项时比较保守,这也符合一般人们的心态,很少有人会把自己的全部收入和盘托出,根据经验判断,一般人们所报出的经济收入往往会低于他们的实际收入。因此,自发移民家庭实际年收入可能比问卷调查的统计数据要略高一些。

表 4-2 去年 (2014 年) 您家全年各项收入是多少?

单位:人,%

	人数	百分比	有效百分比
5000 元及以下	59	8.4	8.5
5001~10000 元	100	14.3	14.5
10001~20000 元	143	20.5	20.7
20001~30000 元	188	26.9	27.2
30001~50000 元	122	17.5	17.6
50001 元及以上	55	7.9	7.9
说不清	25	3.6	3.6
合计	692	99.0	100
缺失	7	1.0	
总计	699	100	

第四章 西部民族地区自发移民的经济社会发展状况

2. 收入构成

从自发移民家庭年收入的构成来看，居于前三位的是"打工收入"、"农业经营收入"和"经商做生意收入"，占比分别为32.0%、23.5%、3.9%（见表4-3）。此外，"出租房屋土地收入"、"家庭金融投资理财收入"及"家庭成员退休金养老金等社保收入"等的选择比例也有不同程度上升。针对自发移民是否还享有原籍老家的各项农业补贴收入，如退耕还林补助、粮食补助、农机补助等，调查数据显示，有38%的人选择有各项农业补贴收入（见表4-4），说明自发移民的收入构成越来越趋于多元化。

农业补贴收入中，退耕还林还草的补助受益面广，补助额度高，补助时间也较长。宁夏自2000年起实施退耕还林还草工程，到2013年共完成退耕还林1305.5万亩，工程建设覆盖21个县（市、区）及农垦系统，共涉及153万名退耕农民。到2013年底，国家累计兑现宁夏退耕还林中央财政补助资金98.37亿元，其中兑现给退耕农户的政策补助为71.01亿元。从2015年至2020年，计划通过实施退耕还林还草工程新增林地121.06万亩、草地42万亩。新一轮退耕还林还草工程建设任务主要安排在南部山区和中部干旱带25度以上坡耕地、严重沙化耕地和重要水源地15度到25度坡耕地，受益人口约367万人。[①] 自发移民主要来自西海固地区，其是实施退耕还林还草工程的重点地区，所以，来自这一地区的自发移民成为享受这一政策的主要受益群体。

表4-3 在您的家庭各项收入中，收入比较多的是哪几项？

单位：人，%

项目	人数	百分比	项目	人数	百分比
农业经营收入	164	23.5	家庭金融投资理财收入	1	0.1
打工收入	571	82.0	家庭成员退休金养老金等社保收入	7	1.0

---

① 吴宏林：《我区2015年将实施退耕还林还草25万亩》，《宁夏日报》2015年6月6日。

续表

项目	人数	百分比	项目	人数	百分比
经商做生意收入	27	3.9	社会救助收入	6	0.9
出租房屋土地收入	1	0.1	其他收入	4	0.6

注：本表中的"占比"为有效百分比。

表4-4　您家是否还有原籍家乡的各项农业补贴收入？

单位：人，%

	人数	百分比	有效百分比
有	263	37.6	38.0
没有	398	56.9	57.5
说不清	31	4.4	4.5
合计	692	99.0	100
缺失	7	1.0	
总计	699	100	

3. 搬迁前后收入对比

从自发移民家庭年收入的变化来看，有69.4%的自发移民认为自己的家庭收入和搬迁前相比增加了，只有9.6%的人认为减少了（见表4-5），说明大多数自发移民家庭搬迁后年收入增加了，经济条件比搬迁前明显好转。

表4-5　您的家庭收入和搬迁前相比有何变化？

单位：人，%

	人数	百分比	有效百分比
增加	477	68.2	69.4
减少	66	9.4	9.6
没有变化	144	20.6	21.0
合计	687	98.3	100
缺失	12	1.7	
总计	699	100	

二 支出情况

（一）搬迁前后的家庭支出比较

调查数据显示，与搬迁前相比，有86.5%的自发移民认为在迁入地其家庭支出明显增加了，只有8.1%的人认为家庭支出没有变化（见表4-6）。家庭支出在搬迁前后出现巨大反差，主要原因是自发移民的生活环境、生产生活方式以及从业方式发生了巨大变化。自发移民原来居住在山区，粮食蔬菜主要依靠种地自给自足，交通不便，很少外出购物，生活成本很低，相应支出也少。而在迁入区，由于土地数量较少或被征地，自发移民家庭所需的粮食蔬菜等生活物资主要依靠购买，还要支付水费、冬季取暖的燃煤费、交通以及教育等相关费用。随着家庭收入增加，自发移民的家庭耐用消费品大幅增加，普遍购置了电视、冰箱、洗衣机、摩托车，还有部分家庭购置了电脑以及家用汽车。此外，在迁入地购物、娱乐消费更方便，也无形中增强了移民的消费欲望。因此，移民普遍认为支出比以前多。当然，支出增加也从侧面折射出自发移民的购买力越来越强。

表4-6 您的家庭支出与搬迁前相比有何变化？

单位：人，%

	人数	百分比	有效百分比
增加	578	82.7	86.5
减少	20	2.9	3.0
没有变化	54	7.7	8.1
说不清	16	2.3	2.4
合计	668	95.6	100
缺失	31	4.4	
总计	699	100	

（二）家庭收入总体能够满足家庭生活需求

自发移民的家庭收入与各类花费（支出）之间能否保持平衡，

是一个考察生活水平是否真正提高的关键问题，从一个侧面反映了自发移民群体当前的一种生活状态。调查数据显示，选择"收入大于花费""收入和花费基本持平"的比例合计占55.6%，有41.1%的人认为"收入不够花费"（见表4-7），说明多数自发移民家庭能够做到收支平衡，其中在当年收入能够满足基本生活需求后，还有近20%的家庭会有结余。还有超过四成的受访者反映入不敷出（收入不够花费），这种情况显然与做问卷调查时的2015年宁夏的经济形势直接有关，许多企业不景气，"打工难"是受访者的普遍反映。

表4-7 去年（2014）您的家庭收入与各类花费（支出）之间能否保持平衡？

单位：人，%

	人数	百分比	有效百分比
收入大于花费	132	18.9	19.2
收入和花费基本持平	251	35.9	36.4
收入不够花费	283	40.5	41.1
说不清	23	3.3	3.3
合计	689	98.6	100
缺失	10	1.4	
总计	699	100	

三 土地占有情况

土地作为农民赖以生存和发展最重要的生产资料，对农民有特殊意义。举家迁移的自发移民，尚没有能力带着一家老小在城镇落户，迁往条件相对较好的农村，是他们唯一可行的迁移途径，获取土地也就成为绝大多数自发移民迁移活动的必然选择，而迁徙的条件就在于能否获得属于自己的建房土地和耕种的土地。因此，绝大多数自发移民会在迁入地首先解决土地问题。根据问卷调查，50%以上的自发移民在迁入地拥有或曾经拥有土地。而从政策性移民手中购买土地则是自发移民获得土地的主要途径。自发移民家庭的土地主要用于从事种植业。种植业在自发移民经济活动中所占的地位,主要受到自发移民聚居区的地理位置的影响,地理位置与城镇相距较远的往往还是把从事种植业放在比较重要的地位,如沙坡头区宣和镇H村的自发移民;而如果离城镇较近,且土地较少甚至已经没有可以耕种的土地,那只能以打工为主了。

自发移民占有和经营土地的情况,将在下一章做具体的分析。

第二节 自发移民的社会地位和社会生活

自发移民的社会发展状况主要从社会地位和生活条件变化两个维度来反映,其中,社会地位的状况主要通过户籍性质、受教育水平、职业身份等指标来反映,生活条件的变化主要通过住房、子女上学、看病就医、社会保障等指标来反映。

一 社会地位

(一) 户籍性质

从户籍身份来看,自发移民中有95.6%的受访者为农业户籍,2.7%的受访者为非农业户籍,1.6%的受访者属于没有登记户籍的无户籍人员(见表4-8);在调查的自发移民人口中,有69.3%的人户口还在原籍,有21.3%的人户口在本地本乡,有4.4%的人户口在本地其他乡镇,也有的自发移民属于外省迁入的(见表4-9)。这说明自发移民绝大多数为农业人口,大都处于人户分离状态,这也是自发移民群体与政策性移民群体最显著的区别。

表4-8 您目前的户籍状况

单位:人,%

	人数	百分比	有效百分比
农业户籍	666	95.3	95.6
非农业户籍	19	2.7	2.7

续表

	人数	百分比	有效百分比
没有登记户籍	11	1.6	1.6
其他	1	0.1	0.1
合计	697	99.7	100
缺失	2	0.3	
总计	699	100	

表 4-9 您的户籍所在地

单位：人，%

	人数	百分比	有效百分比
本地本乡	91	13.0	21.3
本地其他乡镇	19	2.7	4.4
户口在原籍	296	42.3	69.3
其他	21	3.0	4.9
合计	427	61.1	100
缺失	272	38.9	
总计	699	100	

（二）受教育水平

从受教育水平来看，自发移民中没有上过学的占 38.1%，其次是小学和初中文化程度，分别占 26.4%、25.3%，高中仅占 7.5%（见表 4-10），说明自发移民总体的受教育水平普遍较低。

表 4-10 您的文化程度

单位：人，%

	人数	百分比	有效百分比
没有上过学	265	37.9	38.1
小学	184	26.3	26.4
初中	176	25.2	25.3
高中	52	7.4	7.5

续表

	人数	百分比	有效百分比
大专	12	1.7	1.7
本科	6	0.9	0.9
研究生及以上	1	0.1	0.1
合计	696	99.6	100
缺失	3	0.4	
总计	699	100	

(三) 职业身份

从职业身份来看，自发移民中，务工占58.4%，务农占24.1%，从事个体经营占5.5%，务工与务农相结合的占4.5%，从事宗教事务工作的占0.6%（见表4-11），说明自发移民群体以务工和务农为主，职业层次较低。

表4-11 您目前的就业状况

单位：人，%

	人数	百分比	有效百分比
务工	391	55.9	58.4
务农	161	23.0	24.1
从事个体经营	37	5.3	5.5
务农与务工相结合	30	4.3	4.5
宗教人士	4	0.6	0.6
其他	46	6.6	6.9
合计	669	95.7	100
缺失	30	4.3	
总计	699	100	

二 家庭生活

(一) 家庭规模

从自发移民家庭规模来看，5~6口人的家庭最多，占68.8%，

3~4口人的家庭占26.6%，7口人及以上的家庭占0.4%（见表4-12），说明自发移民家庭普遍人口多，家庭规模较大，也反映出自发移民超生问题比较突出。

表4-12 您的家庭有几口人？

单位：人，%

	人数	百分比	有效百分比
1口人	1	0.1	0.1
2口人	27	3.9	4.0
3~4口人	182	26.0	26.6
5~6口人	470	67.2	68.8
7口人及以上	3	0.4	0.4
合计	683	97.7	100
缺失	16	2.3	
总计	699	100	

（二）生育子女

调查数据显示，自发移民家庭中生育2孩的比例最高，为30.9%，其次是3孩、4孩和5孩及以上，占比分别为28.6%、19.8%、11.6%（见表4-13）。生育2孩及2孩以下的家庭占40.0%，生育3孩的家庭为28.6%，也就是说，生育3孩及3孩以下的家庭约占七成，4孩及以上家庭占31.4%。1984年在全国计划生育政策调整中宁夏确立了"一、二、三孩"政策，即宁夏农村居民、城镇少数民族居民可以享受一对夫妇最多生育二孩政策，山区七县少数民族居民可以享受一对夫妇最多可以生育三孩政策。按照山区的计划生育政策来衡量，自发移民群体中生育孩子符合计划生育政策的接近70%。如果与西海固地区大规模超生现象做一比较，那么自发移民的生育观还是有不小的进步的。当然，还必须看到，自发移民超计划生育问题仍然存在，超过30%的自发移民家庭是多子女家庭，显然不符合国家的生育政策，超生对自发移民摆脱贫困也会产生不利影响。

表 4-13　您家生育几个孩子？

单位：人，%

	人数	百分比	有效百分比
1 个	62	8.9	9.1
2 个	211	30.2	30.9
3 个	195	27.9	28.6
4 个	135	19.3	19.8
5 个及以上	79	11.3	11.6
合计	682	97.6	100
缺失	17	2.4	
总计	699	100	

（三）定居年限

根据问卷调查的数据，从迁入年限来看，自发移民家庭迁入现居住地的年限，5 年及以下占 27.9%，5 年以上占 72.1%（见表 4-14），说明自发移民绝大多数在本地已经居住 5 年以上。根据在三个调研点对自发移民的访谈，自发移民迁入时间最长的已有 30 多年。

表 4-14　您家迁入本地的年限

单位：人，%

	人数	百分比	有效百分比
1 年内	16	2.3	2.3
1~3 年	47	6.7	6.8
4~5 年	131	18.7	18.8
6~10 年	479	68.5	68.9
10 年以上	22	3.1	3.2
合计	695	99.4	100
缺失	4	0.6	
总计	699	100	

（四）住房

解决住房问题也是自发移民在迁入初期首先要考虑的问题。调查数据显示，有86.7%的受访者表示家里的住房是自建的，9.2%的受访者表示是购买的，3%的受访者表示是租赁的住房（见表4-15）。这一结果表明，在迁入地自发移民的住房主要是通过购买土地和在购买的土地上建房。当然，自主建房也是依靠自身的力量以及在亲朋好友的帮助下完成的。建房的花费是自发移民搬迁后家庭最大的一笔支出，其中，土地的购置费用在建房总费用中所占比重较大。自发移民反映，在1990年代初移民最活跃的时期，购买一个庄园地（大约半亩地）只需要一两万元甚至还要低，随着移民人数增多，庄园地的价格也在不断攀升，后来一直涨到六七万元甚至更多。

表4-15 您家目前的住房来源

单位：人，%

	人数	百分比	有效百分比
自建	600	85.8	86.7
购买	64	9.2	9.2
租赁	21	3.0	3.0
其他	7	1.0	1.0
合计	692	99.0	100
缺失	7	1.0	
总计	699	100	

针对自发移民搬迁前后住房状况的变化，有68%的受访者认为目前居住的房屋和搬迁前相比"变好了"，选择"没有变化"和"变差了"的受访者分别占17.9%、12.2%（见表4-16），说明自发移民在迁入地的住房质量总体上要好于迁出地的住房，移民搬迁不仅改变了他们的生活环境，还改善了其住房条件。来自宁夏南部山区的自发移民在迁出地的住房主要是窑洞或土坯房，而在迁入地新建的房屋往往都是砖混结构的住房，之所以有人认为现在的住房比以前变差了，主要是因为选择"变差了"的样本中有西夏区兴泾镇X村的300

多户自发移民，他们绝大多数在这里定居已经有一二十年乃至更长时间。由于该自发移民聚居区土地已被征用来建设银川高新技术工业园区，这部分自发移民面临拆迁重新安置的问题，由于补偿问题，安置拖了近4年仍未落实，有的住房破旧也不便再修缮，所以，他们普遍反映现在的住房状况变差了。

表4-16 搬迁后您家的住房状况是否有变化？

单位：人，%

	人数	百分比	有效百分比
变好了	470	67.2	68.0
没有变化	124	17.7	17.9
变差了	84	12.0	12.2
说不清	13	1.9	1.9
合计	691	98.9	100
缺失	8	1.1	
总计	699	100	

三 公共服务

自发移民在迁入地能否获得满足自身生存发展需要的公共服务和公共产品，是衡量其公民权利能否得到保障的主要方面。而自发移民获得公共服务的状况，不仅取决于当地经济社会发展的水平，也与他们有没有取得当地户籍的现状有关。由于没有本地户籍，自发移民往往被当作流动人口对待，从而使他们在获得公共服务方面与当地居民还是有一定差距的。以下从子女上学、看病就医、社会保障等方面做一分析。

（一）子女上学

问卷询问被访的自发移民："您目前的居住地上中小学方便吗？"调查数据显示，选择上学"方便"的占58.0%，选择"不太方便"的占28.1%，"非常不方便"的占11.8%（见表4-17）。总体来看，自发移民认为在迁入地子女上学比迁出地要方便得多。其中，银川市西夏区兴泾镇 X 村自发移民聚居区因面临征地拆迁,原来的小学搬迁了,当地的孩子不得不到稍远一些的西夏区去上学,使这里的自发移民对学校问题意见很大,认为孩子上学不方便。从上学的距离来说,因迁出区是山区,绝大多数孩子过去上学往往要步行数里乃至更长的山路,交通极不方便,而迁入区相对便利的交通、优质的教育资源对自发移民有极大的吸引力,是他们选择搬迁的重要原因。

表 4-17 您目前的居住地上中小学方便吗?

单位:人,%

	人数	百分比	有效百分比
方便	397	56.8	58.0
不太方便	192	27.5	28.1
非常不方便	81	11.6	11.8
说不清	14	2.0	2.0
合计	684	98.0	100
缺失	15	2.1	
总计	699	100	

麦海娟等人对宁夏银川市兴泾镇 5 所小学师资状况的调查认为,兴泾镇小学的校舍、操场等硬件基础设施建设得比较好,但作为以移民为主体的乡镇,学校的问题主要在于:师资力量短缺,非在编教师比例较高,教师学历偏低,结构不合理,职称晋升难,教师压力大,待遇低,导致优秀教师流失多。上述问题既影响了教育质量,也影响了教师的积极性,教师队伍不稳定,移民乡镇的学校急需提升自身的内涵建设。[①]

(二)看病就医

对于自发移民聚居区就医是否方便的问题,调查数据显示,有 57.0% 的受访者认为在迁入地看病就医"方便",有 32.7% 的受访者

---

① 麦海娟、罗昌状:《宁夏回族移民乡镇小学师资状况调查分析——以银川市兴泾镇为例》,《北方民族大学学报》2013 年第 4 期。

认为"不太方便",只有 9.5% 的人认为"非常不方便"(见表 4 - 18),说明超过半数的自发移民对迁入地的就医条件是满意的,但仍有 42.2% 的受访者认为在当地看病不太方便或非常不方便,说明农村基层医疗卫生建设还需要完善。

表 4 - 18 您目前的居住地看病就医方便吗?

单位:人,%

	人数	百分比	有效百分比
方便	390	55.8	57.0
不太方便	224	32.0	32.7
非常不方便	65	9.3	9.5
说不清	5	0.7	0.7
合计	684	97.9	100
缺失	15	2.1	
总计	699	100	

目前,宁夏全区医疗资源分布不均衡,特别是基层医疗卫生机构问题突出,宁夏乡(镇)、村(社区)基层医疗卫生机构床位占全区总床位不到 10%,比全国平均数低 11.8 个百分点(全国 21.8%),严重不足。社区医疗卫生服务机构 50% 以上业务用房仍为租赁性质,普遍缺乏基本医疗设备。乡镇卫生院中设备和医疗卫生人员短缺问题突出。基层医疗卫生机构卫生人员只占全区总数的 25.7%,比全国平均数约低 10 个百分点。基层医疗卫生机构以全区 1/4 的卫生人员、1/10 的医疗床位,承担全区近一半(48.6%)的门诊量、住院量和绝大部分公共卫生服务任务,资源短缺问题十分突出。[1]

(三)社会保障

调查数据显示,在五项社会保险中,自发移民参保比例最高的是城乡居民医疗保险,占 93.1%,其次是城乡居民养老保险,占 47.7%,

---

[1] 张其度:《宁夏医疗卫生服务体系建设研究报告》,载《2016 宁夏社会蓝皮书》,银川:宁夏人民出版社,2015 年版。

占比居第三位的是最低生活保障,占8.4%(见表4-19),这一统计结果和宁夏当前社会保险发展的总体情况是吻合的。截至2016年底,宁夏城乡居民养老保险、医疗保险参保人数分别为183万人、475万人,其中,城乡居民医疗保险参保率在90%以上,基本实现了制度的全覆盖。

表4-19 您目前已办理下面哪种社会保险?

单位:人,%

	已办理		没有办理		说不清		缺失
	人数	占比	人数	占比	人数	占比	
城乡居民养老保险	291	47.7	311	51.0	8	1.3	89
城乡居民医疗保险	651	93.1	48	6.9	0	0	0
失业保险	4	1.0	395	96.3	11	2.7	289
生育保险	2	0.5	395	96.3	13	3.2	289
工伤保险	7	1.7	393	95.9	10	2.4	289
企业职工养老保险	6	1.5	388	96.0	10	2.5	295
最低生活保障	40	8.4	423	89.1	12	2.5	224
其他,请注明	0		0		0		

注:本表占比为有效百分比。

自发移民由于户籍不在迁入地,他们缴纳社会保险颇为不便。有77.1%的受访者表示自己缴纳社会保险费是在原籍,只有17.5%的受访者是在当地缴纳社会保险费(见表4-20)。绝大部分自发移民因为户籍问题,不仅缴费要到原籍,在享受待遇报销医保费用等方面都要回原籍办理,也导致一部分人出现断保的现象。

表4-20 您缴纳上述社会保险费是在哪里?

单位:人,%

	人数	百分比	有效百分比
现居住地	113	16.2	17.5
原籍	498	71.2	77.1

续表

	人数	百分比	有效百分比
说不清	35	5.0	5.4
合计	646	92.4	100
缺失	53	7.6	
总计	699	100	

四 社会管理

(一) 计划生育

问卷询问受访者迁入地计划生育管理的问题，调查数据显示，有32.0%的受访者认为现居住地的计划生育管理"严格"，有30.1%的受访者认为"一般"，有22.7%的受访者认为"不严格"（见表4-21）。也就是说，在计划生育管理这个问题上，认为迁入地政府管理"严格"和"一般"的各占约1/3，"不严格"的占1/5强。由于户籍关系的缘故，针对自发移民的计划生育工作非常难管理。自发移民往往会以户籍不在当地为借口，不愿意接受计划生育管理，而迁出区政府往往是鞭长莫及，导致自发移民计划生育管理出现迁出区管不上、迁入地管不好的状态。

表4-21 您认为现居住地的计划生育管理怎么样？

单位：人，%

	人数	百分比	有效百分比
严格	218	31.2	32.0
一般	205	29.3	30.1
不严格	155	22.2	22.7
说不清	104	14.9	15.2
合计	682	97.6	100
缺失	17	2.4	
总计	699	100	

（二）社会治安

调查数据显示，自发移民认为当地社会治安"很好"的占 37.9%，认为"一般"的占 35.2%，认为"不好"和"非常不好"的合计占 26.1%（见表 4-22），说明自发移民对聚居区的社会治安总体上满意度并不高。

表 4-22　您认为现居住地社会治安如何？

单位：人，%

	人数	百分比	有效百分比
很好	263	37.6	37.9
一般	244	34.9	35.2
不好	135	19.3	19.5
非常不好	46	6.6	6.6
说不清	6	0.9	0.9
合计	694	99.3	100
缺失	5	0.7	
总计	699	100	

（三）社区管理

在自发移民聚居区管理问题上，受访者认为由"基层乡镇（街道）或行政村（居委会）管理"的占 36.5%，认为"村民自我管理"的占 28.2%，认为"没有任何人或部门管理"的占 22.4%（见表 4-23）。也就是说，有五成以上的受访者认为自发移民聚居区处于自我管理状态，或者没有任何部门管理，没有纳入基层政府的管理范围，而这也正是自发移民聚居区社会治理问题凸显的主要原因。

表 4-23　您现在居住地由谁管理？

单位：人，%

	人数	百分比	有效百分比
村民自我管理	195	27.9	28.2
没有任何人或部门管理	155	22.2	22.4

续表

	人数	百分比	有效百分比
基层乡镇（街道）或行政村（居委会）管理	252	36.1	36.5
移民开发区	18	2.6	2.6
说不清	71	10.2	10.3
合计	691	98.9	100
缺失	8	1.1	
总计	699	100	

（四）社会秩序和生活环境

调查数据显示，对于迁入地的社会秩序和生活环境，有30.4%的受访者认为"很好"，有32.6%的人认为"一般"，有35.7%的人认为"比较乱"或"很糟糕"（见表4-24）。也就是说，对迁入地环境、秩序的看法，认为好和不好的所占比例相当，说明当地的社会治理工作并非尽善尽美，有很多地方让居民不满意。在调研中，自发移民聚居区的环境治理问题是移民反映最多的问题。他们认为自发移民聚居区基本上处于基层政府管理的"真空"地带，环境普遍"脏乱差"，基础设施建设非常滞后。

表4-24 您对现居住地的社会秩序和生活环境怎么看待

单位：人，%

	频率	百分比	有效百分比
很好	211	30.2	30.4
一般	226	32.3	32.6
比较乱	117	16.7	16.9
很糟糕	130	18.6	18.8
说不清	9	1.3	1.3
合计	693	99.1	100
缺失	6	0.9	
总计	699	100	

第三节　本章小结和讨论

宁夏作为全国脱贫攻坚的主战场之一，经过30多年的扶贫开发，全自治区累计减少贫困人口290多万人，贫困发生率从1982年的74.8%下降到2015年的14.5%，扶贫开发取得了巨大成就。宁夏反贫困的成就表明，实施易地移民搬迁可以增强贫困人口的自我发展能力，改善贫困人口的生产生活条件，是扶贫效益比较显著的方式。而自发移民正是通过举家易地搬迁的方式，改变了自身的贫困状况，走上了稳定脱贫致富的道路，同时，也减轻了迁出区人口超载造成的环境压力。总体来看，易地搬迁使自发移民群体的经济状况和社会生活都发生了翻天覆地的变化。

一　自发移民家庭经济收入提高，大多数家庭摆脱了贫困

通过实施易地搬迁，迁入区良好的自然条件和就业环境保障了自发移民收入的大幅度提升，接近八成的自发移民家庭年收入超过2万元，有1/4的自发移民家庭年收入在3万元以上，有近70%的自发移民认为自己的家庭收入和搬迁前相比显著增加。自发移民家庭的收入来源结构发生了根本变化，打工成为他们在迁出区的主要收入来源，而从事种植业和养殖业的收入居于收入的次要地位，做生意的人数增长较快。收入构成越来越趋于多元化。自发移民的迁移，既摆脱了原来山区传统落后的靠天吃饭的农业生产方式，也瓦解了多年来在山区形成的相对封闭的生活方式。自发移民的生产生活方式在迁入区发生了根本性的变革，从业结构更多样化，生活方式趋向现代化。尽管迁移使自发移民的家庭支出增幅较大，但家庭收入总体大于支出即略有盈余，或收支基本平衡，能够满足家庭基本生活需求。

土地作为农民赖以生存的重要保障，在迁入初期，自发移民主要通过从政策性移民手中购买土地，或开垦国有荒地获取土地。自发移民获取土地的方式尽管有违法之嫌，但土地在自发移民迁入初

期发挥了重要作用,使自发移民得以在迁入区立足,为实现在迁入区的稳定脱贫发展奠定了基础。因此,对自发移民在迁入区的土地有偿转让行为,需要各级政府从扶贫开发的角度历史地、辩证地来看待。

二 自发移民家庭的生活条件得到很大改善

自发移民的搬迁不仅是一个追求经济上摆脱困境的过程,更是基于对自己所处社会环境、自然环境的判断后的理性选择。通过移民搬迁,自发移民的生活条件和享有的公共服务水平都得到了很大改善。大部分自发移民家庭的住房条件变好了,使用水、电等生活资料更加便捷。移民家庭拥有的固定财产和耐用消费品,如电视、冰箱、洗衣机、摩托车等已经非常普遍,购置汽车的家庭逐年增多。在迁入地,周边道路交通等基础设施完善,出行方便,家庭住址与学校、医疗机构的距离缩短,打工机会增多,就业环境更好。尽管由于户籍限制,自发移民在迁入区的民生保障受到重重制约,但总体来看,自发移民依然能够共享迁入地良好便利的教育资源、医疗资源、交通基础设施及各类社会发展成果。

三 自发移民处于被边缘化的困境

当然,对自发移民自主迁移解决自身贫困问题的行为,各级政府看法并不一致,使自发移民成为被边缘化的群体,也给迁入地基层政府的社会治理带来诸多困扰。自发移民与政策性移民最大的区别之一在于户籍不能核转,有的自发移民家庭在迁入区已经居住了二三十年,但仍然处于人户分离状态。加之自发移民群体受教育水平普遍较低,只能以务工、务农为主。近年来,由于受经济下行影响,部分企业停产半停产,用工减少,务工就业难,自发移民工资性收入减少。自发移民在职业上仍处于较低层次,向上社会流动的通道不畅、难度不小,阻滞了他们社会地位的上升,自发移民处于被边缘化的境遇。从基层政府社会治理来看,自发移民迁入后不满足于转租、承包或买卖的土地,总是想方设法扩大耕地面积,出现私自争抢开发国有荒山荒地的现象，有的又转手倒卖，导致迁入区的土地无序开发和无序流转。有的移民在开发的土地上乱建房屋，给迁入地的土地管理带来了麻烦。自发移民因为户籍不能迁转到当地，一方面不能与当地群众享受同等的惠民政策、社会帮扶救助，另一方面也不能很好地履行当地居民应尽的义务。

第五章
西部民族地区自发移民与资源环境的可持续发展

　　宁夏中南部地区包括原州区、西吉县、隆德县、泾源县、彭阳县、海原县、同心县、盐池县、红寺堡区9个国家扶贫开发重点县（区），以及中卫市沙坡头区和中宁县，国土面积4.3万平方公里，占全自治区的65%（其中，固原市的原州区、西吉县、隆德县、泾源县、彭阳县和海原县、同心县统称为西海固地区）；人口256.3万人，占全自治区总人口的41%，其中回族人口133万人，占全自治区回族人口的59.1%，是全国最大的回族聚居区。[①] 区域内人口、资源、环境与经济社会的发展不相协调。西海固地区水资源总量不足，且量少质差，生产方式以雨养农业为主，旱涝保收面积仅占耕地面积的8.9%，干旱缺水一直是这一地区发展的瓶颈。为改善当地群众的基本生存条件，自1980年代开始，宁夏先后组织实施了吊庄移民、扶贫扬黄灌溉工程移民、生态移民工程。截至2015年底，累计搬迁安置移民111.48万人，贫困群众的生产生活发生了翻天覆地的变化。但由于政府安置资金条件所限，生活在西海固地区的贫困人口并不能全部得到及时有效的搬迁安置，面对一方水土养活不了一方人的现实困境，为了解决自身的生存发展问题，在大量政策性移民的示范带动下，部分贫困人口纷纷离开故土，自主走出大山，迁往具有丰富土地资源、水资源，经济社会发展都相对发达的北部川区。迁入区便利的

[①] 宁夏回族自治区扶贫开发办公室编《宁夏脱贫攻坚工作手册》（内部资料），2015。

交通条件、良好的打工就业环境，以及优质的教育、医疗资源，对自发移民产生了强烈吸引力，为自发移民的稳定脱贫致富提供了有利条件。

第一节 自发移民与生态环境变迁

一 生态环境变迁与自发移民迁移的动力因素

（一）迁出区的生态环境问题[①]

宁夏30多年的扶贫开发主要的目标人群是居住在中南部地区的贫困人口，20多万名自发移民中有90%以上的人口来自这一地区。而制约当地贫困人口发展的主要因素是生态环境脆弱。

1. 生态环境脆弱

宁夏中南部地区位于我国半干旱黄土高原向干旱风沙区过渡的农牧交错地带，这里的生态条件表现出很强的过渡性，其南部属于六盘山半阴湿地区，为森林草原植被景观；中部为半干旱黄土高原丘陵区，属于干草原植被带；北部为干旱风沙区，草原生态系统是宁夏中南部地区的主要生态系统类型，包括干草原、草甸草原和荒漠草原。草原生态系统具有种类多样性较少、群落结构简单、生物量低、年际变化大等特征，决定了草原生态系统的不稳定性。此外，南部阴湿低温，北部干旱少雨，年平均气温5℃~8℃，昼夜温差大，年均降水量200~650毫米，大气降水、地表水和地下水量少质差，区域水资源总量2.43亿立方米，人均水资源占有量仅为136.5立方米，远低于国际公认的人均水资源500立方米缺水警戒线，可利用水资源总量只有0.758亿立方米，水资源极度匮乏，为全国最干旱缺水的地区之一。干旱及黄土高原特殊的地貌决定了当地生态环境的脆弱性，从草场生物量和载畜量可以看到南部山区环境容量非常有限。

[①] 谢玉杰、束锡红、何彤慧：《宁夏区域生态建设与人文资源》，银川：宁夏人民出版社，2003年版，第96~99页。

2. 退化趋势明显

由于医疗卫生条件的改善和针对农村少数民族人口实施的宽松的计划生育政策，宁夏中南部地区人口增长迅猛，人口的过快增长给土地资源带来巨大压力。为了维持生存，当地居民不得不大量开垦土地，过度放牧、滥垦滥伐和滥挖草药等不合理的土地使用方式和粗放的生产方式，使当地植被遭到严重破坏，生态环境进一步恶化，从而陷入了"人口增加—开垦—生态破坏—贫困—人口增加"的恶性循环。1950 年代初，六盘山的天然林覆盖率约为 36%，到 1980 年代初，森林覆盖率只有 18.3%，而且森林主要是次生林，林种单调。草原退化更加严重，固原市 95% 的草原存在退化问题，主要表现是草层低矮，草被覆盖率降低，产草量减少，优质牧草的生活力下降，一些有毒有害草类出现，生物群落的发展繁殖受到极大影响。

3. 自然灾害频发

宁夏中南部地区水土流失严重，水土流失面积达 2.58 万平方公里，占区域总面积的 84.6%。土地沙化问题严重，盐池县沙化面积已占到全县的 70%。干旱是宁夏南部山区发生最频繁的自然灾害，民间素有"三年两头旱，五年一小旱，十年一大旱"之说，1951～1980 年的 30 年间，干旱年份出现过 21 次，其中大旱年出现过 4 次。宁夏南部山区旱灾的持续性非常强，对农业生产影响很大。此外，雨涝、冰雹、大风等自然灾害也经常发生，暴雨引发山洪侵蚀土壤，造成水土流失，破坏道路、桥梁等基础设施，但这些灾害的影响范围和程度不如旱灾。

（二）自发移民迁移的动力因素分析

宁夏的自发移民主要居住在生态环境脆弱的中南部地区，水资源短缺，土地贫瘠，加之贫困人口基数大，远远超出了环境的承载量。多年来，为了解决贫困问题不得不离开故土易地搬迁。

1. 区域环境变迁是自发移民迁移的主要原因

区域环境变迁是指一定地域内生态环境与社会人文环境的双重改

变。其中，生态环境恶劣是迁移的主导因素，社会环境发展不足是迁移的第二位因素。生态环境与社会人文环境是经济社会发展中两个最基本的空间，尤其对于少数民族贫困地区，这两个基本空间基于地域性的自身历史变迁与现实发展状况及其相互作用，从而形成了一种综合性欠缺因素的累积和互动，促成了区域内贫困人口相应的行为模式，并从一定程度上限定了区域内人们行为选择的方向。[①]

根据本次问卷调查统计结果，有 68.1% 的被访自发移民认为"原居住地条件差，很贫穷，这里比原籍生活谋生的条件好"，28.1% 的自发移民认为迁移是"为了子女能有一个良好的受教育环境"，2.4% 的人认为迁移是其他原因造成的，如迁出区道路交通不便、打工就业环境不好、医疗卫生条件落后等（见表 5-1）。上述数据表明，在区域环境变迁因素中，恶劣的生态环境、低下的自然环境承载能力导致的贫穷是自发移民迁移的主导因素，教育、医疗、交通等事业发展落后，上学难、行路难、看病难、打工难等社会环境因素是自发移民选择迁移的次要原因。总之，自发移民的迁移是特定历史条件下区域环境变迁过程中综合因素作用的结果，而不是单一因素决定的。

表 5-1　您搬迁到现居住地的原因

单位：人，%

	人数	百分比
原居住地条件差，很贫穷，这里比原籍生活谋生的条件好	476	68.1
躲避计划生育政策罚款	5	0.7
为了子女能有一个良好的受教育环境	196	28.1
原籍村上邻里矛盾多	5	0.7
	17	2.4
合计	699	100

---

① 束锡红、何海：《试论宁南山区环境、资源、人口协调发展的扶贫开发政策选择》，《人文地理》2000 年第 4 期。

2. 自发移民迁移的主要方式是自主自助搬迁

改革开放以来，我国对人口流动的限制被彻底打破，流动人口大幅度增加。自1983年开始，为解决宁夏中南部地区的贫困问题，宁夏开始组织大规模的扶贫移民开发，在政策性移民的成功示范带动效应下，易地搬迁成为贫困人口摆脱贫困的有效方式，大量的山区贫困人口纷纷走出去，开阔眼界，增长见识，同时也为家庭积累了一定的经济基础。

自发移民与政策性移民最显著的区别是自发移民完全是依靠自身力量、通过自主判断实现了全家的动员和搬迁。问卷统计结果表明，54.9%的自发移民表示是"自己了解情况后主动搬过来的"，40.8%的人是"在亲戚朋友的带动介绍下搬过来的"，2.8%的人是因为邻居的带动搬迁的（见表5－2）。自主自助的搬迁是自发移民主要的搬迁模式。在搬迁过程中，他们原有的社会关系资本和网络起到了重要的作用；同时，自发移民强烈的脱贫致富的积极意识和主观能动性也是推动搬迁的精神力量。

表5－2　您是通过哪种途径搬到现居住地的

单位：人，%

	人数	百分比	有效百分比
自己了解情况后主动搬过来的	375	53.6	54.9
在亲戚朋友的带动介绍下搬过来的	279	39.9	40.8
周围邻居都搬走了，我家也跟着来了	19	2.7	2.8
其他	10	1.4	1.5
合计	683	97.7	100
缺失	16	2.3	
总计	699	100	

二　自发移民迁入区的生态环境问题

多年来，由于各级政府对自发移民的迁移采取默认或放任不管的态度，自发移民的迁移呈现无序流入的状态。自发移民的迁移，一方面缓解了迁出区环境对人口的承载压力，有助于生态环境的恢复；另一方面，人口的无序涌入使迁入区的土地资源、水资源变得相对短缺，同时，受到城镇化和工业化的影响，又给自发移民迁入区带来新的环境问题。

（一）自发移民聚居区环境的基本状况

调查数据显示，自发移民迁入区生态环境问题从其严重程度的排序来看，排在首位的是垃圾处理问题，占比为54.9%；其次分别是空气污染问题，占比为44.5%，水污染问题，占比为43.8%，植被破坏问题，占比为42.6%，土地沙化或盐渍化问题，占比为32.2%（见表5-3）。这些数据表明，自发移民聚居区的生活环境存在脏乱差现象，空气、水源污染问题比较突出，树木草地植被退化，土地出现不同程度的沙化或盐渍化问题。总体来看，自发移民迁入区的生态环境面临进一步恶化的趋势，发展形势不容乐观。

表5-3 您认为目前当地下列情况存在吗？

单位：人，%

	比较严重		一般		不严重		说不清		缺失
	人数	占比	人数	占比	人数	占比	人数	占比	
水被污染不干净	303	43.8	178	25.8	191	27.6	19	2.8	8
土地沙化或盐渍化	213	32.2	146	22.1	185	28.0	117	17.7	38
居住区周围的树、草越来越少	292	42.6	172	25.1	199	29.0	23	3.3	13
空气不新鲜，呛人	306	44.5	184	26.8	191	27.8	6	0.9	12
垃圾没有人管	377	54.9	124	18.0	180	26.2	6	0.9	12
其他，请注明	3	9.7	8	25.8	4	12.9	16	51.6	668

注：本表中的"百分比"为"有效百分比"。

（二）自发移民聚居区环境状况的比较分析

从本项研究课题选取的3个调研点来看，由于调研点所处的地理位置、聚居形态和发展环境不同，自发移民迁入区面临的生态环境问题也不尽相同。

第五章　西部民族地区自发移民与资源环境的可持续发展

1. 水资源污染

从3个调研点来看，水资源污染的程度完全不同。认为水污染最严重的是兴泾镇X村，X村有72.5%的自发移民认为当地水污染比较严重，H村有近30%的自发移民反映水污染比较严重（见表5-4）。这一结果反映了3个调研点目前的工业化发展程度和城镇化发展的阶段。X村隶属于银川市西夏区兴泾镇管辖，近年来，由于银川高新技术产业开发区建设的扩展，X村的土地绝大多数被征用。X村是自发移民集中居住的村落，本身就是防洪区，地势低，他们的饮用水源主要是井水，一般只有5米左右深度，由于紧邻工业园区，工厂排放的废水对井水的水质影响非常明显。他们普遍反映，过去一直饮用的井水近年来经常出现异味，有时还出现油性漂浮物，没有以前清澈。H村位于宁夏中卫市沙坡头区宣和镇，近年来，该镇兴建了宣和冶金化工园区，吸引了众多以电石、石灰氮、双氰胺、铁合金、新型建材为主的电石化工企业入驻，对当地的水源造成一定污染。X村和H村的水污染问题表明，在新型城镇化进程中，随着工业化程度的提升，乡村水源和空气污染问题会越来越突出，必须引起高度重视。

表 5-4　对"水被污染不干净"问题的选择回答

单位：人，%

		比较严重	一般	不严重	说不清	合计
X 村	频数	224	59	21	5	309
	百分比	72.5	19.1	6.8	1.6	100
Y 村	频数	27	77	91	10	205
	百分比	13.2	37.6	44.4	4.9	100
H 村	频数	52	42	79	4	177
	百分比	29.4	23.7	44.6	2.3	100

注：本表中的"百分比"为"有效百分比"。

2. 土地沙化或盐渍化

从3个调研点来看，反映土地沙化、盐渍化问题最严重的是X

村，有近60%的自发移民认为当地土地沙化或盐渍化问题比较严重，而闽宁镇Y村、宣和镇H村的绝大多数自发移民则认为当地的土地沙化或盐渍化问题不严重（见表5-5）。土地沙化、盐渍化问题从侧面反映了当前3个调研点环境对人口的承载能力和工业化发展对环境造成的一些影响。X村是典型的自发移民集中聚居区，人口稠密，工业化程度较高，对环境的破坏相对更大，土地沙化问题最为突出。而H村位于宁夏中卫市宣和镇，黄河流经该市，农业灌溉便利，土地肥沃，也是宁夏主要的水稻产区，自发移民以务农为主，加之H村的自发移民基本上与政策性移民处于插花居住的状况，基层管理相对有序，在一定程度上避免了人为破坏土地的现象。

表5-5 对"土地沙化或盐渍化"问题的选择回答

单位：人，%

		比较严重	一般	不严重	说不清	合计
X村	频数	171	37	25	54	288
	百分比	59.4	12.8	8.7	18.8	100
Y村	频数	25	51	69	57	202
	百分比	12.4	25.2	34.2	28.2	100
H村	频数	17	58	91	6	172
	百分比	9.9	33.7	52.9	3.5	100

注：本表中的"百分比"为"有效百分比"。

3. 树木草地等植被情况

从3个调研点来看，植被是否受到破坏与当地的工业发展程度和基层管理方式相关。X村有75.8%的人认为当地的树木、草地被破坏得比较严重，而Y村和H村选择比例相对较低（见表5-6）。主要原因在于X村面临征地拆迁，大量兴建工厂，所以，植被破坏的程度最严重。至于其他两个移民村，还是以种植为主，自发移民的大量迁入是否也导致当地的植被受到一定程度的破坏，尚需进一步考察。总之，当前在城镇化和工业化发展过程中，土地用途的改变不可避免地导致大量树木等植被被砍伐，从而造成植被不同程度破坏的问题。

表5-6 对"居住区周围的树、草越来越少"问题的选择回答

单位：人，%

		比较严重	一般	不严重	说不清	合计
X村	频数	235	45	21	8	310
	百分比	75.8	14.5	6.8	2.6	100
Y村	频数	33	66	93	13	205
	百分比	16.1	32.2	45.4	6.3	100
H村	频数	24	61	85	2	172
	百分比	14.0	35.5	49.4	1.2	100

注：本表中的"百分比"为"有效百分比"。

4. 空气污染

对于空气污染是否严重的问题，X村和H村的选择"比较严重"的比例明显高于Y村，分别为77.4%、25.1%、10.8%（见表5-7）。主要原因在于X村和H村兴建了大量化工企业，企业的废气排放造成了当地的空气污染。

表5-7 对"空气不新鲜，呛人"问题的选择回答

单位：人，%

		比较严重	一般	不严重	说不清	合计
X村	频数	240	56	11	1	310
	百分比	77.4	18.1	3.5	0.3	100
Y村	频数	22	79	102	1	204
	百分比	10.8	38.7	50.0	0.5	100
H村	频数	44	49	78	4	175
	百分比	25.1	28.0	44.6	2.3	100

注：本表中的"百分比"为"有效百分比"。

5. 关于垃圾处理问题

对于自发移民聚居区垃圾处理问题，X村和Y村分别有92.6%和29.8%的人认为当地的垃圾没有人管理（见表5-8），垃圾处理的

不好也是自发移民反映最强烈的环境问题。垃圾是否得到妥善处理与自发移民的聚居形态有直接关系。X村自发移民基本处于相对独立聚居的状态，而Y村、H村是与政策性移民插花居住状态。不同的聚居形态在管理主体上存在显著差别。X村主要通过当地的流动人口管理站进行管理，Y村、H村主要依托当地村委会间接管理。由于管理主体不同，管理方式、效果也截然不同。此外，X村面临征地拆迁，自发移民已经失去土地，他们面临二次搬迁问题，而闽宁镇与宣和镇的自发移民土地多，以务农为主，当地的管理也比较规范。从实地调研来看，X村的流动人口管理站近年来发挥的作用越来越小，使这一地区基本处于"无政府管理"状态。由于没有固定的垃圾堆放点，有的移民只好把垃圾倾倒在泄洪沟内，村落周边已经形成了几个很大的垃圾场。

表5-8 对"垃圾没有人管"问题的选择回答

单位：人，%

		比较严重	一般	不严重	说不清	合计
X村	频率	286	18	3	1	309
	百分比	92.6	5.8	1.0	0.3	100
Y村	频率	61	57	84	3	205
	百分比	29.8	27.8	41.0	1.5	100
H村	频率	30	49	93	2	174
	百分比	17.2	28.2	53.4	1.10	100

注：本表中的"百分比"为"有效百分比"。

（三）自发移民聚居区环境问题综合分析

随着自发移民大量的涌入，自发移民聚居区面临的生态环境问题日益突显，这些问题虽然在各地表现程度不同，但都在一定程度上制约着当地经济社会和资源人口的协调发展。因此，重视自发移民迁入区的环境问题是全面建成小康社会、打赢脱贫攻坚战的必然要求。

1. 固体废弃物导致的环境污染日益加剧

固体废弃物污染是指人类在生产生活中产生的垃圾对空气、土壤、水等的污染，水污染是固体废弃物对水体的污染。固体废弃物污染、水污染都是人类活动导致的环境问题。自发移民摆脱了迁出区的环境问题，但在迁入区又面临新的环境问题。在迁入区，随着人口增加，生活垃圾和生活污水的排放量逐年增加，由于自发移民聚居区无人管理，生活垃圾和废弃物既没有指定固定的垃圾堆放点，更没有垃圾处理场所，垃圾主要露天堆放在居民区周边的小路两边或田间地头，不仅占用道路耕地，也增加了传染源。由于迁入区没有下水道等基础设施，生活污水主要倾倒在地面，人畜粪便、生活污水导致农村水源受到污染，饮用水不安全，环境脏乱差，自发移民聚居区的生活环境污染问题越来越突出。

2. 工农业生产导致的污染越来越突显

近年来，随着新型城镇化的快速推进，大量土地被征用来建设工业园区或用作城镇建设用地，工厂排放的"三废"对空气、水源、土壤等造成很大污染。农业生产导致的面源污染主要表现为农业生产要素的污染，如农药使用随意，化肥污染越来越严重，土壤出现盐渍化；地膜回收不力，降低了土壤的渗透功能和耕地的抗旱能力，阻碍了农作物的生长发育。由于场地限制，没有专门的养殖区，往往人畜共居一院，畜禽粪便随意排泄，畜禽养殖带来的废弃物也造成了环境面源的污染。

3. 人为破坏导致居住环境日趋恶化

由于基层政府社会治理力量薄弱，自发移民聚居区往往处于政府管理的真空地带，自发移民随意建造房屋、开垦荒地，树木草地被砍伐破坏，使迁入区植被覆盖率明显降低。

三 自发移民的生态环境保护意识

生态环境是人类赖以生存的空间。自发移民迁出区，即宁夏中南部地区长期以来因为生态环境脆弱，被联合国称为不适宜人类居住的地方。为改善当地的生态环境，解决贫困人口的生存发展问题，宁夏回族自治区政府一方面实施了大规模的易地移民搬迁安置，另一方面加快移民迁出区的生态修复建设。多年来，宁夏在生态建设方面坚持"保护优先、自然恢复、人工抚育"的基本方针，1999年实施退耕还林还草，2001年在全国率先实施全区范围的封山禁牧，实施了大六盘生态经济圈及水源涵养林建设、防沙治沙、六盘山三河源水源保护、三北防护林建设、天然保护林6个百万亩重点林业生态工程，实施生态移民迁出区1270万亩土地的生态恢复。截至"十二五"末，通过"封、造、育、管"等多项举措，累计造林1300万亩，人工种植多年生牧草430万亩，建设高标准旱作基本农田400万亩，治理沙化土地面积204万亩，治理水土流失面积1.76万平方公里。植被覆盖率逐年提高，固原市森林覆盖率由4.2%提高到21.4%。贫困地区的生态退化趋势基本得到遏制，生态环境持续好转，大部分地区已明显逆转，实现了脱贫致富与生态建设的双赢。①

自发移民的外迁减轻了迁出区环境的承载压力，无形中为迁出区的生态恢复做出了贡献。但自发移民迁入区又面临新的环境问题。我们知道，人类所面临的环境问题，并不完全是自然造成的，甚至在很大程度上主要是由人类自身的活动造成的后果。因此，考察一下自发移民的生态环境保护意识，很有必要。

从问卷调查的数据可以看出：一是自发移民的生态环境保护意识比较强，有超过97%的自发移民认为"保护环境，人人有责，从我做起""保护环境要靠全社会的共同努力"；二是在保护环境的责任方面，对政府和企业寄予了较高的期望，有68.2%的自发移民选择"保护环境主要靠政府和企业"；三是在保护环境方面个人有好的想法，但苦于找不到立足点，有55.4%的人选择"保护环境个人使不上劲"，当然，有38.1%的人不认同这个观点，认为只要有环境保护意识和想法，就可以采取行动保护环境（见表5-9）。

---

① 《自治区人民政府关于印发宁夏回族自治区国民经济和社会发展第十三个五年规划纲要的通知》，《宁夏回族自治区人民政府公报》2016年5月12日。

表 5-9　您是否同意下列说法？

单位：人，%

	同意		不同意		说不清		缺失
	人数	占比	人数	占比	人数	占比	
保护环境，人人有责，从我做起	666	97.2	5	0.7	14	2.0	14
保护环境主要靠政府和企业	466	68.2	171	25.0	46	6.7	16
保护环境个人使不上劲	377	55.4	259	38.1	44	6.5	19
保护环境要靠全社会的共同努力	666	97.4	6	0.9	12	1.3	15

注：本表中的"百分比"为"有效百分比"。

第二节　自发移民与资源的利用管理

宁夏地域面积小，人口少，自然资源分布不均衡。资源与环境的局限性主要表现在：资源总量单一，人均量少；资源匹配组合不合理，区域水土资源是北部水多地少，南部是水少地多；资源的利用率不高，因资源开发引发了大量环境问题。针对自发移民在迁入区的资源利用管理问题，本节将从土地资源、生活用水、供电三个角度来考察自发移民在迁入区资源的利用状况。

一　土地资源

土地是农民最重要的生产资料，目前，宁夏全区共有耕地1658万亩，其中旱地1048万亩，占耕地面积的63.2%，水浇地610万亩，占36.8%，全区人均耕地2.63亩。自发移民的迁移主要是从农村流向农村，他们对迁入地的选择，最看重的是当地必须有良好适于耕作的土地资源，所以，自发移民迁入后首先解决的是土地问题。

（一）土地占有情况

调查数据显示，自发移民有55.4%的人在迁入地有属于自己的土地，其中有15.2%的人目前土地已被征用，有44.1%的自发移民在迁入地没有土地（见表5-10）。这说明自发移民大多数在迁入区拥有属于自己的土地，土地是自发移民迁入后谋求的最重要的资源。

表5-10 在本地是否有属于您自己的土地？

单位：人，%

	人数	百分比	有效百分比
有	278	39.8	40.2
没有	305	43.6	44.1
曾经有，现在已被征用	105	15.0	15.2
不知道	3	0.4	0.4
合计	691	98.9	100
缺失	8	1.1	
总计	699	100	

自发移民往往从政策性移民或者说是原住户手中以较低的价格购买土地，每亩地在一二百元，有的则是自己私下开垦荒地，由于迁入区土地管理松懈，一部分移民家中占有的土地多的有100多亩。这些土地由于没有正式的转让合同，在后来的征地补偿中留下大量问题。

（二）土地的来源

调查数据显示，自发移民土地来源趋于多元化，自发移民在迁入地获取土地的主要方式是通过购买政策性移民或原住户的土地，购买比例高达73.3%，自己开垦占10.7%，政府分配占6.3%，亲戚朋友转让占2.8%，租赁他人土地占2.3%，承包集体土地占0.5%（见表5-11）。这一数据表明，在迁入区，由于基层管理力量薄弱，土地管理比较混乱。移民之间私下倒卖转让土地的现象非常普遍，私下开垦国有荒地的现象大量存在。土地转让的价格随着地段的不同、土地质量的不同和物价的波动而变动，在1980年代，有的自发移民从政策性移民手中可以一二百元获得一亩荒地，一般转让价格在每亩500~2000元，但用作宅基地的土地则比较昂贵，近年来半亩用作住宅建设的地可以卖到数万元。土地的私下买卖和无序流转，也导致产生一些土地纠纷，为今后的土地确权带来了隐患。当然，这种虽然非正常却十分活跃的土地买卖环境使自发移民在迁入初期，获得了其赖以维持生存的最基本的资源，使他们有了立足之地。所以，尽管土地的私下交易转让有违法之嫌，但从政府反贫困的角度来看，它还是起了一些积极作用的。

表 5–11　您的土地来源

单位：人，%

	人数	百分比	有效百分比
自己开垦的	46	6.6	10.7
购买他人的	316	45.2	73.3
亲戚朋友转让的	12	1.7	2.8
政府分配的	27	3.9	6.3
租赁他人的	10	1.4	2.3
承包集体的	2	0.3	0.5
说不清	18	2.6	4.2
合计	431	61.7	100
缺失	268	38.3	
合计	699	100	

（三）土地的用途

从自发移民拥有的土地的数量来看，到迁入区后占有的土地要大大少于迁出区，但从土地质量和灌溉条件来看，则要远远好于迁出区。自发移民占有土地的类型从原籍的旱地变成了迁入区的水浇地。水浇地对生产方式、耕种技术、品种选择有较高要求，自发移民对迁入区的土地使用和种植方法都经历了一个适应期和学习期。

调查数据显示，自发移民的土地主要是发展种植业。自发移民从事种植业占比最高，为 83.5%，主要种植水稻、玉米等农作物，种植的农作物品种和迁出区有很大区别（见表 5–12）。也有少数人转租土地，或土地处于撂荒状态，当然，撂荒的土地主要是自发移民开垦的一些荒地，本身地况不好，即使耕种收益也不大，自发移民一般会选择外出打工谋生。

表 5-12　您家的土地目前或曾经主要用于

单位：人，%

	人数	百分比	有效百分比
种植业	335	47.9	83.5
养殖业	5	0.7	1.2
林业	9	1.3	2.2
撂荒	17	2.4	4.2
租给别人	18	2.6	4.5
其他	17	2.4	4.2
合计	401	57.4	100
缺失	298	42.6	
合计	699	100	

（四）征地

自发移民的征地始于 2004 年，主要涉及的是紧邻城郊的自发移民聚居区，最突出的是银川市西夏区 X 村。由于建设银川市西夏区工业园区，X 村的土地全部被划到工业园区范围内，不论是政策性移民还是自发移民，土地都被征用。但对于自发移民的土地，政府认为是他们自己开发的，则以不属于集体土地和个人承包地为由，以开发建设费的名义给予一定的补偿，一般是每亩地补偿 1500 元。由于补偿标准与政策性移民的土地不同，而且每亩地补偿价格差距较大，自发移民非常不满，征地自然成为矛盾的导火索。一些自发移民为了自身利益，开始到各级政府部门上访，个别人上访达 8 年之久，最终得到了较高的补偿。当然，征地改变了自发移民祖祖辈辈赖以谋生的方式，失去土地的移民不得不重新考虑出路，对自发移民的日常生活和行为方式都带来了较大的影响，特别是使自发移民聚居区相对稳定的社会秩序一度陷入混乱甚至恐慌的境地。

二　生活用水和供电

贫困地区发展最大的瓶颈是水资源短缺和水利基础设施建设滞后。自发移民从中南部地区搬迁到北部川区后，在用水方面发生了哪些变化?

(一) 自发移民的生活用水以自来水和井水为主

调查数据显示,在迁入地生活用水方面,自发移民使用自来水的占 45.2%,使用井水、河水、窖水的比例分别为 44.8%、4.9%、4.9%(见表 5-13)。这一调查结果表明,在迁入区,自发移民家庭的用水状况有了相当程度的改善,超过四成半的家庭已经使用了自来水,当然还有占比大体相同的自发移民的饮用水以井水为主。然而,即使是饮用井水,也要比自发移民在家乡饮用水极其困难的状况有很大改善。在实地调研中发现,X 村的自发移民反映他们一般是每户都在院子里打一口井作为生活用水,但近年来由于附近工厂越来越多,对他们的井水造成污染,原来清澈见底的井水,现在经常会有异味或出现漂浮物,需要澄清才能饮用。自发移民生活用水的实际情况折射出目前政府对自发移民聚居区的基础设施建设投入严重不足。

表 5-13 您家目前使用的生活用水是?

单位:人,%

	人数	百分比	有效百分比
自来水	314	44.9	45.2
井水	311	44.5	44.8
河水	34	4.9	4.9
窖水	34	4.9	4.9
其他	1	0.1	0.1
合计	694	99.3	100
缺失	5	0.7	
总计	699	100	

(二) 生活用水部分依靠自己解决,部分靠政府解决

针对生活用水的来源问题,有 57.1% 的自发移民选择是自己解决的,有 41.4% 的自发移民选择是政府统一解决的(见表 5-14)。这说明生活用水相当一部分还需要自己去想办法,在用水问题上也

意味着自发移民在享受的公共服务和公共产品方面与政策性移民有差别。

表 5-14 您家生活用水的来源是?

单位:人,%

	人数	百分比	有效百分比
政府统一解决	287	41.1	41.4
自己解决	396	56.7	57.1
还没有解决	7	1	1
其他	3	0.4	0.4
合计	693	99.1	100
缺失	6	0.9	
总计	699	100	

(三) 大多数自发移民没有因为用水发生冲突

调查数据显示,有86.5%的自发移民反映没有因为用水和原居住地居民发生过冲突,有9.9%的人反映发生过冲突(见表5-15)。这一数据表明,自发移民的迁入无形中加大了当地的用水量,引发争夺水资源的冲突在迁入区还是存在的。

表 5-15 您是否因用水与原住户发生过冲突?

单位:人,%

	人数	百分比	有效百分比
发生过冲突	62	8.9	9.9
没有发生过冲突	543	77.7	86.5
不知道	23	3.3	3.7
合计	628	89.8	100
缺失	71	10.2	
总计	699	100	

在基层调研中据中卫市宣和镇的乡镇干部反映,宣和镇扬黄灌区涉及8个行政村,其中6个村属南山台电灌站提水灌溉,2个村属固

海管理处提水灌溉。这些村的灌水指标都是按照户籍范围内农户分得的土地面积核定的。而宣和镇有的自发移民集中聚居区移民人数都在 500 户 2000 人以上，人口的增加导致这一地区近年来灌溉用水非常紧张，时常发生告旱现象。2003 年撤乡并镇之前，宣和镇扬黄灌区灌溉面积为 5.2 万亩，截至 2014 年底，扬黄灌区灌溉面积增加到 8.2 万亩，再加上近几年实施的节水项目等又新增加了 10 万亩。而南山台、固海灌溉系统并未增容扩量，各级泵站都已满负荷运转，现有的供水量根本无法保证自发移民的农田灌溉。在当地，群众撬口抢水、霸水、偷水现象经常发生，由此引发自发移民与当地群众因灌溉问题而产生纠纷，人际关系紧张，甚至出现群殴现象。此外，自发移民集中聚居区灌溉用水的基础设施多是 20 多年前的渠系，设施陈旧老化，渗漏增加了生产成本，灌溉矛盾非常突出。

实际上，改革开放以来，宁夏回族自治区政府为解决西海固地区水资源短缺的问题采取了一系列举措，并取得了显著效益。截至 2015 年"十二五"末，宁夏累计投资 205 亿元，实施了一大批饮水工程，先后建成了固海扬水、盐环定扬水、宁夏扶贫扬黄灌溉、东山坡饮水、中南部城乡饮水安全及联通工程、农村饮水安全、水土保持、中小河流治理等大型水利工程，兴建中小型水库 200 座，每年向西海固地区输水 5 亿多立方米，累计开发灌溉面积 153 万亩，解决了 431 万名农村群众的饮水安全问题，自来水入户率达 72%。自发移民在西海固资源环境最困难的时期背井离乡外出创业，但在迁入区，由于户籍问题，他们往往不能完全享受政府的各项惠民政策。仅从生活饮用水方式这一项来看，自发移民多数还在使用井水，其自来水入户率远低于政策性移民的入户率。

（四）供电状况

自发移民对迁入区供电状况满意度最高，有 98.4% 的自发移民选择"已正常通电"（见表 5 – 16）。绝大多数自发移民反映，他们的用电主要是自己解决，安装供电设施及电表都是自己跑电力系统相关部门去缴纳相关费用后予以解决的。

表 5-16 您家目前的用电状况

单位：人，%

	人数	百分比	有效百分比
已正常通电	684	97.9	98.4
尚未通电	8	1.1	1.2
通电设施正在安装	2	0.3	0.3
其他	1	0.1	0.1
合计	695	99.4	100
缺失	4	0.6	
总计	699	100	

第三节 本章小结和讨论

一 自发移民的生态效益分析评价

（一）自发移民的易地搬迁有利于迁出区的生态环境改善

1980年代以来，宁夏中南部地区的一大批贫困人口为解决自身的贫困问题，从生态环境脆弱的中南部地区自主自愿搬迁到北部引黄灌区。自发移民的易地搬迁，不仅减轻了政府反贫困的压力，也减轻了人口超载对环境造成的压力，有效遏制了生态环境恶化。迁出区通过实施退耕还林、退耕还草等举措，山区生态得以恢复重建，截至"十二五"末，由于坚持全面封山禁牧，实施生态建设与环境保护重大工程，宁夏累计完成造林面积 685 万亩，治理沙化土地 250 万亩，全区森林覆盖率达到 13%，[1] 生态环境得到全面改善。70%的贫困人口实现了安全饮用水，94.5%的行政村通了公路，实施了村村通电和农网改造工程，100%的自然村实现了通电，95.1%的自然村通了电话，基础设施建设得到了质的提升。贫困人口易地搬迁，无论是政府

---

[1] 《自治区人民政府关于印发宁夏回族自治区国民经济和社会发展第十三个五年规划纲要的通知》，《宁夏回族自治区人民政府公报》2016 年 5 月 12 日。

组织的移民开发，还是自主自愿搬迁的自发移民，都不仅走向摆脱贫困之路，而且为宁夏中南部山区的生态建设创造了条件，达到了恢复生态的目的，实现了脱贫致富与生态建设的"双赢"，促进了人与自然的和谐发展。

（二）自发移民的迁移给迁入区的生态环境构成一定压力

自发移民的迁移为迁出区的生态恢复起到了积极的作用。当然，由于迁入区相对宽松的管理环境，自发移民大量涌入，又给迁入区的生态环境构成一定压力，带来诸多问题。政策性移民和自发移民在迁入地私下倒卖土地，开垦国有荒山荒地，土地管理比较混乱。随着新型城镇化的快速发展，因兴建工业园区，自发移民迁入区的土地房屋被征收拆迁，自发移民不得不二次搬迁。工业园区的建设导致当地的生态环境问题越来越突出，对空气、土壤、水源的污染加剧，土地出现沙化或盐渍化现象，植被遭到人为破坏，迁入区植被覆盖率降低。由于自发移民没有当地户籍，垃圾处理也就不在基层政府的管理范围内，垃圾随意倾倒，导致自发移民聚居区环境普遍存在脏乱差的现象，这些问题虽然各地表现程度不同，但都制约着人口与环境的协调发展。自发移民摆脱了原来恶劣的自然环境，但在迁入区又不得不面临新的环境问题，而且随着人口增加，这些问题更加突显。

目前，在环境保护方面，各级政府更多关注的是迁出区，而对迁入区的环境问题，显然重视不够。自发移民也希望有一个整洁舒适的生活环境和空间，认为有了好的生活环境，生活才能越来越好。自发移民也愿意为保护家园做出自己的贡献，尽到自己应尽的责任和义务。所以，如何应对和解决新的环境问题对各级政府和自发移民而言都是一个巨大的考验。总结反思自发移民的迁移对生态环境产生的影响，对政府尽快解决自发移民问题具有重要的现实意义。

二 进一步加强移民迁出与迁入区的环境治理和生态保护

党的十八届五中全会提出，要树立创新、协调、绿色、开放、共享的发展理念，做好环境治理和生态保护，意味着要坚持绿色发展，必须坚持节约资源和保护环境的基本国策，形成人与自然和谐发展的新格局。"十三五"期间，宁夏将采取山区与川区结合、城镇与农村结合、集中与插花结合、政府组织与市场化推动等多种途径，对20549户共计82060名贫困人口（其中建档立卡贫困人口19980户80004人，非建档立卡人口569户2056人）实施易地搬迁。民族地区在实施精准扶贫、精准脱贫过程中，移民安置不仅要关注移民的脱贫致富问题，更要关注安置区的环境承载力和生态环境保护问题，走可持续的易地搬迁扶贫开发之路。

（一）坚持资源开发与生态保护相结合

宁夏制定的自治区主体功能区规划，将南部山区8县划归限制及禁止发展区。今后，宁夏要严格按照主体功能区的规划，坚持保护优先，严守生态红线，建成西部生态安全屏障。首先，要加快移民迁出区的生态修复。坚持扶贫开发与保护生态相结合，移民迁出后收回的土地全部用于生态建设，并使原有的林地、草地得到有效保护，遏制生态环境的恶化。到2020年，生态移民区修复面积达到1272万亩，其中人工修复380万亩。[①] 其次，完善生态补偿机制。按照"谁开发谁保护，谁受益谁补偿"的原则，在宁夏建立完善生态补偿机制。推进林草地系统效益评估，争取国家资金补偿生态，增强生态产品的供给能力和生态服务功能，将生态补偿金直接支付给进行生态保护的农民，通过提高补偿标准，激发农牧民生态保护积极性，防范林权改革中出现生态破坏的问题，把生态补偿作为一项新产业来发展。最后，构建生态安全屏障。加快建设大六盘、防沙治沙、平原防护林和城镇绿化美化四大生态安全体系。六盘山区以生态修复为重点，以小流域综合治理为单元，分片推进六盘山土石质山区、黄土丘陵区综合治理，构建六盘山水源涵养和水土流失防治生态屏障；中部干旱带以封育为主，综合整治荒漠化沙化土地，构建中部防沙治沙带；北部平原以农田防护、水源涵养为主，加强湿地、灌区农田和城乡绿地的保

---

① 《自治区人民政府关于印发宁夏回族自治区国民经济和社会发展第十三个五年规划纲要的通知》，《宁夏回族自治区人民政府公报》2016年5月12日。

护与建设。①

（二）强化水土资源管理

土地资源和水资源是不可再生资源，要重点做好移民迁入区这两种资源的管理和使用。首先，加强迁入区的土地管理。要严格按照国家关于土地管理的法规政策，执行土地利用总体规划，控制城镇建设用地，保护基本农田。规范迁入区的土地流转程序，严禁私下买卖转让土地。建立健全移民区土地承包经营权流转机制，允许移民以转包、出租、互换、转让、股份合作等多种形式流转土地承包经营权。其次，强化水资源支撑保障作用。坚持"节水优先、空间均衡、系统治理、两手发力"的治水方针和"北部节水高效、中部调水集蓄、南部涵养开源"的治水方略，着力破解水资源制约瓶颈，为经济社会发展提供支撑保障。② 实施好农村饮水安全工程，到2020年解决所有贫困村饮水安全问题。将自发移民聚集区内水利灌溉系统、道路、供电、农村人饮等基础设施，列入自治区移民规划，配套建设资金，确保移民正常生产生活。

（三）重视迁入区的污染治理

加强水环境治理，针对主要排水沟、城市黑臭水体、湖泊湿地等重点流域污染治理，依法保护饮用水水源地，推进地下水污染防治。加强农业面源污染治理，特别是针对新的移民安置区要做好污水处理、生活垃圾和畜禽粪便污染治理，创造良好的农村人居环境。严守环境质量底线，防控重大环境风险。提升自发移民的生态环境保护意识，政府和企业要切实履行保护环境的责任。

---

① 《自治区人民政府关于印发宁夏回族自治区国民经济和社会发展第十三个五年规划纲要的通知》，《宁夏回族自治区人民政府公报》2016年5月12日。
② 《自治区人民政府关于印发宁夏回族自治区国民经济和社会发展第十三个五年规划纲要的通知》，《宁夏回族自治区人民政府公报》2016年5月12日。

第六章
西部民族地区自发移民的民族关系与宗教、文化生活

西部民族地区的自发移民中少数民族占有相当的比例。从宁夏回族自治区来看，自发移民以回族为主。回族是我国人口较多、分布广泛的少数民族。在全国两千多个县级行政单位中，95%以上的市县有回族居民居住。在我国西南和西北一些地区，回族通常是与其他少数民族混合居住，而在其他绝大多数地区，回族一般是与汉族混杂在一起居住的，这样就形成了回汉民族在全国范围内广泛交错居住的空间格局。我国的回族深受伊斯兰文化和中国传统文化的影响，特别是伊斯兰文化，对回族的思想信仰和生活方式产生了极大影响。同时，回族在日常的生活工作中，又学习借鉴中国传统文化，既吸收了传统文化中的有益成分，也汲取了中国民间的日常生活习俗，使之成为回族传统文化的一个有机组成部分。[①] 在历史上，我国回汉民族关系总体上是很好的，回汉通婚也较为常见。回族是一个具有悠久爱国传统的民族，每当中华民族危难之时，回族人民都会挺身而出，保家卫国。所以，回族的发展壮大与整个中华民族的发展和崛起是同命运共呼吸的。

本章以宁夏自发移民聚居区内回汉群众为视角，考察回汉移民群众民族关系的现状、特点及发展趋势，以及他们的宗教信仰和文化生活，希望能够为创新自发移民聚居区的社会治理，维护民族地区的社

[①] 杨有贤：《回族民族精神的时代内涵及其特征散论》，载中国回族学会编《全面建设小康社会与回族学》，银川：宁夏人民出版社，2004年版，第58页。

第六章　西部民族地区自发移民的民族关系与宗教、文化生活

会稳定提供有价值的思路和观点。

第一节　自发移民聚居区的民族关系

民族关系是不同民族的社会成员在日常的工作生活过程中通过实实在在的相处和交往表现出来的一种社会关系，民族关系反映了一个国家或地区各民族相处的和谐与融洽程度。我国对民族关系的研究以定性研究居多，近年来，随着定量研究在社会科学研究领域的兴起，尤其是在社会学研究领域的应用，一些衡量民族关系的指标体系在国内的学术界得到较为广泛的使用。根据我国不同地域民族分布的不同情况，学者们提出了一系列具有本土特色的研究民族关系的测量指标，并利用这些指标对回汉民族关系的现状进行考量。马晓梅运用民族社会学的方法，选取政策因素、经济结构因素、宗教因素、文化因素、人文生态因素、历史因素、族际认知等多个变量对宁夏回汉民族关系的现状进行社会变量分析。[①] 周传斌基于宁夏海原县 L 镇的实地调查，以人口相对规模、居住格局、传统文化差异、社会交往四个变量展现当地回汉民族关系现状，认为回族聚居地区回汉民族之间存在明显的文化边界，但回汉民族关系在求同存异、互相尊重的基础上维持着动态的和谐。[②] 国内众多学者以自己对不同研究单元的调查，通过若干变量对回汉民族关系进行的大量实证研究，均取得了卓有成效的研究成果。

本课题以宁夏为调查样本，从主观和客观两个维度，对宁夏回族自治区内自发移民聚居区的民族关系开展调查，考察自发移民聚居区的民族关系的现状及特征，为构建和谐民族关系提供理论依据。

[①] 马晓梅：《对宁夏回汉民族关系的现实考量与未来展望》，《中共银川市委党校学报》2012 年第 2 期。

[②] 周传斌：《回族聚居地区的民族关系——基于宁夏 L 镇回汉社会交往与民族关系的调查》，《北方民族大学学报》2011 年第 6 期。

一 自发移民聚居区民族关系的总体状况

(一) 民族构成

根据第六次全国人口普查数据,目前,我国总人口为1370536875人,其中回族人口为10586087人,占全国总人口的0.77%;宁夏人口总数为6301350人,占全国总人口的0.46%;宁夏回族人口为2190979人,占宁夏人口的34.77%,占全国总人口的0.16%,与第五次全国人口普查相比增加了17.64%。在宁夏,除了汉族、回族外,还居住着满族、蒙古族、朝鲜族、维吾尔族等共计54个少数民族。多年来,由于宁夏实施山川有别的生育政策,回族人口增长较快。回族作为宁夏回族自治区的主体民族,与汉族的关系实质上就体现为宁夏的民族关系。

为了考察自发移民的民族构成,课题组在问卷中就自发移民个人信息部分设计了关于"民族"成分的内容。统计结果表明,宁夏的自发移民中回族占比最高,为94%,汉族占5.9%,其他民族占0.1%(见表6-1)。根据其他学者对云南等西部地区自发移民的调研,自发移民也以少数民族为主,这说明少数民族在西部地区往往居住的环境相对较差,自然环境因素导致了部分少数民族的贫困。为了摆脱不利于生存发展的自然环境,寻求更好的发展环境,采取了举家搬迁的行动,从而在西部民族地区形成了一个自发移民群体。宁夏中南部地区回族所占比例高,自发移民中回族所占比例就更高。由于回族历来有"大分散,小聚居"的空间分布格局特点,在自发移民迁往宁夏北部川区的过程中,形成了一些以回族为主体或回族占多数的自发移民聚居区。

表6-1 您的民族是?

单位:人,%

	人数	百分比	有效百分比
汉族	41	5.9	5.9
回族	654	93.6	94.0

续表

	人数	百分比	有效百分比
其他	1	0.1	0.1
合计	696	99.6	100
缺失	3	0.4	
总计	699	100	

（二）民族关系的总体状况

从历史上来看，回汉民族可谓荣辱与共、休戚相关；从现实来看，回汉民族关系也是密切、融洽、和谐的。国内学者们对人们司空见惯而又习焉不察的回汉亲密的民族关系的共因做了论述和分析，从回汉血缘关系的共同性，回汉同仇敌忾、反侵略、反压迫的共同性，回汉价值取向和性格的共同性，回汉两族语言使用的共同性四个方面证明回汉民族从相互接触到相互学习再到相互认同的过程，正是整个中华民族由分散走向团结再走向和谐凝聚的一个生动缩影，对了解中华民族多元一体的整合过程，对当今构建和谐社会的和谐民族关系有重要的现实意义。[①]

根据课题研究的需求，问卷首先从主观维度，就宁夏自发移民聚居区的回汉移民群众对回汉关系的认识进行了考察。调查结果显示，受访者认为回汉民族关系"很好"、"一般"、"不好"和"说不清"的比例分别为74.6%、20.7%、0.4%、4.3%（见表6-2）。这一结果表明，在自发移民聚居区回汉移民群众总体上认为民族关系是好的。由于自发移民中回族比例在90%以上，至少说明回族移民群众的认同度是很高的，他们认为回汉民族之间能够彼此理解包容各自的民族风俗习惯。在调研中，我们经常听到汉族群众反映。他们认为回族讲究卫生、倔强不屈、善于经商、精明团结，而回族认为汉族也有很多优点，如重视教育、宽容随和、更易相处等。回族由于

---

① 赵杰：《论回汉民族关系亲密的四大共因》，《回族研究》2007年第1期；陈之曦：《自发移民的社会适应和社会融入研究》，宁夏大学硕士学位论文，2016。

使用汉语言文字,回汉民族交错居住,在日常频繁的接触和相互往来中,回汉民族对彼此的文化习俗有了更多的了解。当然,这也是宁夏回族自治区党委、政府坚定不移地贯彻执行党的民族宗教政策的必然结果。

表6-2 您认为自己居住地的回族和汉族的关系好不好?

单位:人,%

	人数	百分比	有效百分比
很好	509	72.8	74.6
一般	141	20.2	20.7
不好	3	0.4	0.4
说不清	29	4.1	4.3
合计	682	97.6	100
缺失	17	2.4	
总计	699	100	

二 自发移民聚居区民族关系的具体表现

调查问卷从客观维度,通过邻里关系、工作劳动关系、交往关系、族际婚姻关系、风俗习惯和社会矛盾6个指标,进一步考察了自发移民聚居区民族关系的具体表现和特征。

(一)邻里关系

问卷询问受访者:"您愿意与回族(汉族)的人做邻居吗?"调查结果显示,愿意与不同民族的人做邻居的选择比例最高,为71.6%,有15.9%的人持"无所谓"的态度,这两项合计达87.5%(见表6-3)。也就是说,在回汉邻里关系问题上,有近90%的自发移民认为回族与汉族可以互相做邻居。在访谈中,我们也真切地感受到,在日常生活中,不论是回族移民,还是迁入地的汉族居民,彼此都能够友好相处,这种对和谐邻里关系的认同成为宁夏回汉民族关系的缩影。

表 6-3　您愿意与回族（汉族）的人做邻居吗？

单位：人，%

	人数	百分比	有效百分比
愿意	496	71.0	71.6
无所谓	110	15.7	15.9
不愿意	72	10.3	10.4
说不清	15	2.1	2.2
合计	693	99.1	100
缺失	6	0.9	
总计	699	100	

（二）工作劳动关系

对于"您愿意与回族（汉族）的人一起工作劳动吗？"这一问题，统计结果显示，分别有 86.8%、11.3% 的受访者选择"愿意"和"无所谓"，也就是说，98.1% 的人认为回汉民族之间在一起工作劳动没有任何问题（见表6-4）。对于回汉民族在一起工作，绝大多数人都是持肯定态度的。这种态度，就为回汉职工建立友善和谐的工作劳动关系奠定了精神文化基础，也为自发移民在迁入区打工就业创造了宽松的务工环境。

表 6-4　您愿意与回族（汉族）的人一起工作劳动吗？

单位：人，%

	人数	百分比	有效百分比
愿意	601	86.0	86.8
无所谓	78	11.2	11.3
不愿意	11	1.6	1.6
说不清	2	0.3	0.3
合计	692	99.0	100
缺失	7	1.0	
总计	699	100	

(三)交往关系

为了考察回汉民族的自发移民日常的社会交往关系,问卷选取了两个指标,即回汉民族之间能否"一起聊天"和"交朋友"。调查结果显示,对于是否愿意回族和汉族之间一起聊天来往这一问题,有97.1%的人表示"愿意"和"无所谓"(见表6-5);对于是否愿意与不同民族(回族或汉族)的人交朋友,有94.9%的受访者表示"愿意"和"无所谓"(见表6-6)。这一结果表明,在自发移民聚居区回汉民族之间的日常交往是顺畅的。尽管由于民族文化的差异,回族有强烈的民族认同意识和守护意识,回族移民往往更愿意选择集中聚居,但总体来看,回族自发移民的迁入使这些来自山区的回族群众开放程度显著提升,现有的居住格局和就业经历使回汉移民乃至回汉群众之间的交往日趋密切,观念更加开放包容,无形中也加强了民族文化的交流。

表6-5 您愿意与回族(汉族)的人一起聊天来往吗?

单位:人,%

	人数	百分比	有效百分比
愿意	606	86.7	87.2
无所谓	69	9.9	9.9
不愿意	13	1.9	1.9
说不清	7	1.0	1.0
合计	695	99.4	100
缺失	4	0.6	
总计	699	100	

表6-6 您愿意与回族(汉族)的人交朋友吗?

单位:人,%

	人数	百分比	有效百分比
愿意	601	86.0	86.7
无所谓	57	8.2	8.2
不愿意	27	3.9	3.9

续表

	人数	百分比	有效百分比
说不清	8	1.1	1.2
合计	693	99.1	100
缺失	6	0.9	
总计	699	100	

（四）族际婚姻关系

族际通婚，是考察民族关系的重要指标，这里主要考察回汉两个主体民族个体通婚的情况。在宁夏，由于民族关系融洽，回汉之间通婚并不是不可能，也是较为常见的现象，往往是汉族女性嫁给回族男性并皈依伊斯兰教的居多。通过考察"回汉通婚"是否可能的问题，以此了解反映受访者在族际婚姻方面的观念和态度（见表6-7）。

表6-7 您本人愿意或同意子女与回族（汉族）的人通婚吗？

单位：人，%

	人数	百分比	有效百分比
愿意	120	17.2	17.3
无所谓	71	10.2	10.2
不愿意	456	65.2	55.6
说不清	48	6.9	6.9
合计	695	99.4	100
缺失	4	0.6	
总计	699	100	

表6-7的统计结果显示，本人"愿意"或同意子女与非本民族的人通婚的占受访者的17.3%，持"无所谓"态度的占10.2%，认为"愿意"和"无所谓"的人数比例达27.5%，说明有1/4强的人对回汉之间通婚并不排斥。当然，这种"不排斥"也仅仅是观念上的。选择"不愿意"的占受访者的65.6%，"说不清"的占6.9%。

总体来看，回汉民族由于风俗习惯的差异，组建家庭在一起生活确实存在一定的困难。但在现实生活中，由于能够很好地包容尊重少数民族的风俗习惯，往往是汉族尊重回族一方的生活习惯，乃至皈依伊斯兰教，所以，认可回汉通婚的比例还是较高的。

（五）风俗习惯

回族在长期的历史发展过程中，形成了独特的风俗习惯，这些风俗遍及回族生活的方方面面，体现了回族独特的文化传统和民族心理。回族的主要节日有开斋节、古尔邦节和圣纪节，这三个重要节日都与伊斯兰教有关。除了主要节日习俗的不同，由于信仰伊斯兰教，回汉民族的差异更多地体现在饮食习俗和丧葬习俗上。回族喜欢吃牛、羊、骆驼等反刍类偶蹄食草动物，也吃鸡鸭鱼，但禁食猪肉，一般不抽烟、不喝酒。我国穆斯林对不食猪肉的禁忌遵守得非常严格，这已经成为一种社会习俗。而汉族则不然，几乎没有饮食禁忌。丧葬方面，穆斯林讲究速葬、土葬，不用棺木，尸呈南北向而面朝西，在我国穆斯林聚居相对集中的地方，政府大都配套建设了专用公墓。此外，回族穆斯林除了有以汉字表述的姓名以外，还有各自的经名。最初是先有经名后有汉字名，现在是先有汉字名后有经名。

问卷询问受访者："您了解回族（汉族）过节的风俗习惯吗？"调查结果显示，有64.8%的人表示了解回族或汉族的风俗习惯，有28.9%的人表示不了解，有6.3%的人表示说不清（见表6-8），说明六成以上的受访者对非本民族的风俗习惯有所了解，在日常生活中也能够做到彼此尊重对方的风俗习惯。实际上，宁夏的回汉各民族都会共同分享各民族节日的喜庆。宁夏回族自治区政府规定，每逢回族开斋节、古尔邦节，宁夏回族自治区内的行政企事业单位通常集中放假3天，体现了对回族穆斯林群众习俗的高度重视。

表6-8 您了解回族（汉族）过节的风俗习惯吗？

单位：人，%

	人数	百分比	有效百分比
了解	446	63.8	64.8

续表

	人数	百分比	有效百分比
不了解	199	28.5	28.9
说不清	43	6.2	6.3
合计	688	98.4	100
缺失	11	1.6	
总计	699	100	

（六）社会矛盾

为了考察回汉民族之间在日常的生产生活过程中是否经常发生社会矛盾，问卷询问受访者："最近3年内，当地回汉民族之间发生过冲突吗？"调查数据显示，有86.9%的受访者认为最近3年内，当地回汉民族之间没有发生过冲突，只有8.2%的受访者认为发生过冲突（见表6-9）。这一结果表明，在自发移民聚居区，回汉民族之间不存在大的社会矛盾和冲突，民族关系总体是和谐的。

表6-9 最近3年内，当地回汉民族之间发生过冲突吗？

单位：人，%

	人数	百分比	有效百分比
没有发生过	588	84.1	86.9
偶然发生过	51	7.3	7.5
经常发生	5	0.7	0.7
不清楚	33	4.7	4.9
合计	677	96.9	100
缺失	22	3.1	
总计	699	100	

三 自发移民聚居区民族关系的基本特征

综上所述，自发移民聚居区的民族关系总体良好，呈现以下两点特征。

（一）自发移民聚居区内各民族平等，民族关系比较融洽

民族平等包括制度平等和事实上的平等两个方面。制度平等是一种原则性的平等，是民族平等的一个前提和基础，回汉民族在享有制度平等的基础上已经走向了事实上的平等。[①] 首先，回汉民族在经济社会生活中有较强的平等感。自发移民聚居区内回汉群众有良好的邻里关系，大家可以共同工作劳动，回汉之间能够正常交往，也可以成为朋友，民族间交往密切，族际认知程度较高，形成了一种水乳交融、团结互助、和睦相处的民族关系。其次，经济上互助合作往来频繁。回汉之间共同从事农业劳动，交流农业生产技术，打工就业不受民族限制，有同等的就业权。最后，回汉民族形成了文化上的求同存异关系。求同存异是回族对待民族文化关系一以贯之的态度，不论与汉族相处，还是与其他民族交往，回汉之间都能够彼此尊重各自的风俗习惯，社会矛盾较少。但在族际通婚方面，由于风俗习惯、宗教信仰的差异，多数人比较介意，希望选择本民族的人作为联姻的对象。但回汉民族之间总体能够互尊互爱，宽容理解，相互认同，尊重彼此在文化上的差异。

（二）彼此尊重和包容是回汉民族关系的基础

历史上，宁夏处于中原农耕文化与北方草原游牧文化相交错的地带，特殊的地理位置使宁夏的回族伊斯兰文化在漫长的演化发展进程中形成了别具一格的地域特征。从历史上来看，回族的形成是在伊斯兰文化的基础上不断吸收汉文化演进而成的。以汉族文化为代表的中华民族文化具有开放性和包容性，其博大的胸怀对所有的进步文化都能采取兼容并蓄、积极学习的态度。同样，回族虽然接受了大量汉文化，但回族对汉文化总体上是采取选择性吸收的态度，并不是全盘接受。他们以汉语为通用语言，穿汉族服饰，与汉族进行贸易往来，与汉族交错杂居，虽然汉文化与伊斯兰文化有不同的成分，如宗教信

[①] 马宗保：《多元一体格局中的回汉民族关系》，银川：宁夏人民出版社，2002年版，第218页。

仰、饮食习俗等，但彼此能够尊重对方的文化。正是这种在文化选择上的适度求同，一方面，使回族文化虽然处于汉文化的浸润之下，依然能够形成独特的宗教信仰和风俗习惯，从而保证了民族共同体的稳定性；另一方面，也使回汉文化之间的共同性逐渐增多，形成了一种文化共享格局。正是这种文化上的共享，凝聚与和睦成为回汉民族关系的主流。

第二节 自发移民的宗教、文化生活和价值观念

宗教是人类社会演进到一定历史阶段的一种独特的文化现象，宗教信仰者相信在现实世界之外存在某种超自然的神秘力量，从而让人对这种神秘力量产生敬畏和崇拜，并引申出一系列信仰认知及仪式活动。根据美国民调机构皮尤研究中心（Pew Research Center）发表的最新《全球宗教概观》报告，在全球69亿人口中，有84%的人有宗教信仰，其中，基督徒占32%、伊斯兰教徒占23%、印度教徒占15%、佛教徒占7%；没有宗教信仰的10亿余人中，有62%的人口生活在中国。[①] 迪尔凯姆（Durkheim）认为宗教的根本属性是神圣性，因而他把宗教的第一构成要素定义为与神圣事物有关的信仰和仪式。当然，恶劣艰苦的自然环境往往会强化人们对宗教的需求，宗教活动也会成为人们寄托希望、祈福求愿、缓解压力的工具和手段，宗教的这一功能是其他活动方式不能相比的。

一 宗教信仰及宗教活动

（一）宗教信仰

关于自发移民的宗教信仰，调查数据显示，信仰伊斯兰教的人数比例最多，为94.5%，其次，信仰佛教、道教的比例分别为2%、0.3%，有2.4%的人不信仰宗教，有0.7%的人信仰其他宗教（见表

---

① 任颖卮、王东升：《青岛佛教研究》，北京：中央编译出版社，2015年版，第137页。

6-10)。由于问卷调查的三个自发移民聚居区中回族占绝大多数，信仰伊斯兰教的人数比例要显著高于信仰其他宗教的人数比例。

表6-10 您的宗教信仰是

单位：人，%

	人数	百分比	有效百分比
不信仰宗教	17	2.4	2.4
佛教	14	2.0	2.0
道教	2	0.3	0.3
伊斯兰教	658	94.1	94.5
其他	5	0.7	0.7
合计	696	99.6	100
缺失	3	0.4	
总计	699	100	

目前，我国共有10个少数民族信仰伊斯兰教，除了回族外，还包括维吾尔族、哈萨克族、东乡族、保安族、撒拉族、塔吉克族、柯尔克孜族、塔塔尔族、乌孜别克族，总人口约2000万人，这些少数民族主要分布在西部地区。伊斯兰教自7世纪中叶传入中国，对回族的形成和发展产生了重大影响，并逐渐演变为具有民族特色的宗教。伊斯兰文化的原则性、广泛性和灵活性，决定了回族的信仰目标及道德追求。[①] 回族的民俗文化也具有浓厚的宗教色彩。

（二）宗教活动

为了考察信教群众的宗教信仰活动，问卷设计了这样两个问题，即"是否有可以进行宗教活动的场所"和"进行宗教活动是否方便"。调查结果显示，有94.7%的人表示在现居住地有可以进行宗教活动的场所（见表6-11），有94.5%的人表示在现居住地进行宗教活动很方便（见表6-12）。调查统计数据表明在自发移民聚居区，

---

① 杨有贤：《回族民族精神的时代内涵及其特征散论》，载中国回族学会编《全面建设小康社会与回族学》，银川：宁夏人民出版社，2004年版，第60页。

第六章 西部民族地区自发移民的民族关系与宗教、文化生活

一方面，清真寺的数量能够满足自发移民的实际需求，信教群众上寺做礼拜都很方便；另一方面，在迁入区自发移民的宗教信仰自由得到有效保护和妥善安排，这也是宁夏贯彻宗教信仰自由政策、维护信教群众切身利益的具体体现。

表 6-11 在您的现居住地有可以进行宗教活动的场所吗？

单位：人，%

	人数	百分比	有效百分比
有	649	92.8	94.7
没有	24	3.4	3.5
不知道	12	1.7	1.8
合计	685	98.0	100
缺失	14	2.0	
总计	699	100	

表 6-12 您感到在现居住地进行宗教活动方便吗？

单位：人，%

	人数	百分比	有效百分比
方便	649	92.8	94.5
无所谓	7	1.0	1.0
不方便	24	3.4	3.5
说不清	7	1.0	1.0
合计	687	98.3	100
缺失	12	1.7	
总计	699	100	

自发移民大多数是回族，而回族的绝大多数宗教活动，包括许多世俗礼仪，比如婚丧嫁娶、节日庆典等，都是在清真寺中进行和完成的。清真寺在回族聚居区的影响非常大，在回族人民的心目中享有崇高的地位。清真寺不仅仅是传统意义上的宗教活动场所，还是回族群众的信息交流场所和日常交往平台。凡是回族聚居区发生的一切新鲜事都能及时通过清真寺进行传播、扩散。此外，清真寺还具有规范个

体行为、促进稳定和实施社会控制的功能，这些功能构成了独特的中国清真寺文化。

宁夏在清乾隆以前，回族伊斯兰教内部并无教派门宦之分，只是到了清朝至民国时期，由于清朝政府实施民族压迫政策、苏菲主义等思想传入，新的教派和门宦先后传入宁夏。近年来，随着迁入区回族移民人口的增加，由于信教群众分属不同的教派门宦，也就会修建各自的清真寺。在银川市西夏区兴泾镇 X 村，有 4 个不同的教派，共建有 4 个清真寺：东寺，哲赫忍耶教派，以同心县自发移民为主；南寺，哲赫忍耶教派，以泾源县政策性移民为主；北寺，老格底目教派，以泾源县政策性移民为主；阿印科寺，虎夫耶和嘎德林耶教派，以同心县自发移民为主。哲赫忍耶教派原来只有一个南寺，不论是政策性移民还是自发移民都会到南寺做礼拜，后来，由于来自泾源县的政策性移民和来自同心县的自发移民发生了一些矛盾，归属哲赫忍耶教派的同心县自发移民便不得不另建了东寺。X 村的宗教秩序一直相对稳定，教民的教派意识较强。清真寺的阿訇全部是由各教派上面通过轮转的方式委派到各清真寺主持宗教事务，所以，宗教活动都能顺利进行。自发移民往往会在属于自己教派的清真寺做礼拜，而不会到其他教派的清真寺参加宗教活动或举行仪式。

二 文化生活

文化生活可以从一个侧面反映自发移民的社会生活和精神面貌。

（一）调查问卷反映的自发移民聚居区文化生活

调查数据显示，在自发移民聚居区，认为打牌下棋"经常有"和"偶尔有"的比例最高，为 57.4%，其他文化娱乐活动的选择比例均较低。认为跳广场舞、看电影、打篮球等体育活动、闹社火、组织文艺演出和图书阅览室看书等上述娱乐活动"从没有"的选择比例均超过六成（见表 6-13），说明在自发移民聚居区经常开展的活动就是打牌下棋，而其他文化娱乐活动则很少。实际上，打牌下棋也只是自发移民三五成群聚在一起的自娱自乐活动方式。自发移民聚居区文化娱乐活动贫乏，折射出基层政府在管理上的缺位。

表6-13 您居住的村子（社区）平时有下列文化娱乐活动吗？

单位：人，%

	经常有		偶尔有		从没有		不知道		缺失人数
	人数	占比	人数	占比	人数	占比	人数	占比	
跳广场舞	136	19.9	46	6.7	483	70.6	19	2.8	15
看电影	19	2.8	92	13.5	541	79.6	28	4.1	19
打牌下棋	271	39.8	120	17.6	269	39.5	21	3.1	18
打篮球等体育活动	132	19.3	108	15.8	431	63.0	13	1.9	15
闹社火	16	2.4	39	5.8	581	86.5	36	5.4	27
组织文艺演出	13	1.9	80	11.8	562	82.6	25	2.7	19
图书阅览室看书	18	2.6	22	3.2	608	88.9	36	5.3	15
其他			3	11.5	13	50.0	10	38.5	673

注：本表中的"占比"为"有效百分比"。

（二）缺乏公共文化生活的原因

自发移民聚居区的公共文化生活比较匮乏的现象说明了什么呢？实际上，近年来，宁夏的乡村文化建设还是颇有成绩的。以自发移民迁入人口较多的永宁县闽宁镇为例，该镇2015年共计投入2000万元建设闽宁镇文化活动中心，仅木兰、武河、玉海文化大院就投入100万元，并配备了50万元的设施。全年送戏下村60场次，观众达2万人次，这些乡村文化活动丰富了群众的文化生活。而自发移民认为公共文化生活匮乏的原因在于：一是基层政府在组织各种文化活动中，往往考虑的是在册的户籍人口，自发移民则由于自主迁移户籍不归当地政府管，被排除在基层政府社会治理之外，往往享受不了这些文化方面的惠民政策；二是由于自发移民常年忙于自谋出路，对聚居区的事务并不是很关心，总体缺乏热情和归属感；三是基层政府的放任与缺乏有效管理和帮扶，加之一些移民聚居区面临征地拆迁，使自发移民聚居区的生活秩序显得比过去凌乱无序。

三 自发移民的价值认同和观念意识

创新西部民族地区自发移民聚居区的社会治理,必须高度重视自发移民对聚居区的认同和评价,构建适应社会良性运行与协调发展的和谐民族关系,尊重包容信教群众的宗教信仰,引导宗教信仰与社会主义社会相适应。

(一) 自发移民的价值认同

自发移民的价值认同决定了他们做人做事的态度、方式,进而也会影响他们发展奋斗的思路和理念。问卷询问受访者对"穷与富,天注定"这一观点的态度,持不认同看法的受访者占比为46.3%,认同该观点的受访者占比为43.5%,虽然前者要比后者高出近3个百分点,但超过四成的受访者认同这一观点(见表6-14,下同),说明对这些经历了无数磨难的自发移民来说,宿命的观点还是颇有影响的。当然,与此相联系的另一个说法是"只要自己肯吃苦,生活总会好起来",又有93.9%的人表示认同这个说法。因此可以说,尽管宿命的观点在自发移民中有一定影响,但他们更相信"一分耕耘一分收获"的理念,相信自己的命运掌握在自己手中。有93.6%的人同意"有了好的环境,才能使生活好起来"这一说法,显示了受访者对社会环境和自身发展休戚与共的紧密关系有比较清醒的认识。自发移民从生态环境恶劣的南部山区搬迁到北部川区,丰富的土地、水资源使自发移民在种植业方面有了更高的收益,加之近年来,宁夏实施的生态移民搬迁工程,使自发移民越来越深刻地认识到生存环境恶劣并持续恶化是他们致贫的主要原因,良好的自然环境、社会环境对他们的发展至关重要。有70%的受访者认为"没有社会的帮扶,个人再努力也不顶用",这种选择表明自发移民有自主奋斗的精神和对社会的认同态度。宁夏自发移民的大多数是回族,由于信仰伊斯兰教的缘故,他们深受伊斯兰文化的影响,既重视现世的拼搏与奋斗,追求一切正当合法的利益和幸福,也重视对来世的修炼,自发移民的价值认同总体是积极的、向善的、充满正

第六章　西部民族地区自发移民的民族关系与宗教、文化生活

能量的。

表6-14　您是否同意下列说法？

单位：人，%

	同意		不同意		说不清		缺失
	人数	占比	人数	占比	人数	占比	
穷与富，天注定	289	43.5	308	46.3	68	10.2	34
只要自己肯吃苦，生活总会好起来	633	93.9	25	3.7	16	2.4	25
亲朋的帮助，对我改善经济状况非常重要	382	57.5	243	36.6	39	5.9	35
没有社会的帮扶，个人再努力也不顶用	469	70.0	155	23.1	46	6.9	29
有了好的环境，才能使生活好起来	634	93.6	23	3.4	20	3.0	22

（二）观念意识

人们的观念意识不是与生俱来的，而是与特定的社会环境有内在的联系，观念意识是适应具体的社会生活的产物，这就是存在决定意识的规律。自发移民的法治观念、道德观念、遵纪守法，显然与迁入地的社会秩序和社会风气有直接的关系。为了考察他们的观念意识，问卷设计了几个问题请受访者做选择性回答。结果有90%以上的受访者认同"依法做事，不能违法""大家都凭天理良心行事""人与人好好相处，才能过好日子"，而对"大家怎么做，我就怎么做"和"个人顾个人，谁也管不了谁"的观点，有五成左右的人分别持不同看法（见表6-15），说明自发移民有很强的是非观念和遵纪守法的意识。

表6-15　对居住地的社会秩序，您是否同意下列说法？

单位：人，%

	同意		不同意		说不清		缺失
	人数	占比	人数	占比	人数	占比	
依法做事，不能违法	673	98.5	5	0.7	5	0.7	16

续表

	同意		不同意		说不清		缺失
	人数	占比	人数	占比	人数	占比	
大家都凭天理良心行事	625	93.1	32	4.8	14	2.1	28
大家怎么做，我就怎么做	379	56.3	265	39.4	29	4.3	26
人与人好好相处，才能过好日子	649	96.3	13	1.9	12	1.8	25
个人顾个人，谁也管不了谁	320	47.7	319	47.5	32	4.8	28

注：本表中的"占比"为"有效百分比"。

第三节 本章小结和讨论

一 自发移民聚居区的民族关系总体上是和谐的

宁夏作为我国唯一的回族自治区，民族团结、宗教和顺、社会稳定，堪称"民族团结的典范"。自发移民聚居区的民族关系总体上是和谐有序的，特别是回汉关系融洽团结。在日常生产生活中，回汉民族之间能够彼此理解、包容、尊重各自的风俗习惯。回族学者马宗保从整体上对回汉关系在中华民族关系总体格局中所显示出来的历史特点进行了分析，并认为：交错分布的民族居住格局、社会政治生活中的结构性融合、经济生产领域的互补传递性和文化上的求同存异是回汉民族关系的显著历史特点。[①] 总之，从现实来看，回汉民族之间都在为构建良好和谐的民族关系而互利、互补和相容。当然，这种和谐的民族关系主要源于回汉民族在长期共同的生产生活经历中衍生出来的"求同存异"、"守望相助"和"互补共生"的理念。自发移民聚居区良好的回汉民族关系正是回汉民族数百年来彼此尊重包容、互谅互让的生动缩影和真实写照。

---

① 马宗保：《论回汉民族关系的历史特点》，《西北民族研究》2001年第4期。

二　回族自发移民从宗教信仰和宗教生活中获得了精神慰藉

本项研究涉及的三个调查点的自发移民受访者 90% 以上是穆斯林，他们虔信伊斯兰教，在聚居的村落里建有各教派的清真寺，正常进行的宗教活动使广大穆斯林从中获得了精神慰藉，宗教生活成为自发移民重要的精神生活，而在政府管理指导下的阿訇对维护秩序、宣传政府的政策发挥了积极作用，在一定程度上弥补了政府部门行政管理缺失造成的社会治理空白。①

三　缺乏公共文化生活和归属感

虽然宁夏的乡村文化事业发展近年来取得了不俗的业绩，但自发移民所居住的村庄，基本上缺乏有组织的公共文化生活，导致自发移民对聚居社区的认同感和归属感大大降低。公共文化生活贫乏并不利于自发移民的社会融入和在迁入区的发展。

四　具备与主流社会合拍的观念和价值取向

自发移民虽然多年来没有得到政府和社会的扶持，但是他们的价值观念和价值取向是积极向上的。他们懂得作为一个公民应该秉持的基本行为规范，在行为和社会生活方面是积极向上的，他们的法治观念、道德观念符合对一个公民的基本要求，相信通过自己的努力总能使未来的生活越来越好；他们知道环境对自己发展的重要性，愿意通过社会关系的构建来营造良好的社会环境。

五　具有较强的自信心

自发移民中的绝大部分人对自己的移民搬迁是持肯定态度的，能够积极面对眼前的困境，对未来充满信心，这也反映了大部分自发移民通过努力使自己的生活水平不断提高的事实。

---

① 陈之曦：《自发移民的社会适应和社会融入研究》，宁夏大学硕士学位论文，2016。

总之，不论是从精神生活还是从文化层面来看，绝大多数自发移民都表现出乐观积极的人生态度和自立自强的奋斗精神，生活环境的变化不仅改变了他们的生产生活方式，而且最重要的是改变了他们的发展理念，开阔了他们的视野，使他们快速地从封闭保守的"山区人"转变成拥有现代观念和开放意识的新型农民。

第七章
西部民族地区自发移民的社会融合

　　自发移民的自主迁移，一方面导致迁出区原有的社会关系解构；另一方面又使自发移民在迁入地开阔了眼界，增长了见识，提升了能力，改善了家庭的经济状况。主动适应、融入迁入地的社会生活，是迁徙后的自发移民必然面对的课题。自发移民在迁入区永久性稳定定居和融入迁入地，对防止社会失范、降低社会风险、维护社会稳定、打赢精准脱贫攻坚战、实现社会和谐都具有非常重要的意义。自发移民融入迁入地的过程，不仅是移民再社会化的过程，也是移民的价值观念从传统向现代转变的过程，对于文化程度不高、阅历相对简单的自发移民来说，这是一个艰难的、渐进的过程。在当代改革开放的大背景下，社会结构转型和新型城镇化对每一个社会成员的行为模式都产生了深刻影响。大部分自发移民有适应、融入迁入地的意愿，但能否适应迁入地的社会生活，实现与迁入地的顺利融合，不仅取决于他们自身的努力，也受到社会环境的极大影响。

　　本章从社会融合的视角反映、分析移民的现实情况和面临的诸多困境，分析自发移民的诉求，以推动民族地区自发移民在迁入区的社会融合。

第一节　社会融合的相关概念及理论演进

一　社会融合的相关概念及辨析[①]

　　移民的融合是一个漫长、艰难而复杂的过程，移民能否实现与当

---

① 李强、刘精明、郑路：《城镇化与国内移民：理论与研究议题》，北京：（转下页注）

地社会的真正融合，既涉及宏观层面的社会制度、国家政策，中观层面的社区治理，也涉及微观层面个体的心理、观念。移民的有效融合对一个国家、地区的稳定发展具有直接的影响，所以，近年来，有关移民融合的问题成为很多学科重要的研究范畴。目前，国内外不同学科的研究者在研究移民问题时，从不同学科的研究视角出发，提出了一系列与社会融合相关的概念，这些概念主要包括社会整合、文化适应、同化或融入、社会适应、社会吸纳、社会并入等。这些概念的内涵和外延有的存在明显的差异，有的只有细微的区别，有的则相互重合，甚至可以相互通用。对以上这些概念加以辨析，有助于我们更好地理解这些概念的异同点，认识它们之间存在的细微差别，为我国的移民问题研究提供一个较为合理的视角或入口。

（一）基本概念

"社会整合"（Social Cohesion），最初源于法国社会学家迪尔凯姆的研究，指的是各社会单元，包括个人、群体、组织之间的联系或关系所处的状态，认为一个稳定的社会应建立在集体意识、共同价值观和持续合作的基础上。后来帕森斯（Parsons）对社会整合又进行了进一步研究，强调了法律和宗教等规范的重要性。

"文化适应"（Acculturation），来自林顿与赫斯科维茨的界定，它指的是由个体所组成，且具有不同文化的两个群体之间，发生持续、直接的文化接触，导致一方或双方原有文化模式发生变化的现象。

"融入""同化"（Assimilation），从移民的角度来说，对占支配地位的主流文化的适应与接纳即是"融入"，这一过程是单向的；而从主流社会的角度来说，将移民吸收和接纳为本文化的一分子，即是"同化"。

"社会适应"（Social Adaptation），指移民与特定社会环境相互

（接上页注①） 社会科学文献出版社，2015年版，第37~40、145~146页；陈勃：《人口老龄化背景下城市老年人的社会适应问题研究》，《社会科学》2006年第6期；任远、邬民乐：《城市流动人口的社会融合：文献述评》，《人口研究》2006年第3期。

作用达成协调关系的过程,以及这种协调关系呈现的状态。[1] 移民的社会适应可以从主客观两个方面考察,客观上主要指,移民在经济、文化、社会、政治方面是否适应了新的社会生活;主观上主要指,移民是否实现了从流出地到流入地的认同感的转换,是否内化了主流社会的态度和价值观,并对主流社会中的生活感到满意。

"社会吸纳"(Social Inclusion),关注的是主流社会的态度和行为。

"社会并入"(Social Incorporation),主要针对的是移民群体在劳动就业、文化教育、社会福利、正式与非正式的社会关系网络等方面的融入。与社会融合关注移民和主流社会群体成员之间的互动不同,社会吸纳、社会并入侧重于从移民群体和主流社会群体出发来展开对移民社会融合相关问题的研究。

"社会融合"(Social Intergration),是对流动人口在流入地社会生活状态及其演变过程的概括与描述。当代国外学者中 Cnawfond (2003)认为社会融合包含两层意思:一是在社区中能在社会、政治、经济、文化生活层面上平等地受到重视和关怀;二是在家庭、朋友和社区拥有互相信任、欣赏和尊敬的人际关系。Petty(2002)认为社会融合是一个多维度的、动态的和结构性的过程,这个过程涉及宏观、中观、微观三个层面,其中宏观层面是融合的整体驱动力量和状态,中观层面是指城市的反映,微观层面是指个体生活在社会整合中的效率和效果。2003 年欧盟在关于社会融合的联合报告中做出如下定义:"社会融合是这样的一个过程,它确保具有风险和社会排斥的群体能够获得必要的机会和资源,通过这些资源和机会,他们能够全面参与经济社会、文化生活和享受正常的生活,以及在他们居住的社会认为应该享受的正常社会福利。"根据上述分析,"社会融合"就是指个体和个体之间、不同群体之间,或不同文化之间互相配合、互相适应的过程。[2]

---

[1] 李珊:《农村移居老年人的社会适应及其影响因素探析》,《安徽农业科学》2011 年第 5 期。

[2] 嘎日达、黄匡时:《国外社会科学》,《西方社会融合概念探析及其启发》2009 年第 2 期。

（二）概念辨析

我国学者在研究移民问题和流动人口问题时，使用较多的是社会适应、文化适应、社会融入、社会整合和社会融合这几个概念。综合来看，社会适应、文化适应和社会融入是一个单向发展的过程，它更强调移民自身在迁入区主观能动性作用发挥的程度，而社会整合与社会融合则是双向甚至多项互动的过程。在融合的方向上，它没有明确的"谁融入谁"或"谁吸纳或排斥谁"的指向。融合是一个持续的、与环境互动的动态过程；社会融合不仅受客观制度因素的影响，同时也有主观能动性的融合；社会融合是复杂的、多维度的，包括经济融合、社会融合、制度融合、文化融合及心理融合等；[1] 社会融合的最终目的是移民或流动人口平等地被迁入地社会接纳和包容。因此，从社会融合这一概念的角度来分析研究移民与迁入地主流社会群体的互动过程，最契合移民问题研究的现状。

二 社会融合的相关理论及演进[2]

20世纪初，自工业化和城市化以来的移民的跨区域甚至跨国流动，以及由此引发的一系列社会和文化问题，开始进入西方学术界的研究视野。社会学、心理学、人类学、人口学等学科的学者，从各自学科的视角对移民社会融合的相关问题进行了大量深入细致的研究，其中，成果最显著的是西方尤其是美国对于国际移民社会融合问题的研究，形成了诸多具有建设性的理论流派和观点，这些理论观点对国际社会的移民问题研究提供了诸多有益的启示，同时，对我国学术界研究国内流动人口的跨区域流动问题也产生了积极的影响。

（一）族群融合理论

1920年代，Park 首次提出了种族或族群关系循环论，认为群体

---

[1] 嘎日达、黄匡时：《国外社会科学》，《西方社会融合概念探析及其启发》2009年第2期。
[2] 李强、刘精明、郑路：《城镇化与国内移民：理论与研究议题》，北京：社会科学文献出版社，2015年版，第149~150页。

经过一系列阶段最终会达到完全同化。Park 把族群之间互动的过程分为相遇、竞争、适应和同化四个阶段，① 这四个阶段是递进的、不可逆转的。戈登将 Park 的同化理论进行了修正发展，于 1964 年提出了衡量族群关系的两个维度：结构性融合与文化融合。前者意味着移民个体与群体在流入国社会中在制度和组织层面的社会参与度的增加，而后者则是移民群体在价值导向与社会认同上的转变过程。

（二）文化认同理论

Huntington 在《文明的冲突》一书中提出，在新的世界形势下，发生冲突的根本原因不再是意识形态，而是文化方面的差异，主宰全球的将是"文明的冲突"。面对不同文化的挑战，Sellin 提出了文化冲突理论。该理论解释当个人或团体受到两种文化的影响时，遇到价值判断或与原文化取舍的问题时，内心会感到冲突。Harker 认为，移民本身因文化冲突所产生的心理调适上的问题会传递给下一代，造成下一代在面对原文化以及另一种文化的冲突时，产生心理冲突和不适应的问题。

（三）自我认同与社会认同理论

社会融合的心理融合建构起源于个体的自我认同与社会认同。自我认同理论起源于符号互动论学派对自我的认识与研究，最早是由 Erikson 在 1930~1940 年代提出的。自我认同理论认为：自我不仅是"社会我"，而且是"镜中我"，自我是社会的一种心理反应，是一种多维的和组织化的结构，需要社会或群体来建构，而且受到社会环境的影响，自我认同是动态的，会随着社会现实的变化和自我的反思性活动而发生变化。② 社会认同理论则起源于 Tajfel 等人的研究。Tajfel 将社会认同界定为个体对自己属于某个社会群体的意识。Tajfel 提出了一个假设是，人们建立社会身份，是为了透过所认同的社会群体提高自尊。社会认同是社会群体结构构建到个体的自我概念中去的媒

---

① 黄匡时、嘎日达：《社会融合理论研究综述》，《新视野》2010 年第 11 期。
② 黄匡时、嘎日达：《社会融合理论研究综述》，《新视野》2010 年第 11 期。

介，这个构建过程由三个基本历程组成：范畴化、社会比较和社会认同化。①

(四) 社会资本理论

Bourdieu 认为"社会资本是现实或潜在的资源的集合体"，资源与拥有或多或少制度化的共同熟识和认可的关系网络有关。Coleman 按照社会资本的功能，把它界定为"个人拥有的社会结构资源"。Portes 对社会资本的认识是"个人通过他们的成员身份在网络中或在更宽泛的社会结构中获取稀缺资源的能力，获取能力不是个人固有的，而是个人与他人关系中包含着的一种资产"。②

(五) 社会生态系统理论

社会生态系统理论是用以考察人类行为与社会环境交互关系的理论，它把人类成长生存于其中的社会环境看作一种社会性的生态系统，强调生态环境对于分析和理解人类行为的重要性。该理论的代表人物 Charles 和 Karen 将人的社会生态系统分为三种基本类型：微观系统、中观系统和宏观系统。微观系统即个人系统，指处在社会生态环境中的个人是包含生物的、社会的和心理因子的社会系统类型；中观系统是指对个人有一定影响的小群体，包含家庭单位和其他社会群体；宏观系统是指相对于中观系统更大一些的社会系统，如社会建制、社区制度和社会文化等。③

(六) 国内的相关研究和理论

前述西方关于移民社会融合的理论主要是以社会学学科为理论视角，该视角偏重于从宏观和中观层面出发，考察移民群体对主流社会政治、经济、社会、文化等诸多方面的适应和融合，同时关注主流社

---

① 沈纪：《"社会键"断裂：城市流动少年违法犯罪原因探析》，首都师范大学硕士学位论文，2014。
② 尤靖雯：《社会资本理论视角下的我国收入分配制度改革问题探讨》，《商业时代》2011 年第 2 期。
③ 张璐璐：《生态系统理论视阈下农民工子女社会融合教育探微》，《黑河学刊》2013 年第 4 期。

会的经济与社会政策对移民群体的影响。这些研究对我国开展流动人口或移民的社会融合研究提供了重要的借鉴和启发。相对于西方关于移民社会融合的研究，国内学者主要是从社会学、人口学、心理学、人类学等学科视角，针对改革开放以来涌现的大量流动人口，特别是农民工群体开展了相关研究。近年来，随着我国在扶贫攻坚领域中社会政策的调整，又针对生态移民、工程移民及自发移民群体的社会适应、社会融合进行了研究。这些研究虽然在理论构建方面尚未形成较大的建树，但移民研究的学术成果依然对我国的移民实践和流动人口治理起到了不可低估的指导作用。

学者周皓在总结国内外有关流动人口社会融合研究的基础上，提出了流动人口社会融合的测量指标体系，包括五个维度，即经济融合、文化适应、社会适应、结构融合和身份认同，每个维度的指标又包括几个具体的测量指标。这五个维度总体上是线性递进的关系，并勾勒了社会融合的动态过程：适应—融入—融合。[①] 流动人口社会融合具体的操作化指标如图 7-1 所示，这一指标体系对考察自发移民在迁入地的社会融合问题同样适用，也具有很强的指导作用。本章将根据这一指标体系，从经济融合、文化适应、社会适应、结构融合和身份认同这五个维度对自发移民群体在迁入地的社会融合问题做一探讨，以更好地促进移民的社会融合，维护社会公平公正。

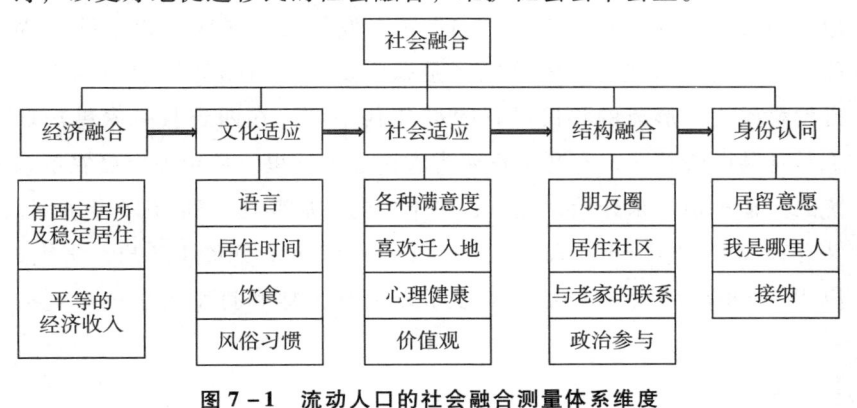

图 7-1 流动人口的社会融合测量体系维度

---

① 周皓：《流动人口社会融合的测量及理论思考》，《人口研究》2012 年第 3 期。

第二节 自发移民的聚居格局类型

"社区"的概念是由滕尼斯在《社区与社会》一书中首次提出的,并将其定义为"一定地域范围内的人们基于共同的利益和需求、密切的交往而形成的具有较强认同的社会生活共同体"。自发移民在迁入地的聚居格局,从形态上来说,是典型的农村社区,但已经不是南部山区传统的封闭的回族寺坊制居住模式。自发移民在迁入地的聚居格局是在继续沿袭回族"大分散、小聚居"的居住传统的基础上,基于"共同的纽带""认同意识",形成的回族自发移民相对集中而又与迁入地居民混杂居住的格局。当然,这一聚居模式体现了开放、包容的一面,也是回汉民族关系和谐和睦的写照。自发移民的聚居格局形态对自发移民在迁入地的社会适应、社会融入乃至融合具有直接影响,所以,分析自发移民的聚居格局类型有助于我们深入考察自发移民在迁入区社会融合的情况和特征。

一 自发移民独立聚居社区模式

自发移民独立聚居社区模式指的是完全由或主要由自发移民人口居住形成的社区类型。在宁夏,自发移民独立聚居社区模式主要以银川市西夏区"M 移民开发区",即 M 自发移民聚居区(以下简称 M 移民区)为典型代表。M 移民区是以宁夏回族自治区固原市西吉县自发移民为主形成的移民区,1990 年代中期,在西吉县一家糖厂职工马某某的带领下,有几十户西吉农民迁入这里,从租种宁夏农垦系统的土地种植玉米开始,经过近二十年的发展变迁,到 2016 年 6 月,共有移民 1443 户 6300 人,其中,汉族 1253 户,回族 187 户,满族 3 户,[①] 分布在 47 个居民点,形成了以租种土地和打工为生的单纯的

[①] 资料来源于宁夏银川市西夏区自主迁徙居民接收管理办公室 2016 年内部资料。这是 2016 年 6 月西夏区政府接管后统计的数据。

自发移民聚居区模式。该移民区在管理权限上,既不属于西吉县,也不属于银川市,成为无人管、无法管的"无政府管理"的"非常区域"。M移民区的自发移民在这块地域内基本上是"自我管理、自我服务",但社会秩序总体还比较稳定,成为宁夏乃至当代中国非常独特的一个"孤岛"现象。[1]

M移民区其独特之处在于它基本游离于主流社会之外,不在政府的直接管辖范围之内。尽管西吉县政府委派了一些小学教师到这里任教,但其他社会事务一概由M移民区自行管理。"M移民开发区管委会"印鉴虽然也由西吉县公安部门报银川市西夏区公安分局批准同意启用,但这个机构实际上基本没有从政府那里获得进行管理的资源。这样一个自发移民社区,从1990年代中期开始,近20多年来像滚雪球一样不断聚集自发迁徙的人口。按照舒尔茨的成本-收益理论,迁移被看作一种能够带来某种收益的成本或者投资。迁移者在决定迁移之前会从工具理性的角度出发做出考虑,只有当预期收益大于迁移的成本时人们才有可能做出迁移的决定。而人口迁徙的"推-拉"理论则认为,当迁入地的地理人文和谋生的条件远好于迁出地时,才能对迁徙者产生足够的吸引力,促使他们离开原居住地,迁徙到新的地方谋求生存发展。显然,M移民区尽管基础设施条件很差,居民享受的公共服务非常有限,但这个自发形成的回汉杂居的社区仍然有很强的吸引力,不断地聚集着来自西吉县等山区的农民迁徙到此地。

二 自发移民与政策性移民混居的社区模式

除了银川M移民区这样由租用自治区农垦系统土地形成的单纯自发移民聚居社区外,自发移民与政策性移民混居是主要的居住格局,具体分为两种类型。

---

[1] 陈通明、孔炜莉等:《宁夏政策性移民和自发移民户籍管理制度改革研究报告》,载《2013中国生态移民与区域发展学术研讨会论文集》,2013。

（一）以政策性移民为主的插花居住模式

自发移民与政策性移民插花居住，以政策性移民为主。如宁夏回族自治区中卫市沙坡头区宣和镇扬黄灌区，原是安置政策性移民的聚居区，以后陆续迁入了很多自发移民，与政策性移民错落居住在一起，以政策性移民为主。宁夏银川市永宁县闽宁镇Y村，有政策性移民和其他迁入者2516户10823人，自发移民1590户7330人，自发移民人口占总人口的40.3%（2014年底）。宁夏固原市原州区杨郎镇A村是原州区县内移民的一个样板村，基础设施条件较好，2010年建成后接待过包括中央领导在内的参观者，但400多户移民中有100多户是通过付费从他人手上获得住房和农业设施的，也就是说，自发移民已占到全村移民的25%。[①] 自发移民迁入后，行政村的架构始终存在并且发挥着作用，如闽宁镇Y村，从村两委到村民小组，结构比较完整。

（二）以自发移民为主的插花居住模式

自发移民与政策性移民混居在一起，以自发移民为主。如银川市西夏区兴泾镇X村，自1984年起，宁夏开始扶贫移民工作不久，同心县人批量地从来自泾源县的政策性移民手里买来土地后又转卖给自己的亲戚朋友和老乡，迁入该村的同心县人越来越多。到2013年，据X村流动人口管理站统计，该村居住着667户约2600多名自发移民，自发移民人口约占全村人口的65%。由于长期以来缺乏有效管理和投入，X村生活环境的脏乱差、基础设施的破旧与周边正在开发建设的银川市西夏区工业园区形成鲜明的对照，这个村庄的基础设施建设状况比一般村庄至少落后了一二十年。

第三节　自发移民的人际关系和社会参与

自发移民的迁移轨迹一般是从农村到农村，这种迁移不仅意味着

[①] 陈通明、孔炜莉等：《宁夏政策性移民和自发移民户籍管理制度改革研究报告》，载《2013中国生态移民与区域发展学术研讨会论文集》，2013年6月28日。

地理位置上的横向移动，主要的是自发移民的人际关系网络、生活方式、从业类型等因为迁移而发生了重大变化，这些变化深刻影响自发移民在迁入区的适应、融入乃至融合。本节将从四个方面考察自发移民在迁入地社会融合的基本情况。

一　人际关系网络

（一）社会关系网络的基本状况

人际交往是考察移民融合的一个重要指标。为了了解自发移民在迁入地人际交往的状况，问卷主要通过自发移民搬迁前后，在遇到困难时求助对象的变化情况来予以考察。调查结果显示，自发移民在搬迁前遇到困难求助的对象，从排序来看依次是亲戚、朋友、邻居、村干部、宗教权威人士和同事，占比分别为75.3%、46.6%、28.5%、18.7%、5.7%、1.7%；而搬迁后求助的对象，排序依次是亲戚、朋友、邻居、村干部、宗教权威人士和同事，占比分别为69.4%、49.1%、30.3%、13.2%、6.4%、3.3%。从求助对象的排序来看，移民搬迁前后是一样的，但不同的是，搬迁前求助亲戚和村干部的比例要高于搬迁后的比例，而搬迁后求助对象选择比例高于搬迁前的分别是朋友、邻居、同事和宗教权威人士（见表7-1）。这一结果表明，搬迁前，亲戚对移民解决困难给予的帮助最大，但搬迁后，朋友和邻居所起的作用逐渐增大，折射出在原居住地以血缘、亲缘关系为纽带的人际交往更普遍。在迁入地，由于更高的开放度，自发移民要想获得更好的发展，必须要不断扩展自己的交往圈子，所以，以地缘、业缘为纽带建立的朋友、邻居之间的社会关系的作用逐步凸显出来。但总体来看，自发移民人际交往关系同质性较强，移民关系网络的内倾化现象较为显著，移民圈内部往往形成较强的社会认同。自发移民在日常生活中的社会关系支持网络主要还是限于亲朋好友和邻居，人际交往呈现从以血缘、亲缘为纽带的组合向以地缘、业缘为纽带的组合方向发展的趋势。

表 7-1 移民搬迁前后，遇到困难通常会找谁帮忙？（可选 3 项）

单位：人，%

	搬迁前		搬迁后	
	人数	有效百分比	人数	有效百分比
亲戚	526	75.3	485	69.4
朋友	326	46.6	343	49.1
同事	12	1.7	23	3.3
邻居	199	28.5	212	30.3
村干部	131	18.7	92	13.2
宗教权威人士	40	5.7	45	6.4
其他	47	6.7	57	8.2

（二）自发移民社会交往的范围有所扩大

对于"您搬迁后能说上话、帮上忙的亲戚朋友邻居比原来多了还是少了？"这一问题，调查数据显示，有45.4%的受访者认为"增加了"，有24.7%的受访者认为"减少了"，有25%的受访者认为"没有差别"（见表7-2）。这说明自发移民原来在迁出区已经形成的亲朋邻里的初级社会关系，一部分在迁入区得到了延续，尽管人际交往的首选范围还是亲戚朋友，但能提供帮助的人比以前增加了，一个新的社会关系网络正在构建过程中，自发移民人际交往范围的扩展为移民的立足发展提供了更广阔的空间。从移民社会交往的成效来看，移民与迁入区人口社会交往的关系越深入越频繁，适应的速度越快，越容易融入当地社会；而移民与迁入区人口交往的频率越少，适应的速度越慢，也越难融入迁入区的社会。

表 7-2 您迁移后能说上话、帮上忙的亲戚朋友邻居比原来多了还是少了？

单位：人，%

	人数	百分比	有效百分比
增加了	313	44.8	45.4
减少了	170	24.3	24.7
没有差别	172	24.6	25.0

续表

	人数	百分比	有效百分比
不好说	34	4.9	4.9
合计	689	98.6	100
缺失	10	1.4	
总计	699	100	

（三）邻里关系比较融洽

调查数据显示，有 82.7% 的受访者认为自家与周围邻里村民关系相处很好、很融洽（见表7-3）。这说明在自发移民聚居区邻里关系总体是和谐的，同时也表明，自发移民有主动适应、融入迁入区的意识和意愿。自发移民与周围邻里村民的关系越融洽，移民的社会融入就越快越好。

表7-3 搬迁后，您家与周围邻里村民的关系如何？

单位：人，%

	人数	百分比	有效百分比
很好	569	81.4	82.7
一般	107	15.3	15.6
不太好	6	0.9	0.9
不好说	6	0.9	0.9
合计	688	98.4	100
缺失	11	1.6	
总计	699	100	

二 社会参与

（一）自发移民的政治参与程度较低

为了了解自发移民在迁入社区的政治参与的状况，问卷通过"搬迁前后在居住区参加村民代表大会的情况"进行考察。调查数据显示，搬迁前"经常参加和偶尔参加村民代表大会"的受访者人数比例合计为33.2%，"没有参加过"的受访者人数比例为63.5%；而搬迁后"经常参加和偶尔参加村民代表大会"的受访者人数比例合计为18.7%，"没有参加过"的人数比例为78.6%（见表7-4）。这一结果表明，自发移民搬迁前，也就是在原居住地参加村民代表大会的人数比例高于搬迁后参与人员比例14.5个百分点，而搬迁后，没有参加过村民代表大会的人员比例要高于原迁出区15.1个百分点。总体来看，没有参加过村民代表大会的人员占大多数，而且迁移加剧了这一现状。自发移民在原居住地的政治参与程度原本就不高，而在迁入地的政治参与程度就更低了。参与机会不均等，进一步折射出自发移民在迁入地政治权利缺失和被边缘化的困境。

表7-4 搬迁前后在居住区参加村民代表大会的情况

单位：人，%

	搬迁前		搬迁后	
	人数	有效百分比	人数	有效百分比
是，经常	122	17.5	40	5.8
是，偶尔	109	15.7	89	12.9
没有参加过	442	63.5	544	78.6
说不清	23	3.3	19	2.7
合计	696	100	692	100
缺失	3		7	
总计	699		699	

（二）从与干部的接触看自发移民的社会支持网络

问卷试图通过"和搬迁前相比，您和现在的政府部门的干部接触机会多吗？"这一问题，考察自发移民在搬迁前后社会支持网络的变化情况。调查数据显示，认为接触机会少的占比最高，为48.1%，认为"差不多"的占比为20.2%，认为"更多"的占比为17.2%（见表7-5）。这一结果表明，在迁入区，有近一半的自发移民认为他们与政府部门的干部接触机会比原居住地要少。这就表明，一方面，自发移民与居住社区的利益关联很弱，在迁入地往往被排除在基层政府的公共服务之外,相应的话语权、表达权缺失,导致他们社会参与不足,政治参与权利缺失,社会地位处于边缘化;另一方面,移民在迁入区的社会支持网络较小,制约了自发移民获取信息的渠道,不能为个人提供更多的机会与资源,也不利于增进社区成员之间的沟通和理解,影响自发移民的社会融合。

表 7-5 和搬迁前相比,您和现在的政府部门的干部接触机会多吗?

单位:人,%

	人数	百分比	有效百分比
更多	118	16.9	17.2
差不多	139	19.9	20.2
少	331	47.4	48.1
说不清	100	14.3	14.5
合计	688	98.4	100
缺失	11	1.6	
总计	699	100	

三 就业路径及信息来源

(一)务工经历有助于自发移民与迁入地的融合

务工收入是自发移民家庭经济收入的主要来源,务工经历使自发移民扩大了社会交往的范围,谋生方式从以种地为主到以打工为主,都极大地改变了自发移民的观念,使他们在迁入地的社会适应及融入能够比较顺利。调查数据显示,84.7%的自发移民有外出打工的经历(见表 7-6),近 70% 的人选择在本地打工(见表 7-7)。这一结果说明自发移民在迁入地打工的机会较多,当地的经济发展为他们提供了更多的就业机会,能满足他们外出就业的需求。当然,自发移民多选择在本自治区内打工,也源于自发移民多数是回族,因为饮食风俗习惯的缘故,回族人民大多不愿意外出务工。自发移民就近务工也有利于他们与当地社会的融合。

表7-6　您是否有过外出打工经历？

单位：人，%

	人数	百分比	有效百分比
有	587	84.0	84.7
没有	106	15.2	15.3
合计	693	99.1	100
缺失	6	0.9	
总计	699	100	

表7-7　您打工是在什么地方？

单位：人，%

	人数	百分比	有效百分比
本地	431	61.7	69.1
区内外县	115	16.5	18.4
区外	78	11.2	12.5
合计	624	89.3	100
缺失	75	10.7	
合计	699	100	

（二）就业主要依靠自己和亲朋好友

自发移民外出务工获得就业机会的途径，是对其社会网络和社会资本进行分析的重要内容。问卷询问受访者："您外出打工依靠谁介绍工作？"有63.5%的自发移民认为打工主要依靠自己寻找，其次，依靠亲戚、朋友介绍工作的，分别占20.6%、12.4%，而依靠政府信息的人数比例仅为0.3%（见表7-8）。这一结果反映出自发移民获取就业信息乃至找到工作的渠道主要有两条——个人和亲朋好友，政府在提供就业信息方面发挥的作用比较小。自发移民依赖以血缘、亲缘和地缘为纽带的同质社会关系网络寻找工作，表明自发移民群体的社会资本普遍较弱。生存需求和就业压力迫使自发移民不得不主要依靠自己来寻找就业机会，表现了他们不等不靠、自我奋斗的拼搏意识。

表7-8 您外出打工依靠谁介绍工作?

单位:人,%

	人数	百分比	有效百分比
亲戚	130	18.6	20.6
朋友	78	11.2	12.4
邻居	20	2.9	3.2
政府信息	2	0.3	0.3
自己寻找	400	57.2	63.5
合计	630	90.1	100
缺失	69	9.9	
总计	699	100	

(三) 很少参与政府组织的就业培训

近年来,政府在农民工就业培训方面投入了大量的人力财力,就业培训成为政府提升农民工素质,提高就业收入的重要举措。但是,调查数据显示,自发移民参加政府组织的就业培训的比例并不高,没有参加过培训的人数高达91.3%,仅有8.7%的人回答参加过就业培训(见表7-9)。这说明自发移民在迁入地得到就业培训的机会很少,一方面是针对自发移民就业培训的宣传不到位,另一方面也表明自发移民在迁入区由于户籍缘故不能享受迁入区的惠民政策。目前,伴随经济结构的转型升级,用人单位对劳动力素质的要求呈现由"体力型"向"智力型""技能型"方向转变的趋势。自发移民总体受教育程度低,缺乏文化知识或一技之长,多数只能从事体力型工作,属于"生存型"就业。[①]

表7-9 您是否参加过政府组织的就业培训?

单位:人,%

	人数	百分比	有效百分比
参加过	57	8.2	8.7

---

① 张铁军:《生态移民社会适应问题研究》,《理论建设》2012年第5期。

续表

	人数	百分比	有效百分比
没有参加过	600	85.8	91.3
合计	657	94.0	100
缺失	42	6.0	
总计	699	100	

四 自发移民的满意度评价和社区认同

（一）自发移民对搬迁的满意度很高

通过考察自发移民对迁入地的满意度，可以了解自发移民对迁入地聚居区的接纳、认同及该群体当前社会境遇的真实状况。尽管在迁入地自发移民一直被当作流动人口来对待，但最根本的是自发移民在迁入地摆脱了贫困，大多数人实现了致富的梦想，特别是对于那些已在迁入区生活了二三十年的自发移民来说，他们很欣慰的是为子女创造了一个更好的生活发展环境，他们的子女则对迁入地比他们的父辈有更强烈的认同感和归属感。所以，自发移民对迁入地的满意度总体较高。问卷统计显示，有高达82.4%的自发移民表示对目前自己的搬迁和居住地是满意的（见表7-10）。这表明自发移民对自己做出的搬迁行为是持肯定态度的，对迁入地聚居区有很高的认同度。在访谈中，自发移民反映他们原来居住的区域往往是地震断裂带或地质灾害易发区域，生态失衡，干旱缺水，资源匮乏，居住分散，交通不便，基础设施和公共服务建设非常落后，这些因素是他们贫困的根源。而迁入区丰富的土地资源、水资源是迁出区无法相比的，而且上学近、就医近、吃水近、打工近，能够满足他们生产生活的需要。

表7-10 您是否满意自己的移民搬迁

单位：人，%

	人数	百分比	有效百分比
满意	558	79.8	82.4

续表

	频率	百分比	有效百分比
不满意	78	11.2	11.5
说不清	41	5.9	6.1
合计	677	96.9	100
缺失	22	3.1	
总计	699	100	

（二）对迁入区的认同

1. 迁入区认同

自发移民对迁入地聚居社区的认同，可以通过对迁入区人际关系、干群关系及社会风气的看法来反映，也体现了他们社会融合的情况。他们对这些方面的评价越高，就表明对当地的认同程度越高、社会融合也越顺利，反之亦然。问卷调查数据显示，认为"周围人的友善诚信等品行"、"干部与群众的关系"、"人与人的关系"和"社会风气"这几项指标"很好"的比例分别为62.9%、30.4%、72.4%、52.6%，选择"一般"的比例，平均为25%左右（见表7-11）。这几项指标中，除了干群关系的评价稍低，其他3项指标，自发移民的评价还是很高的，说明迁入地的社会风气整体良好，大家能够友善诚信，人与人的关系比较融洽，赢得了大多数移民的认可。由于自发移民与基层政府管理人员的接触机会少，与迁入区基层政府管理人员存在隔膜，所以，对干群关系的评价也最低。总的来看，迁入地的社会风气较好，人际关系比较融洽，但干群关系满意度较低。

表7-11 根据自己的经历和现居住地情况对下列问题发表看法

单位：人，%

	很好		一般		比较差		说不清		缺失
	人数	占比	人数	占比	人数	占比	人数	占比	
周围人的友善诚信等品行	430	62.9	211	30.8	24	3.5	19	2.8	15
干部与群众的关系	208	30.4	204	29.8	154	22.5	118	17.3	15

续表

	很好		一般		比较差		说不清		缺失
	人数	占比	人数	占比	人数	占比	人数	占比	
人与人的关系	495	72.4	160	23.4	12	1.8	17	2.5	15
社会风气	360	52.6	197	28.8	96	14.0	32	4.7	14

2. 对迁入地基础设施建设和公共服务的态度和看法

自发移民对迁入地基础设施建设和公共服务的具体情况又持怎样的态度和看法呢？为此，问卷从8个方面进行了考察。调查数据显示，自发移民对迁入地满意度比例最高的是"务工就业"环境，占61%，而其他方面满意度都不高，满意度比例最低的是"供水下水"设施，有64.4%的人对聚居区的"供水下水"不满意，满意度比例低的选项排序依次是"卫生条件"占61.9%，"道路建设"占60.9%，"村委会的管理"占60%，"政府的关心帮助"占59.9%，"文化娱乐"占59.1%；"政府的惠民政策"占49.9%（见表7-12）。这一结果表明，由于迁入地主要是宁夏北部川区，经济发达，交通便利，打工的机会也更多，自发移民对迁入地务工就业环境的总体满意度最高。对政府惠民政策的看法略有分歧，调研中移民们反映，尽管政府给群众的惠民政策确实很好，但大多数惠民政策往往在基层执行过程中走样了，惠民政策的问题主要在于落实执行的不到位，有的地区存在优亲厚友的现象；而自发移民普遍的看法是，由于他们的户籍问题，他们不能和迁入地的政策性移民一样正常享受各项惠民政策。自发移民聚居区往往被排除在基层政府的管理之外，道路、饮用水、下水设施等建设滞后，导致自发移民对聚居区内道路、下水设施等基础设施建设意见很大，他们认为政府对他们的关心帮助少，这些都增加了自发移民的心理落差和不满。

综上所述，自发移民对迁入区的总体满意度较高，但对聚居区一些具体的公共设施和公共服务的满意度又较低，这一结果或许可以用马斯洛的需求层次理论进行解释。根据需求层次理论，人的需求只有在较低一层需求得到满足的情况下，才能产生更高一层的需求。自发移民在迁入的初期,最需要解决的是贫困问题,当这一问题缓解以后,自发移民希望有一个合法的身份,这就是安全需求。由于户籍关系,他们在迁入地的土地住房都有违法之嫌,心理上时常会有危机感存在,这种不安全感成为压在他们心头的一块石头,所以,解决户籍问题,获取合法身份一直都是他们最大的诉求和希望,也是他们在迁入区实现更高层次需求和发展的基础和前提。

表 7-12　您对现居住地下列方面是否满意?

单位:人,%

	很满意		比较满意		不太满意		很不满意		说不清		缺失
	人数	占比	人数	占比	人数	占比	人数	占比	人数	占比	
务工就业	141	20.9	270	40.1	171	25.4	56	8.3	36	5.3	25
文化娱乐	45	6.7	176	26.3	242	36.2	153	22.9	52	7.8	30
政府惠民政策	107	16.1	176	26.4	187	28.1	145	21.8	50	7.5	33
政府的关心帮助	73	10.9	140	20.9	225	33.5	177	26.4	56	8.3	28
村委会的管理	60	8.9	142	21.1	210	31.3	193	28.7	66	9.8	27
道路建设	84	12.6	168	25.1	165	24.7	242	36.2	10	1.5	30
供水下水	97	14.4	127	18.8	189	28.0	245	36.4	15	2.2	25
卫生条件	67	10.0	183	27.2	147	21.9	269	40.0	5	0.7	27
其他,请注明	3	18.8	2	12.5	4	25.0	1	6.3	5	31.3	683

注:本表中的"占比"为"有效百分比"。

第四节　本章小结和讨论

综合上述分析,自发移民在迁入区的社会融合总体呈现以下一些特征。

一　自发移民在迁入地大都有稳定的住所和收入

根据前述关于流动人口社会融合的指标体系,经济融合是测量流动人口社会融合的第一个维度,主要包括两个指标,即固定的居所和平等的经济收入。从居所来看，自发移民自建房屋的比例达86.7%，购买的比例达9.2%，租赁为3%，其他为1%（参见第四章）。也就是说，有近96%的自发移民是通过自建或购买的方式在迁入地拥有了属于自己家庭的住房，有4%的自发移民是通过租赁或借住等方式解决他们的安居问题的。尽管自发移民在迁入地私下买卖土地建房、购房，住房权属的合法性存在争议，但自发移民在迁入地拥有自己独立的住所的比例是很高的，而且，有72%的家庭在迁入区已经稳定居住5年以上。从经济收入来看，自发移民的家庭经济收入主要来源于打工和种植业。2014年全年家庭收入，10000元以下的家庭占23%，10000~30000元的家庭占47.9%，30000元以上的家庭占25.5%（参见第四章）。有近70%的人认为收入与搬迁前相比增加了。自发移民在迁入地的收入主要来源于务工和从事种植业，收入基本稳定，能够获得与原住户同等务工的机会和权利。

二 自发移民在迁入地的文化适应状况较好

文化适应是测量自发移民社会融合的第二个维度，主要包括四个指标，即语言、居住时间、饮食和风俗习惯。从语言来看，汉语是回族日常交流的通用语言，虽然来自宁夏南部山区的自发移民普遍使用原籍的方言，但在与外界交流时，他们也会试图使用普通话进行交流，而中青年则能够流利使用普通话，不管是使用方言还是普通话，自发移民与外界交流没有任何障碍，说明他们在语言方面的融合良好。从居住时间来看，自发移民在迁入地居住5年及以下的家庭比例为27.9%，居住5年以上的家庭比例为72.1%（参见第四章），说明绝大多数自发移民已经实现了稳定居住。从饮食、风俗习惯来看，自发移民中以回族为主，占94%，汉族和其他少数民族合计占6%，尽管回汉民族之间存在文化上的异质性，但各民族之间都能够做到彼此尊重、理解和包容各自的饮食文化和风俗习惯，宗教和顺，回汉民族关系和睦，这也是自发移民融入迁入地的有利条件。

三 自发移民对自身搬迁行动的满意度较高，社会适应总体良好

社会适应的测量指标主要包括各种满意度、喜欢迁入地的程度、心理健康或歧视、价值观四个方面。从自发移民对迁入地的满意度来看，尽管自发移民对迁入地的基础设施建设、村委会等基层政府的管理并不满意，但有 82.4% 的自发移民对自己的移民搬迁总体上是满意的。对迁入地社会风气的满意度为 52.6%，对周围人际关系的评价比较高。对于迁入地的社会秩序和生活环境，有 63% 的自发移民认为基本满意（"很好"或"一般"）。自发移民对融入迁入地持积极的态度。自发移民满意度最高的是迁入地的务工就业环境。从这几项指标来看，自发移民对迁入地总体满意度还是较高的，觉得这里的环境比迁出地好，土地、水资源丰富，有良好的教育、医疗资源等。但自发移民在迁入区不能正常享受政府的各项惠民政策，他们普遍感到自己像局外人，没有被重视、认可，所以有被歧视的感觉。从价值观来看，自发移民认同生活要靠自身发挥主观能动性，大家要依法做事、凭良心做事（参见第六章），认同主流社会的价值观，有积极健康的态度、意识和价值观念。

四 自发移民正在建构新的社会关系网络

随着迁出原居住地，自发移民原有的社会关系网络大部分被消解或者在逐步弱化，新的社会关系网络正处于构建过程中。结构融合的指标主要包括朋友圈、居住社区、与老家的联系、政治参与四个指标。从朋友圈来看，自发移民搬迁后遇到困难求助的对象主要是亲戚、朋友和邻居，但另一方面，有近一半的自发移民认为在迁入地能说上话、帮上忙的朋友比迁移前增加了。这说明自发移民的人际关系网络仍然主要是以血缘、亲缘为纽带的初级社会关系，但他们交往的范围在不断扩大，能提供帮助的人多了，社交资源越来越丰富。从居住社区来看，绝大多数自发移民与迁入地居民之间的关系融洽，在居住形态上已经打破了迁出区传统封闭的回族寺坊制社区模式，社区的

开放度、包容度更高。此外，自发移民中有近70%的人选择在本地打工，就近务工也增强了自发移民对居住社区的认同感。从与老家的联系来看，因为户籍在原籍，自发移民在日常生活中，只有办理与户籍相关的事宜，或逢年过节参加扫墓祭奠等活动时，才会回到原籍。自发移民的政治参与度低，影响了与迁入区的社会融合。自发移民与农民工等流动人口的区别就在于，他们是举家迁移，这种整体搬迁的方式使他们在迁入区的居住生活更固定，也反映了他们从内心里要"跳出"老家的想法和勇气，这也是自发移民不同于流动人口的地方，所以，绝大多数人与老家的联系是松散的，或者仅仅停留在户籍这一张纸上。

五 自发移民被接纳认同的程度仍然较低

从调查情况看，部分先于自发移民迁徙的政策性移民认为自发移民的到来加剧了当地资源环境的紧张和就业的竞争，基层政府认为给社会治理带来了困扰，自发移民在迁入地被接纳的程度不高，要实现与迁入社区真正的社会融合还有很长的路要走。身份认同主要包括我是哪里人、居留意愿、接纳三个指标。在迁入地，不论是自发移民还是政策性移民，对自发移民的土地来源都比较敏感。虽然原住户会把自家的土地房屋私下转卖给自发移民，从中获得资金的支持，但他们依然会认为自发移民的到来使当地的土地资源、水资源更加紧张，打工机会也少了，生活环境更混乱，社会治安不稳定，对自发移民有一种排斥心理，而自发移民也会从潜意识里认为自己是山区人。因为户籍关系，自发移民往往被排除在基层政府的行政管理之外，不能享受迁入地的惠民政策。不论是从基层政府社会治理的角度，还是从普通居民的角度看，迁入地对自发移民的接纳程度显然不高。

综上所述，自发移民的社会融合是一个漫长、艰难、复杂的演变过程，影响移民融合的因素也是复杂多样的。从宏观层面来看，主要的影响因素体现在制度、政策方面，我国的户籍管理制度、土地制度，涉及自发移民自身权益的社会保障、教育、医疗等一系列相关社会政策、惠农政策，以及社会组织发展的程度等都会影响移民在迁入区的社会融合。从中观层面来看，主要受到自发移民的社会资本的影响。移民的社会资本，是自发移民通过社会网络、权威、行动等获得调动稀缺资源的能力，社会资本是通过人与人之间的合作来提高社会行动效率的。自发移民的迁移导致原有社会网络和关系资源的解构，而适应新环境的新的社会网络关系尚未完全建立，社会资本贫乏严重影响自发移民的社会融入。从微观层面来看，主要受制于自发移民的人力资本，即取决于劳动者的知识、技能和体能所综合构成的体现在劳动者身上的资本，[①] 自发移民的受教育水平、健康状况、语言、经验、能力、技能等都成为影响移民人力资本的因素。此外，自发移民在日常生产生活中长期形成的一些传统观念，如生育理念、消费理念、职业意识、宗教观念等，也会影响他们与迁入社区的交往互动，进而影响其社会融合。

自发移民通过易地搬迁，绝大多数走上了稳定脱贫的道路，具有主动适应、主动融入迁入区的主观愿望和积极态度。其融入迁入区有积极的进展和成绩，但并不完全顺利。可以说在现阶段，自发移民仅仅完成了适应、融入的初级阶段，实现与迁入区真正的社会融合还需假以时日。

[①] 文军：《论我国城市劳动力新移民的系统构成及其行为选择》，《南京社会科学》2005 年第 1 期。

第八章

西部民族地区自发移民的反贫困之路

——以宁夏银川兴泾镇 X 村为例

贫困是人类历史上恒久的社会现象。贫困的本义应当是缺乏最基本的与社会发展水平相适应的生存资源。随着社会发展,贫困的概念也在不断演化和延伸。2001 年世界银行指出,贫困是由于一些家庭或群体缺乏足够的资源去获得参与社会活动的机会,或者说贫困是一些群体缺乏达到社会最低生活水平的能力,不仅表明这些人群的收入和消费处于较低的状态,也意味着这些人群严重缺乏接受教育的机会,还伴随自身及家庭成员的营养不良、健康状况差等问题。[1] 对此定义,英国社会学家安东尼·吉登斯和菲利普·萨顿解释说:"人们认为,对于相同年龄和体格的所有人来说,不管他们生活在什么地方,人类生存的标准基本上一样。在这个世界的任何地方的任何人,如果他或她处于这个普遍标准之下的话,就可以说是生活在绝对贫困之中。"[2] 1949 年新中国成立时,中国大多数人口都生活在贫困之中。即使到了 1978 年,中国仍有 6 亿人左右的贫困人口,至少有 40% ~ 50% 的人群处于贫困状态。[3] 改革开放以来,中国开始了由政府主导的大规模减贫活动,即"扶贫开发"战略。30 多年的扶贫开发已使

---

[1] 杜毅、孙晓锦:《我国农村贫困致因研究综述》,《洛阳理工学院学报》(社会科学版) 2016 年第 4 期。

[2] 安东尼·吉登斯、菲利普·萨顿:《社会学》(第七版),北京:北京大学出版社,2015 年版,第 505 页。

[3] 黄永伟:《论精准扶贫与国家治理扶贫体系建构》,《中国延安干部学院学报》2015 年第 8 期;汪三贵:《在发展中战胜贫困——对中国大规模减贫经验的总结与评价》,《管理世界》2008 年第 11 期。

第八章　西部民族地区自发移民的反贫困之路

农村贫困人口减少了6亿多人，成为全球首个实现联合国千年发展目标贫困人口比例减半的国家。到2015年底，中国的贫困人口还有7000万人之多。① 在中国大规模扶贫开发的过程中，出现了自发移民这一特殊的与贫困做斗争的群体，他们因贫困而采取了举家迁移的策略，因迁移而彻底改变了生活的轨迹，走上了摆脱贫困之路。本章通过揭示自发移民迁移的自然环境和社会环境，试图概括自发移民迁移的机制和制度条件，以探讨自发移民的迁移与区域反贫困之间的内在联系。

第一节　区域贫困和区域差别

宁夏中南部地区，即中部干旱带和南部山区，统称为"西海固地区"。鉴于中国的贫困人口主要集中在一些连片特殊困难地区（集中连片特困地区），在2011年国家实施的第二个十年《中国农村扶贫开发纲要（2011－2020年）》中，提出今后10年国家扶贫开发的重点地区是14个集中连片特困地区。宁夏中南部地区属于其中的六盘山片区，六盘山片区包含甘肃中东部的40个县区以及青海、宁夏和陕西的各7个县区，共61个国家重点贫困县区。郑长德等学者通过对全国14个集中连片特困地区多维贫困的测度比较后认为，从重度贫困县的绝对数量看，2010年所有片区19.2%的贫困县属于重度多维贫困县，重度贫困县最多的片区则包括西藏、六盘山区和滇桂黔石漠化区等；从各自片区多维贫困程度的结构来看，西藏、乌蒙山区、六盘山区和滇桂黔石漠化区的重度贫困县在相应片区的比重最高；从各片区重度贫困县的变动情况来看，六盘山区和乌蒙山区的重度多维贫困县占集中连片特困地区总体重度贫困县的比重上升最为显著，分别从2001年的10.1%和9.3%上升到2013年的19.4%。② 这

---

① 郭煦：《7000万人脱贫之路：现存在严重地域性绝对贫困》，《小康》2015年第23期。
② 郑长德、单德朋：《集中连片特困地区多维贫困测度与时空演进》，《南开学报》（哲学社会科学版）2016年第3期。

一结论表明，六盘山片区仍然是当代中国 14 个集中连片特困地区中贫困程度最重的地区之一。以下着重分析宁夏中南部地区的贫困问题以及对自发移民迁徙的影响。

一 宁夏中南部地区的贫困成为自发移民迁移的推动力[①]

关于反贫困和移民迁移，最有影响的是"推－拉"理论。"推－拉"理论的假设是人的迁移行为是一个理性选择的过程，而迁移行为是迁出地"推"的因素和迁入地"拉"的因素共同影响、共同作用的结果。宁夏地处我国东部季风区与西北干旱区的过渡地带，亦即半干旱区与干旱区的过渡地带，大陆性气候表现十分典型，是地球上对气候变化特别敏感的生态脆弱带，历史上每次重大的气候波动都会引起这一区域干旱、大风、沙尘暴、暴雨等极端气候事件频发，成为该地区贫困的主要成因。

（一）自然环境成为致贫的主要因素之一

据气象资料的统计和相关研究，近半个多世纪以来，随着气候变暖，气温升高，降水量多年来呈现下降趋势，加剧了干旱程度，使干旱区域扩大；同时伴随气温升高，地表蒸发量增加，致使宁夏大部分地区，特别是中南部地区出现秋冬春三季连旱甚至全年干旱的情况，土地荒漠化程度加剧，水土流失严重，生态环境受到极大的威胁。一是气候变化引起气温上升、降水量减少、干旱化趋势加剧。二是气候变化引起极端气候事件频发、气象灾害加重。该地区被联合国粮农组织称为"不适合人类生存的地方"。三是气候变化引起水土流失加剧、荒漠化严重。由于地理环境的制约和水土流失的加剧，宁夏中南部地区山大沟深、沟壑纵横、交通不便、信息不灵，出行难、上学难、就医难。四是气候变化直接影响到农业生产和粮食产量。宁夏中

---

① 本部分内容主要参考张吉生等《适应气候变化：宁夏生态移民研究报告》，载马忠玉主编《宁夏应对全球气候变化战略研究》，银川：阳光出版社，2012 年版，第 235～247 页；宁夏扶贫开发办公室：《摆脱贫困》（内部资料），2015，第 18～20 页；吴海鹰等：《挑战贫困》，银川：宁夏人民出版社，2008 年版，第 2～4 页。

南部地区的农业是雨养农业，靠天吃饭，粮食产量特别是当地主要作物小麦产量直接受春季降水量影响，但当地稀少的降水主要集中在秋季。干旱缺水与极端气候事件频发直接影响到农业生产和粮食产量。粮食亩产量呈现递减趋势，仅为 30 千克左右，最低年份仅为 20 千克左右，不足引黄灌区亩产量的 1/10。当地有"种一葫芦打一瓢"之说，大旱年份则颗粒无收，受气象灾害造成的粮食产量损失呈不断上升趋势。

（二）经济社会发育程度低，发展滞后

1. 人口超载严重加剧了宁夏中南部地区的贫困

宁夏中南部地区人口的过快增长导致了人口超载。在 1950 年代至 1970 年代，人口处于快速增长状态，人口自然增长率达到 34‰。1980 年代开始实施计划生育政策，本地区给予了非常宽松的优惠政策，加之人口基数过大，使该地区的人口自然增长率始终居高不下，保持在 30‰之上。1949~2004 年，宁夏山区人口从 83.9 万人增加到 253.83 万人（包括红寺堡区人口），增加了 2 倍；而到了 2014 年，尽管有数十万人迁往川区，宁夏中南部地区 8 县区和红寺堡开发区人口仍然达到 273.92 万人。[①] 按照国际上通用的人口临界指标，干旱地区承载人口临界值是 7 人/平方公里，半干旱地区临界值是 20 人/平方公里，宁夏中南部地区的承载人口是每平方公里 78 人，该地区的人口发展模式是"高出生率、低死亡率、高增长率"，人口压力依然较大。而宁夏中南部地区不论贫困程度、干旱程度、每个县的人口密度，都超过临界指标数几倍甚至十几倍。根据农村住户抽样调查，宁夏中南部地区每百个劳动力中，文盲半文盲占 33.9%，高中以上文化程度的仅占 8.6%。人口素质低下，人力资源开发程度较低，与自然资源贫乏一样，是贫困地区的一个共性问题。

2. 扶贫攻坚任务重

姜安印、冯英杰依据《全国县（市）社会经济统计年鉴》和

[①] 宁夏回族自治区公安厅：《宁夏回族自治区人口统计资料（2014 年度）》（内部资料）。

《中国 2010 年人口普查分县资料》的有关数据，对六盘山集中连片特困地区的 61 个县区的人类发展指数进行了测算，在涉及宁夏的 7 个县区中，同心县和原州区比较靠前，泾源县比较靠后，其他几个县大体居中（见表 8-1）。[①]

表 8-1 六盘山集中连片特困地区的 61 个县区的人类发展指数 HDI 及排名

	县名	预期寿命指数	教育指数	GDP指数	人类发展指数	人类发展指数排名
⋮	⋮	⋮	⋮	⋮	⋮	⋮
55	同心县	0.806	0.794	0.506	0.749	17
56	原州区	0.806	0.744	0.546	0.742	19
57	西吉县	0.806	0.743	0.478	0.729	28
58	隆德县	0.806	0.718	0.463	0.719	38
59	泾源县	0.806	0.629	0.476	0.695	51
60	彭阳县	0.806	0.736	0.523	0.735	25
61	海原县	0.806	0.755	0.437	0.725	33

按照 1982 年的贫困发生率（贫困人口与乡村人口之比），中南部地区人均收入 170 元，贫困发生率高达 74.8%。截至 2014 年，宁夏中南部地区集中了全区 85.4% 的贫困村、80% 的贫困人口，农民人均纯收入与全国 14 个集中连片特困地区平均 6591 元相比少 704 元。2013 年全国建成小康社会综合指数仅有盐池县、彭阳县略高于全区平均水平，大部分县区只有 70% 左右，最低的海原县只有 62%。贫困地区全面建成小康社会难度大，宁夏中南部地区仍然是全国最为贫困的地区之一。

3. 基础设施瓶颈仍然存在

西海固地区水资源总量不足，区域资源性、工程性严重缺水，水资源量少质差，人均水资源 278 立方米，远低于国际公认的人均水资源 500 立方米缺水警戒线，仍有 78 万名群众饮水困难或不安全，以

---

① 姜安印、冯英杰：《六盘山集中连片特困地区县域贫困状况评价》，《石家庄经济学院学报》2015 年第 4 期。

雨养农业为主，旱涝保收面积仅占耕地面积的 8.9%。干旱缺水仍然是制约发展的瓶颈。省际大通道尚未形成，对外交通联系尚不便捷。49% 的自然村不通公路，农民行路难问题还未彻底解决。生态环境依然脆弱。尽管生态恶化趋势基本得到遏制，但生态功能修复仍要较长周期。

4. 产业对经济发展带动能力弱

西海固地区贫困县普遍存在经济总量小，产业层次低，竞争实力较弱，工业基础薄弱，缺乏有影响力的大企业和大型工业项目，引资融资困难等问题。从产业结构发展来看，以农业为主，支柱产业和主导产业尚未完全建立，三次产业结构调整缓慢，对当地经济社会带动能力有限。农业品牌效益不明显，竞争力不强。工业骨干企业少，吸纳就业能力弱。全社会固定资产投资少，对经济发展的拉动能力弱。

5. 公共服务水平低

农村信息、通信、卫生、文化体育设施建设滞后，盲点多、水平低，实现均等化目标难度大。卫生和农业技术人员配比少，卫生和农业技术服务保障能力弱。农村生产生活居住环境亟待改善。义务教育和学前教育基础薄弱，大班额特别是入园难问题突出。城镇化率和信息化程度都较低，服务功能不足，依然处于社会发展的较低水平。社会保障水平不高，农村信息化服务产业能力严重不足。

综上所述，贫困是自然因素和社会因素叠加的结果。导致贫困的因素是多种多样的，对宁夏来说，自然条件恶劣、经济社会发展滞后导致的人口素质低和人口增长过快是贫困的主要成因。恶劣的自然环境伴以人口过快增长，使宁夏中南部地区陷入了"PPE"怪圈，即贫困（poverty）、人口（population）和环境（environment）相互之间形成了一种互为因果的恶性循环关系，即环境恶劣—贫困—人口过度增加—更贫困—环境更恶化，而宁夏中南部地区也因此有了"苦瘠甲天下"之名。

由于自然条件与资源禀赋因素限制和受气候变化影响，在这些地区一方面是政府长期实施易地移民搬迁作为扶贫开发的重要举措，另一方面是部分贫困人口自主迁移到其他地区谋生，从而实现减贫和减轻人口对生态环境压力的双重效果。这就是宁夏中南部地区受自然环境约束和社会环境的影响,客观上存在移民搬迁的强大推力。

二 宁夏北部川区对贫困人口有很强的吸引力

(一)宁夏平原素有"塞北江南"之称

宁夏北部引黄灌区西靠贺兰山,虽年均降水量为200毫米,但黄河自中卫入境,向东北斜贯于平原之上,为该地区带来了丰富的水资源。黄河流经宁夏397公里,造就了黄河上游第一大平原——宁夏平原。依托于黄河与引黄灌溉,在这片占宁夏43%土地面积的区域上,聚集着宁夏61%的人口、90%以上的经济总量和94%的财政收入,是名副其实的"黄金地带"。宁夏平原土地肥沃,光热充足,自流灌溉,突出发展特色设施农业,开展特色优势农产品产业带建设。宁夏平原历史上即有"塞北江南"之称,2008年又被评为中国"十大新天府"之一。

宁夏经济曾连续多年保持两位数增长,经济总量跨上千亿元大关。历经"十一五""十二五"建设,宁夏平原沿黄地区建设进展快,成效显著。"黄河金岸"早已成为"投资金岸",年均300多个工业项目落地10个中心城市,全区传统产业得以系统改造,特色产业全面提升。预计到2020年,沿黄经济区的人口将达到500万,城市化率在75%以上,生产总值将跨过3000亿元大关。

西部大开发以来,宁夏形成了新能源装备、数控机床、重型矿山机械、机床工具、仪器仪表等重点产业。宁东能源化工基地按照"高起点、高水平"的要求,全力打造国家一流的重点开发区。宁夏清真产业规模不断扩大,作为世界最大的羊绒集散地,宁夏已成为世界羊绒制品加工中心和出口基地。能源战略优势,科学循环示范发展,是沿黄城市带最具实力的后发优势。[1] 以宁东为代表的沿黄经济区具有水、土、煤组合优势,到2020年,宁东能源化工基地固定资

---

[1] 许凌:《宁夏:建设沿黄经济区 打造重要增长极》,《经济日报》2011年6月23日。

产投资总规模将达到 5000 亿元，实现工业增加值 670 亿元，带动全区相关产业实现增加值 540 亿元，新增地方财政收入 180 亿元。① 同时，宁夏北部川区交通优势也十分突出明显。

（二）宁夏山川发展的差异决定了人口迁徙流动态势

宁夏经济社会发展的二元结构，不仅表现在城乡之间，更突出地表现在山川之间。从以上分析不难判断，宁夏山川之间发展的差异决定了人口迁徙流动的趋势和去向。追求满足生存发展的利益是市场经济条件下所有人在工具理性驱使下的必然选择，选择的结果往往成为导致人口迁徙流动的动因。舒尔茨的人力资本理论和托达罗模型分别引入新古典经济学的供给需求关系和发展经济学的概念，认为人口迁移是在市场条件下获取市场机会的个人理性选择，并在此基础上产生了以家庭为基本单位的迁移理论，家庭收益的最大化和风险最小化是迁移的最终目标。在国内学者的研究中，李惠通过对中国 30 个省（区、市）之间人口迁移的效益值进行计算，表明人口净迁移与效益值呈较强的正相关关系。②

人口的大规模迁徙流动是市场经济条件下的现象，对中国改革开放以来的发展历程来说，市场经济的完全建立还有赖于一系列社会制度的变革，这些变革促成了一种允许并促进人口迁徙流动的环境的形成。否则我们就不能解释，为什么在计划经济时期就不可能出现人口大规模迁徙流动的潮流。

第二节 贫困地区农民自发迁移的机制

一 迁徙的动力：摆脱贫困

在中国农村和农业发展的历史过程中，一个越来越凸显的矛盾是

---

① 杨波：《开发聚宝盆 再造新宁夏》，《中国经济导报》2009 年 9 月 22 日。
② 时鹏、余劲等：《基于农户视角的生态移民搬迁意愿及影响因素探析》，《中国水土保持》2012 年第 11 期；李惠：《人口迁移的成本、效益模型及其应用》，《中国人口科学》1993 年第 5 期。

随着人口增长，城市扩大，人均土地越来越少，即"人多地少"，土地资源越来越稀缺，富余劳动力越来越多，"在中国农村长期以来存在的人多地少的严重矛盾压力下，寻求并维持生存甚至糊口而非追求利润的最大化，是中国的农民在现实面前做出种种选择的首要策略和动力"。当然这里所描述的现象与西部地区还是有差异的，宁夏中南部山区农民家庭拥有数十亩土地乃至更多土地并不鲜见，人均拥有10亩左右的土地也不足为奇。以2014年为例，南部山区固原市5县人均拥有耕地、林地和牧草地共11.5亩。虽然土地并不稀缺，但是恶劣的自然气候条件使投入产出极不对称，产出极低而导致农业比较效益比其他地区更加低下，迫使人们不得不另外寻求出路。所以，虽然具体的环境各有差异，但导致农民迁移的原因则大致是相同的：在土地资源远不能满足生存发展需要的情况下，农民不得不考虑离开土地，另谋发展。因此，农民外出谋生乃至迁徙的首要动力在于贫困产生的流动迁徙愿望。①

二 迁移的制度性条件

中国改革开放以来，数以亿计的农民离开土地进行迁移流动，显然，这种流动如果没有制度性的安排和适宜的社会环境，是完全不可能的。

（一）工业化对劳动力的需求量增大

改革开放以来在中国工业化的过程中对劳动力的需求量非常大，如雨后春笋般崛起的企业，其朝气蓬勃的发展造成对劳动力的需求不断增长，这就为农村劳动力外出就业谋生提供了最基本的条件和机会。

（二）限制人口流动的制度环境被改变

市场对劳动力的需求形成了巨大的冲击力，使在计划经济时期对农村人口的流动限制逐渐被打破，例如用工制度、户籍制度、粮油票

---

① 黄平：《当代中国农民寻求外出——迁移的潮流》，http://www.wyzxsx.co。

证乃至医疗教育等一系列制度是限制农村人口离开农业的结构性条件,随着改革的深化,这些制度被改变或取消,像身份证的出现就在许多方面取代了户口。曾经把农民牢牢束缚在土地上的一系列相互配套制度的改变和消失,成为农民从土地上走出去的结构性条件,使农民得以从原居住地上解放出来。

(三)政府在政策上鼓励农民的迁移流动

在工业化蓬勃发展的过程中,农业的比较效益低下已是越来越不争的事实。政府看到农民外出务工就业乃是增加收入、改变农户贫困状态的有效途径,投入很少而见效明显,所以,在全国各地特别是贫困地区,组织农民外出务工成为政府的一项职能和日常工作。宁夏南部山区农村富余劳动力多,发展劳务经济、推动劳务输出在很长一段时期,特别是在21世纪千村扶贫阶段(2000~2010年),促进农民外出务工被作为政府的扶贫开发举措而大力推行。自治区党委、政府将劳务经济确立为宁夏中南部地区四大支柱产业之一。自2004年开始,自治区政府把加强贫困地区劳动力转移工作列为向全区人民承诺的12件"实事"之一,进一步建立和完善了区、市、县、乡、村"五级联动"的输出机制,使劳动力转移由"软任务"变成"硬工作"。2004年,宁夏中南部地区劳务输出总量达到了58万人次,约占总劳动力的1/3,基本上做到户均一人外出务工。① 到2010年宁夏贫困地区农村劳动力转移就业达到75万人次,占农业人口的1/6,农村劳动力1/3实现转移就业,劳务收入占农民人均纯收入的40%以上,已成为贫困农民收入增长的亮点,在加快贫困农户脱贫步伐中发挥着举足轻重的作用。中南部山区外出务工的农民走南闯北,足迹遍布大江南北,特别是北部川区,既增加了收入,改善了生活,又学

---

① 吴海鹰等:《挑战贫困》,银川:宁夏人民出版社,2008年版,第22页;马清贵:《以积极的劳务经济政策促进劳务产业的健康发展》,载马清贵主编《中国(宁夏)劳务经济发展论坛论文集》,银川:宁夏人民出版社,2006年版,第25~26页。

到了技能，转变了观念。① 随着劳务输出规模逐步扩大，宁夏的农民不仅挣了票子、换了脑子，还锻炼培养出一批见过世面的"能人"和"小老板"。

（四）社会网络带动农民外出

影响农民外出打工的因素中，血缘亲属关系和邻里关系成为重要推手。在农民外出打工的过程中，亲戚邻里的介绍带动起了很大的作用，一个农民外出，就能带动数十乃至数百名农民外出打工。中国传统农业社会的特征——熟人社会和血缘社会给人们提供了可信赖的社会网络资源，近年来劳务输出中夫妻、兄弟、姐妹结伴同行的人越来越多。

劳务输出对贫困家庭而言不单单是影响输出者本人及家庭的经济状况、生活方式和观念，最主要的是有可能影响到其下一代的发展问题。假如一个家庭长期处于贫困之中，其子女的教育投入将首先大打折扣，父母也可能把这种负担转嫁到子女一边，从而导致贫困的代际传递。反之，如果一个家庭走出了贫困的大山，就可能改变下一代的命运。劳务移民不仅增加了山区农民的收入，使他们的经济实力有所提高，同时也大大开阔了他们的眼界，增强了他们适应外部生活环境的能力，改变了因循守旧的传统观念，这就为他们举家迁移准备了物质和精神方面的条件。

三 人口迁移大潮中的自发移民

人口的迁移流动是人类历史上十分普遍的现象。造成迁移的动因在具体的历史环境中总是千变万化的，但为了规避风险、趋利避害、谋求更好的生存发展环境而迁移则具有普遍性。1978年以来，改革开放后的中国进入一个新的发展阶段，在广袤的大地上掀起了人口流

---

① 张耀武：《宁夏扶贫实践与创新研究》，银川：宁夏人民出版社，2013年版，第49页；李禄胜：《宁夏山区发展劳务经济：绩效、问题与对策探析》，载马清贵主编《中国（宁夏）劳务经济发展论坛论文集》，银川：宁夏人民出版社，2006年版，第180~181页。

动迁移的大潮，而自发移民则是在人口迁移大潮中出现的一个比较特殊的群体。

（一）改革开放以来宁夏的大规模扶贫开发易地移民工程

政府组织的扶贫开发移民是"由政府以专项财政投入为基础，通过开垦土地、建设家园，组织贫困农民从自然条件恶劣的地区迁移到条件相对较好的地区生活"，通常称为"政策性移民"。自治区在"十二五"时期组织的生态移民工程就是"政策性移民"工程。据有关研究资料统计，从1980年代起，宁夏先后组织了吊庄移民、扶贫扬黄工程移民和生态移民三大移民工程，[①] 截至2015年底，累计搬迁安置移民111.48万人。

（二）自发移民：宁夏扶贫开发过程中的特殊群体

作为一个特殊移民群体，自发移民与政策性移民是相伴而生的。可以说，往往政策性移民搬到哪里，哪里就必然会出现自发移民，他们涉及人口多，覆盖面广。固原市原州区杨郎镇利民村是县内移民的一个样板村，政府投入较大，环境建设条件较好，自2010年建成后，包括中央领导在内的参观者都到过这里。然而，400多户移民中就有100多户是通过付费由他人转让而获得住房和农业设施的。自发移民已占到全村移民的1/4。宁夏境内90%以上的自发移民都来自宁夏中南部贫困山区。在2000～2009年这10年中，固原市辖区内各类移民总量就达到46.9万人，而其中自发移民就占移民总人数的40%左右，自发移民总数达到18.76万人。从1980年代实施移民工程以来，海原县自发移民达5.1万人。[②]

从自治区内迁入地来看，自发移民主要迁往地是宁夏平原地区。据有关部门2010年10月的统计，银川市自发移民有5.4万多人，到2013年，已有八九万人，吴忠市有3.3万人，中卫市有2.7万人。根

[①] 孔炜莉、陈之曦：《宁夏自发移民户籍管理问题研究》，《宁夏社会科学》2012年第3期。

[②] 孔炜莉、陈之曦：《宁夏自发移民户籍管理问题研究》，《宁夏社会科学》2012年第3期。

据宁夏回族自治区公安厅 2015 年的调查，宁夏全区自发移民达到 24 万人。[①]

第三节 自发移民反贫困行动的调查分析

银川西夏区兴泾镇 X 村的自发移民绝大多数都来自宁夏中南部地区，以同心县最多。如前所述，摆脱贫困、改善经济生活条件是他们迁移的主要动力和目的。而 X 村作为银川市西夏区的一个偏远地方，改革开放数十年来，从荒漠和低洼地带到被工厂林立的工业园区包围，周边环境的巨大变迁从根本上改变了 X 村的就业模式和经济状况。从种田和打工相结合的谋生方式到主要或完全依赖外出打工维持生计，也有少部分人去做生意，如开饭馆、卖小吃、搞工程承包等。在城镇化和工业化高速发展的过程中，自发移民的就业机会多了，就业方式显现出多样化的趋势，收入也逐步提高。最近几年来，家中有小汽车的自发移民越来越多，许多人还把汽车作为谋生的工具，例如去拉客人赚钱。经济地位的变化是他们摆脱贫困的基础，如果自发移民的收入不足以维持他们在城市周边的基本生活和生存发展，那么就不能看作摆脱了贫困。

一 搬迁的动机和搬迁前后谋生方式的变化

（一）搬迁的动机

对于 X 村的自发移民来说，原居住地恶劣的自然条件是促使他们做出迁移决定的主要推力。以下是一位自发移民的叙述：

> 我今年 51 岁，原籍是宁夏吴忠市同心县马高庄乡马元山村，老家那里山大沟深，靠天吃饭，十年九旱，生活得不到保障。分家的时候父亲考虑到我是家里的长子，拖家带口的人又多，就给

[①] 李建华：《在全区脱贫攻坚誓师大会上的讲话》，《宁夏日报》2016 年 1 月 6 日。

我多分了一个人的地，再加上自己开的地，一共 20 多亩地。农忙时种种地，农闲时在家里搞个副业挖甘草，一天跑几十里，能挖几十块钱。靠这 20 多亩地，我们两口子加上 4 个孩子一共 6 口人，雨水多还能吃饱肚子，旱的时候都吃不饱肚子。尤其是连着四年大旱，生活逼得实在没办法，好在几年前在区建三公司打工还学了点儿木工技术，我就又出去打工。1998 年过来 X 村这儿一看，我们同心自发移民来这里的人很多，我就通过亲戚先在这儿花 1000 块钱买了一亩地皮。回去和老婆商量搬过来，她不同意。第二年看在老家待着实在不行，就又动员老婆，最后把家里十年光景挣下的几只羊、一头驴、一头牛还有一些粮食作物，一共变卖了 3000 元，雇了个车就拉到了这里。

——访谈资料 CM01

该自述相当有代表性，完全印证了上述分析，当然搬迁对自发移民来说带有冒险性，而且自发移民一般又都是举家搬迁，更是需要极大的勇气。举家搬迁作为一种家庭策略，对自发移民来说也是经过一番考虑后才能做出决定。上述受访者的妻子开始就不同意搬迁，最后生活的艰难驱使她同意丈夫的决策。有些移民的搬迁动机也不完全是原居住地的条件差，还有其他的考虑，一位受访者告诉我们：

我们家是 1996 年搬到这里的。在老家有 13 亩旱地是承包地，后来自己又开了点荒山，在老家以种地、养牛羊为主。在家的时候没有太多的收入，种地、养殖也只能维持个温饱。当时是自发移民来这里的，主要是考虑到孩子的发展前途，就决定来这里了，来这里之前我们老家已经有许多老乡和亲戚移民到这里了，在他们的带动下我自己也到这里看了看，觉得这里比老家好、还可以，就搬过来了。

——访谈资料 CM02

这位受访者的经济生活并不是搬迁的主要动力,而是考虑到子女的发展前途,搬出来会给子女今后的发展创造一些条件。

(二)搬迁前后谋生方式的变化

X 村的自发移民大都来自偏远贫困的山区农村,迁移到这里以后,都或多或少地从先期迁移到这里的政策性移民手中购买过一些土地,或者自己也开垦一些荒地。由于这里地势低洼,适于种植水稻,大多数移民都是靠种植水稻维持生计,农闲时也到周边去打工,打工成为自发移民重要的谋生就业方式。在访谈中,一位受访者向我们叙述了他的就业方式和创业时期的艰辛。

> 1989 年,(我)用打工挣的钱在这里买了 6 亩地带了 3 间土房子,一共花了 3500 块钱,是从政策性移民手里买的。这儿当初就是整个银川的防洪滩,我也不知道能不能种稻子,就做了个实验少撒了些种子结果种出来了,后来我就带头开始种稻子,村里的人一看也跟着种稻子,当时种稻子一年也能打个几千斤。那时候一个月在工厂打工才能挣 150 元,挣得最多的时候就是我和媳妇给人家摘葱一天挣了 14 元,高兴坏了,在那年头已经很不错了。那时候生活真是不易,受了不少苦。没有条件买自行车就只能步行去打工,打工的地方在宁大西门,每天来回要两个多小时,早晨走过去,晚上再走回来。后来炼油厂在新城那边压管道,我又跑到那儿打工,给人家挖土,站到水里挖,挖一方土才给 8 毛钱,干活时夏天喝的水是从管道里压出来的浑水,为了做饭回家的时候还要再背些柴回去。就这样拼命地干,一点一点地挣下了这点儿家产。
>
> ——访谈资料 CB05

在银川工业园区建设过程中,到 2004 年,X 村自发移民搞种植业的土地大都被征用了。于是,由种植业和在外打工结合的就业谋生方式就变成以打工为主,还有一些人选择做一些小生意或者在建筑工地上承揽一些活儿。下面记叙的是一位受访者在土地被征用后经营餐

第八章　西部民族地区自发移民的反贫困之路

馆的经历。

地被征后就是以打工为生，到处打零工，哪儿能挣钱就到哪儿找活干。慢慢挣的钱多了就开了个小饭馆，开了十来年了，一直在宁大附近开的，后来由于西部大开发的原因到处搞拆迁，就搬到开发区那边开了一年，后来又搬回新市区这边了，现在基本稳定了，在司法警官学院对面，饭馆名叫同心回春面馆，目前是小儿子夫妻俩在经营。

——访谈资料 CM02

从以上两位受访者的叙述可以看出，正是银川市城镇化的推进，改变了受访村自发移民的就业方式。在问卷调查中询问受访者："您是否有过外出打工经历？"从受访者的回答情况来看，93.8%的受访者都有或长或短的打工经历，打工已成为 X 村自发移民的最重要的就业谋生方式（见表 8-2）。

表 8-2　您是否有过外出打工经历？

单位：人，%

		有	没有	合计	缺失
X 村	人数	289	19	308	5
	有效百分比	93.8	6.2	100	
Y 村	人数	176	29	205	1
	有效百分比	85.9	14.1	100	
H 村	人数	122	58	180	0
	有效百分比	67.8	32.2	100	
总计	人数	587	106	693	6
	有效百分比	84.7	15.3	100	

比较 X 村、Y 村、H 村三个村自发移民外出打工人数的比例，可以看出，三个村外出打工人数所占比例都超过了 60%，其中 X 村有外出打工经历的人所占比例最高，H 村为 67.8%，受访者中总体上

84.7%的人有外出打工经历。打工经历反映的是就业方式,而就业方式则取决于人们拥有的资源与所处的社会环境和地理环境。X村的自发移民已经没有土地可以耕种,已经被城市建成区包围,所以打工或从事其他非农产业是唯一可行的选择;在与银川接壤的永宁县闽宁镇T村中,一部分自发移民还拥有土地可以耕种,所以外出打工者的比例要低于X村;而H村则远离城市,所在的沙坡头区工业化水平远不如银川,所以,对H村的许多自发移民而言,外出打工只是兼业而非主业,或者部分家庭成员外出打工,部分家庭成员在家务农,这就是X村与Y村、H村自发移民在就业结构上的差别。

(三)搬迁前后收入来源的变化

就业方式的变化必然会引起收入来源的变化,而收入来源的变化又反映了自发移民摆脱贫困的路径和方式。如果一个自发移民的收入从以种植业为主变为以打工为主,那么这就意味工资性收入是他的主要收入来源。X村的自发移民职业身份的变化和转型还在继续,随着越来越依靠非农就业谋生,他们的收入也在发生变化。问卷询问受访者在搬迁前后的主要收入来源,列出几个选项供受访者进行多项选择,选择结果如表8-3所示。

表8-3 您家的主要收入来源

单位:人,%

	搬迁前		搬迁后	
	人数	百分比	人数	百分比
种植	237	75.7	12	3.8
养殖	31	9.9	3	1.0
打工	89	28.4	282	90.1
做生意	6	1.9	23	7.3
出租收入	1	0.3	1	0.3
行政事业单位收入	1	0.3	1	0.3
政府补贴救济	1	0.3	3	1.0
其他	2	0.6	1	0.3

统计结果显示，X 村的自发移民搬迁前 75.7% 的受访者以种植业为主要收入来源之一；28.4% 的受访者以打工为主要收入来源之一，9.9% 的受访者以养殖业为主要收入来源之一，其他几项如做生意等选择的比例很低，说明对搬迁前的大多数受访者来说都不是主要收入来源。而搬迁后几经变迁，到我们调查时情况已发生了根本变化。选择第一位收入来源的是打工，高达 90.1%，而以种养业为主要收入来源的已经很少，二者加起来不及选择做生意为主要收入来源的受访者多。而在宣和镇 H 村选择打工收入为主要收入来源之一的为 47.2%，选择种植业为主要收入来源之一的为 80.6%，选择养殖业为主要收入来源之一的为 22.8%，可见，种植业、养殖业收入在 H 村的自发移民中仍然占有最重要的地位。

近年来，经济下滑的趋势已经对全社会的就业和城乡居民的收入产生了负面影响。被访的自发移民普遍反映 2015 年打工比较难，找不到工作，于是有的受访者表示，如果在这里实在过不下去，就只能回到原籍。这种现象也反映了自发移民反贫困之路的曲折和艰难。由于自身素质不高，大部分自发移民打工所从事的都是技术含量不高的"蓝领"工作，工作流动频繁，收入低且不稳定，其就业和收入受整个经济形势波动的影响特别显著。

二 最近一年的收入和支出

X 村的自发移民在以打工为主的经济活动中，工资性收入肯定远超过在家乡种田务农的收入，但在城市周边生活，特别是没有土地不能自产粮食蔬菜等日常消费品后，开支也随之增加。自发移民从贫困的山区自愿搬迁到 X 村，是否能达到脱贫致富的效果，首先要看他们的收入是否增加了，然后再看支出的变化情况，最后需要把收支进行比较，来看他们究竟在经济生活上是否能达到提高水平、摆脱贫困的目的。所以，他们的经济生活水平不仅取决于收入，而且取决于收支的平衡状态。

（一）收入

一个家庭一年中收入究竟有多少，在中国无论贫富，人们大都把收入当作一个心照不宣的私密问题。问及受访者一年的家庭收入，人们告诉你的数字往往是打折扣的，所以对这一问题的回答也仅仅是一个参考。但收入又是本项研究必须回答的问题，自发移民能否摆脱贫困，首先还是体现在收入上。收入的多少是反映自发移民在经济生活领域脱贫致富的一个基本指标。如果自发移民的收入能接近或相当于当地的平均收入，那么显然，这表明他在经济生活方面已经脱离了贫困，反之，收入偏低，长期处在经济拮据的状态，则可能还没有完全摆脱贫困。本项研究的问卷调查是在2015年进行的，希望对自发移民记忆最清晰的上一年（2014年）的总收入做一了解。表8-4根据受访者的回答情况，试图通过X村与Y村的对比做一分析。

表8-4 去年（2014）您家全年各项收入总共是多少元

单位：人，%

	X村 人数	X村 有效百分比	Y村 人数	Y村 有效百分比
5000元及以下	29	9.3	19	9.3
5001~10000元	19	6.1	44	21.6
10001~20000元	58	18.6	39	19.1
20001~30000元	100	32.2	47	23.0
30001~50000元	70	22.5	26	12.7
50001元及以上	26	8.4	17	8.3
说不清	9	2.9	12	5.9
合计	311	100	204	100
缺失	2		2	
总计	313		206	

从表8-4可以看出，X村的自发移民家庭收入2014年在1万元及以下的占15.4%，Y村的这一比例为30.9%，Y村的受访者年收入在1万元及以下的所占比例是X村的两倍；家庭收入在1万元至3

万元的受访者中，X 村所占比例为 50.8%，而 Y 村为 42.1%，X 村比 Y 村高出 8 个多百分点；收入在 3 万元以上的受访者，X 村所占比例为 30.9%，Y 村为 21.0%，总体上看，X 村自发移民的较高收入者所占比例高于 Y 村，收入 1 万元以上的家庭所占比例 X 村大约高出 Y 村 18 个多百分点。是什么因素导致二者的差别呢？是否同两村与城市距离远近及所处地区经济发展水平有直接关系，尚需做进一步分析研究。以下是 2014 年 X 村按照家庭人口分组的年总收入（见表 8-5）。

表 8-5 2014 年 X 村按家庭人口分组的总收入

单位：人（户）

家庭人数	5000 元及以下	5001~10000 元	10001~20000 元	20001~30000 元	30001~50000 元	50001 元及以上	说不清	合计
1 口人	1	0	0	0	0	0	0	1
2 口人	4	1	1	3	1	1	1	12
3~4 口人	7	4	24	19	13	9	1	77
5~6 口人	16	14	31	75	55	16	7	214
7 口人及以上	0	0	0	1	0	0	0	1
合计	28	19	56	98	69	26		305

表 8-6 是按照家庭人口测算的年人均收入的汇总表。

表 8-6 不同家庭人口的年人均收入概算汇总

单位：元，%

家庭收入	1 口人家庭 人均收入	占比	2 口人家庭 人均收入	占比	3~4 口人家庭 人均收入	占比	5~6 口人家庭 人均收入	占比	7 口人家庭及以上 人均收入	占比
5000 元及以下	5000	0.4	2500	1.4	1400	2.4	900	5.4		
5001~10000 元			3750	0.3	2140	1.4	1360	4.7		
10001~20000 元			7500	0.3	4280	8.1	2720	10.5		
20001~30000 元			12500	1.0	7140	6.4	4540	25.3	3570	0.4

续表

家庭收入	1口人家庭		2口人家庭		3~4口人家庭		5~6口人家庭		7口人家庭及以上	
	人均收入	占比	人均收入	占比	人均收入	占比	人均收入	占比	人均收入	占比
30001~50000元			20000	0.3	11420	4.4	7270	18.6		
50001元及以上			25000	0.3	14280	3.0	9090	5.4		
说不清（份数）			1		1		7			
合计		0.4		3.6		25.7		69.9		0.4

注：有效问卷总数313份，本项统计缺失8份，表格中的百分比按实际回答收入的问卷总数296份计算。

表8-6的家庭人口和收入均按中位数计算，从结果可以看到不同人均收入所占的比例大约是：2300元以下，13.9%；2500~5000元，46.2%；7500~9000元，30.7%；10000元以上，9.0%。

如果按照年人均收入2300元的贫困线衡量，X村85%以上的自发移民户已经摆脱了贫困。当然，需要指出的是，首先，每个受访者自报的家庭收入并不是完全准确的，一般情况下，缩水的可能性大一些；其次，居住在城市周边的家庭，开支要远大于偏远的山区老家；最后，人均收入的计算也仅仅是一个概算，并不完全准确。但总体看来，通过问卷调查和入户实地观察，X村自发移民的收入与原籍相比有了大幅度的增加，收入水平不断提高，但由于他们从事的大都是流动性大、稳定性差的"蓝领工作"，就业竞争激烈，受经济环境的影响比较直接，而近一两年来宁夏经济下滑趋势明显，许多行业不景气，这对X村自发移民的就业和收入都会产生负面影响。

（二）搬迁前后收入与开支的变化

问卷询问受访者"您的家庭收入和搬迁前相比有何变化？"，并设计了"增加"、"减少"和"没有变化"三个选项供受访者选择回答，受访者总体与X村的回答情况如表8-7所示。

表 8-7　您的家庭收入和搬迁前相比有何变化？

单位：人，%

	受访者总体		X 村	
	人数	有效百分比	人数	有效百分比
增加	477	69.4	232	75.6
减少	66	9.6	25	8.1
没有变化	144	21.0	50	16.3
合计	687	100	307	100
缺失	12		6	
总计	699		313	

从受访者总体的回答情况来看，69.4%的受访者收入与搬迁前相比是增加的，而 X 村的这一比例达到 75.6%，X 村受访者收入增加比例要高于受访者总体的比例；而受访者总体中有 21.0% 的人回答搬迁前后收入没有变化，X 村的这一比例为 16.3%；9.6% 的样本总体认为收入比搬迁前减少了，而 X 村的这一比例为 8.1%。"减少"和"没有变化"两个选项的回答 X 村与受访者总体差别不大。可见，X 村仍有近 1/4 的受访者认为与搬迁前相比，收入没有变化甚至减少了。这说明这部分自发移民至少在主观上认为搬迁以后经济活动并不顺利，经济生活状况不能令自己满意。自发移民搬迁到一个新的地方后，特别是临近城市，会受到城市生活方式的熏染，其收入增加的同时，开支也必然会相应地增加。问卷关于受访者搬迁前后家庭支出的变化情况统计如表 8-8 所示。

表 8-8　您的家庭支出与搬迁前相比有何变化？

单位：人，%

	人数	百分比	有效百分比
增加	263	84.0	89.5
减少	5	1.6	1.7
没有变化	18	5.8	6.1
说不清	8	2.6	2.7

续表

	人数	百分比	有效百分比
合计	294	93.9	100
缺失	19	6.1	
总计	313	100	

接近九成的 X 村受访者认为家庭支出比搬迁前增加了，而只有个别的受访者认为家庭开支比搬迁前减少（1.7%）或没有变化（6.1%）。对以打工收入为家庭主要收入来源的受访者来说，搬迁后的开支增加是必然的。在家乡以种植业或种植业与打工为主，粮食和蔬菜自给程度比较高，而到了 X 村特别是在土地被征用后，衣食住行和子女教育等日常生活都需要支付货币购买或缴费。

还需要厘清的一个关键问题是收入与开支的比较，这也是自发移民经济生活地位的决定性因素。如果入不敷出，那么即使收入增加，也会感到经济拮据和困难。下面试图把 X 村和以务农为主的 H 村做一个比较分析（见表 8-9）。

表 8-9　去年（2014）一年您的家庭收入与各类花费（支出）之间

单位：人，%

	X 村 人数	X 村 有效百分比	H 村 人数	H 村 有效百分比
收入大于花费	50	16.1	60	34.1
收入和花费基本持平	124	39.9	53	30.1
收入不够花费	128	41.2	57	32.4
说不清	9	2.9	6	3.4
合计	311	100	176	100
缺失	2		4	
总计	313		180	

表 8-9 的统计结果显示，在 X 村只有 16.1% 的受访者表示 2014 年的家庭收入大于支出，还有 39.9% 的受访者表示收支基本平衡，两者合计为 56.0%，而 H 村有 34.1% 的受访者表示收入大于花费，

第八章 西部民族地区自发移民的反贫困之路

有30.1%的受访者表示收支基本平衡,二者合计为64.2%;X村有41.2%的受访者表示收入不够花费,而H村的这一比例为32.4%。从收入的角度看,两个调查点自发移民的状况都不是太好,但H村的状况要好于X村,H村收入大于支出的受访者比例要高于X村18个百分点。自发移民在回答收入问题时,可能会有所保留或者倾向于少说,但近年来打工不景气则是比较普遍的现象,一位受访者因为打工不好挣钱而去做生意:

> 去年到今年外出打不上工,在附近卖小吃的有20多家,卖小吃每天都能拿到现钱。不像打工钱不好挣,还要不上,不能及时发。我现在主要在兴泾镇附近的工厂周边卖小吃,没有固定的摊位,一天的纯收入100多块,一个月能收入3000来块钱,干了1年多。
>
> ——访谈资料 CM02

还有一位搞工程承包的受访者也反映近几年活不好干:

> 打工大多数都是在银川,最主要是在工地上干土建,干了十多年。有时候自己也承包一点儿小活,干了五六年,干得还比较好,可后来让人骗了70多万块,整个家都快倒了,我有两年都待在家里不出门,后来家人劝我从哪儿跌倒就从哪儿爬起来,我就又开始干起来了。现在这种小活越来越不好干了,利润薄,活儿也少,今年就干了一个月,因为找工人要付工资,工人要养家糊口,也要考虑工人的情况,不能拖工人的工资,所以包的活如果给钱不利索宁可不干。搬到这里已经18年了,收入好的时候一年能挣十几万块,主要还是靠包工程。今年的收入不理想,只及往年的1/10。
>
> ——访谈资料 CY08

第四节　自发移民对区域反贫困的意义和价值

宁夏的自发移民主要是来自自然条件恶劣、人口超载的南部山区和中部干旱带。大量调查显示，贫困是自发移民迁徙的根本原因。如何正确认识和评价自发移民，是一个曾经长期困扰各级政府的问题。既然自发移民绝大多数是来自中南部地区的贫困人口，那么最关键的就是要准确评价他们的迁移活动对政府的反贫困战略产生了什么影响，这些影响在主流上是积极的还是消极的。

一　自发移民的基本特征和与政策性移民的共生关系

（一）自发移民的基本特征

评价自发移民，首先需要厘清自发移民的特征。

1. 与政策性移民的比较

政策性移民是在政府主导下完成迁移的，政府投入和直接组织是政策性移民的两个基本特征。与政策性移民相比较，自发移民的迁移完全是一种自主性的行动，基本上没有得到过政府的任何支持和帮助，不仅如此，他们的迁移活动也往往因被视作"不合法"而受到冷遇和排斥。在迁移过程中得不到来自政府的社会资源的支持和被认为"不合法"，这是自发移民与政策性移民的两点主要区别。

2. 与进城务工人员的比较

自发移民与大批前往城镇打工的农民工相比较，就可以看到，农民工不管家庭成员有几人外出打工，原来的家都是要保留的，许多农民工在外打工一二十年后，最终的归宿还是自己的家乡，这是自1980年代开始的民工潮中相当一部分农民工迁移的模式。当然，也有一部分农民工，特别是新生代农民工已经习惯于在城镇打工的生活而不愿意回到家乡，其中一部分已经在城镇定居，逐渐融入城镇。而自发移民也有两个显著的特征：一是自发移民的迁移策略不是一人迁移，而是举家迁移，整个家庭都搬迁，离开了祖祖辈辈生存的家乡，原来家乡的家就不复存在了；二是自发移民不是像大部分打工者那样流往城镇，而是从农村迁往农村，不管是城郊的农村，还是远离城镇的农村。这是自发移民不同于民工潮中的人口迁徙流动的两个主要特征。

以上两个方面的分析是对自发移民这一群体主要特征的概括。可以说，自发移民是改革开放以来中国大地上兴起的人口迁徙流动大潮中的一个支流。这个支流既在流动大潮带动下涌动，又有别于人口大规模迁徙流动的主流。自发移民的迁移在本质上是一种自主的、自发的摆脱贫困的行动，他们虽然没有直接参与到政府的扶贫项目中，但责任并不在这些自发迁移的农民身上。自改革开放以来，一方面乡村治理处于十分松弛的状况，传统的治理模式趋于瓦解，大部分村民处于无人问津的状态，在贫困发生率极高的特困地区，政府也不可能顾及每户每个人。在1980年代至1990年代，反贫困处在"三西"建设时期和"八七"扶贫攻坚计划实施时期，国家的扶贫战略还是区域瞄准和乡村瞄准；21世纪开始的前十年，按照《中国农村扶贫开发纲要（2001–2010）》的精神，宁夏实行"千村扶贫"的整村推进计划，也是瞄准贫困村，尚未实行瞄准贫困人口的精准扶贫，在这种情况下，很多贫困人口不得不做出了自主迁徙以摆脱贫困的选择。

（二）自发移民与政策性移民的共生关系

回顾宁夏扶贫移民开发的历史可以看出，自1980年代宁夏开始以吊庄移民的方式实行扶贫移民以后，就逐渐有了自发移民。一个具有普遍意义的现象是，在政府组织的移民新区内或周边，总会出现一些自发移民。也就是说，自发移民是政策性移民的伴生现象，政策性移民是自发移民的必要充分条件。自发移民与政策性移民的这种"共生"关系是基于以下方式和途径建立起来的。第一，自发移民用付费的方式从政策性移民手中获取他们的部分土地、宅基地乃至房屋。第二，由于政策性移民所迁移的地方都是未曾开发的地区，往往会有许多未开垦的荒地，迁移到这里的自发移民又通过开垦荒地获取了耕种土地。第三，自发移民通过获取政策性移民转让的土地房屋资源得以立脚，而政策性移民通过转让部分资源又获取了资金，增加了收入。这个资源转移的过程在政府组织的搬迁移民区非常普遍。出售土地房屋的政策性移民不管是由于短视和急功近利，还是生产生活中急需现金，都以这种非正式的资源转移造就了千千万万自发移民的迁居。第四，如前所述，政策性移民的迁移本身就产生了一种示范带动效应。

通过上述分析可以认为，我国自1980年代开始的扶贫移民开发模式，不仅使一批贫困人口在国家扶持下走出条件极为恶劣的山区，而且催生了一批贫困人口的自发迁移。

（三）历史地看待移民中的土地转让行为

土地的有偿转让，在目前国家的政策法律制度范围内，是不被允许的，所以这种行为有违法之嫌，而且自发移民往往还有开发荒地的行为，也被认为是无序开发而不利于环境保护。如何看待这一现象，成为认识和评价自发移民的一个"症结"和关键。首先，在我们所了解的一些移民开发区，土地权属的混乱已经是普遍严重的问题。例如，红寺堡这一宁夏最大的移民开发区，曾被称为"户不清、人不清、地不清、房不清"的"四不清"地区（2011年），相关部门认为五年内都不一定把"四不清"完全搞清。移民开发区的土地都是新开垦的土地，荒地很多，政府当年分给政策性移民时就比较乱，有些政策性移民随意占地更是司空见惯，而他们出于利益驱动又把土地转让给自发移民。这些出让土地的人固然法治观念淡薄，但政府多年来疏于管理，更缺乏相关的政策和法规来疏导规范这种土地转让行为，致使这种行为一直在延续甚至蔓延。因此，几十年来自发移民就绵延不断地从山区迁移过来，才能像滚雪球一样不断壮大。鉴于此，作为特定环境下的土地转让现象，尽管不那么合法，却是自发移民摆脱贫困的有效途径。正是土地转让，让20多万名宁夏自发移民（根据宁夏回族自治区公安厅2015年4月的调研报告）从山区走出来，开始踏上摆脱贫困之路。土地转让问题，应当纳入法治化轨道，现在农村改革的土地流转实际上已经涉及产权转让问题。对于宁夏移民开发中的土地转让,要做具体分析,不能因为土地转让而否定自发移民的意义和价值。所以,要历史地看待这种土地转让现象,转让弥补了政策性移民家底薄、资金不足的困难,还让自发移民有了立足之地,在特定的历史和社会环境下,土地转让还是有一定积极意义的。

二 自发移民对区域反贫困的意义和价值

(一)自发移民用实际行动为党和政府的反贫困事业做出了贡献

中央在反贫困方面明确提出"两个确保"(到 2020 年确保农村贫困人口实现脱贫,确保贫困县全部脱贫摘帽,解决区域性整体贫困),自治区党委提出到自治区成立 60 周年时实现脱贫目标。[①] 宁夏自 1980 年开始反贫困,30 多年投入了巨大的人力物力财力。自国家实行"三西"扶贫开发计划以来,国家每年对宁夏的扶贫资金投入都有数亿元人民币,例如从 1983 年到 2005 年的 20 多年间,国家各类扶贫资金的总量达到 65.63 亿元。"十二五"期间宁夏中南部地区易地扶贫搬迁工程实施五年来,全区累计完成投资 123 亿元,搬迁安置移民 7.65 万户 32.9 万人,人均投入 3.74 万元。

自发移民的搬迁则没有接受国家的任何扶持和援助,完全是依靠自己的力量,有的人可能会或多或少地接受亲朋的一些援助,但主要还是自主决策,依靠自己多年的积累,走出了贫困的大山,走上了摆脱贫困的道路。这种自主性的搬迁,虽然不在政府的扶贫开发规划之内,但是在没有得到政府资助的情况下,他们走上了摆脱贫困的道路,这与政府的反贫困战略、步骤和目标是完全一致的。经过多年来的奋斗,大多数自发移民已经摆脱了贫困。自发移民对反贫困做出了积极贡献,他们的搬迁流动在主流上是一种需要肯定和得到保护的社会正能量。

(二)自发移民发扬光大了人民群众可贵的自强不息精神

自发移民在缺乏社会资源支持的情况下实现举家搬迁,乃是需要

---

① 李建华:《在全区脱贫攻坚誓师大会上的讲话》,《宁夏日报》2016 年 1 月 8 日。

极大勇气才能做出的举动,在搬迁之后又克服重重困难,逐步站稳脚跟。自发移民搬迁和创业的过程,首先,表现了一种决心与贫困"决绝"的勇气。中华民族历来普遍奉行"安土重迁"的观念,如果不是一种巨大的压力和动力,威胁到基本生存,谁又能离乡背井、破釜沉舟、告别故土,举家迁移到一个陌生的环境之中。其次,表现了一种自强不息的奋斗精神和强烈的改变命运的愿望,自发移民能否在新迁入地站住脚,有很多不可预见的未知因素与风险,但是这些普普通通的老百姓义无反顾、自强不息,克服了无数困难,才逐渐走上发展的道路。最后,自发移民表现了一种吃苦耐劳的创业精神。X村回族自发移民在创业过程中,先是从事种植业兼打工,后来土地被征用后又以打工为生,许多自发移民初来乍到时,面对一片荒漠和低洼地,在这一带试种水稻是由他们自己搞起来的,后来许多人承包工程、做小生意、外出打工,乃至在完全失去土地的情况下以打工为生。这个过程往往会遇到各种各样的困难和风险,他们克服了常人难以想象的困难,表现了吃苦耐劳的精神和抗风险能力,这种精神同样是难能可贵的。

(三) 自发移民为现代化建设做出了积极贡献

中国自改革开放以来掀起的全国范围内的人口迁移大潮,有其特定的历史背景和社会环境。大量的人口从偏远落后的农村来到城镇打工就业,一方面满足了我国工业化的兴起对劳动力的大量需求,另一方面这些打工的农村人口也大幅度增加了收入,改善了在农村由于生产力落后而造成的经济地位低下的状况。而像X村这样离城镇比较近的自发移民聚居地,实际上也是为城镇输送劳动力的地方,自发移民的进城打工无论是兼业还是主业,都与其他农民工一样,为城镇化、工业化做出了贡献。当然他们自身的经济条件也大为改善。像银川市周边的X村、M移民区这样的自发移民聚居区,老百姓从这里前往城区打工更为便捷,这些自发移民正是数十年来为银川地区发展建设提供充裕劳动力的群体之一。

(四) 自发移民对建立更加高效的扶贫治理结构和体系的启示

在对待自发移民的问题上,需要我们反思和改进扶贫治理结构和体系。自发移民的出现始于改革开放初期的 1980 年代，已经 30 余年过去了，形成了一个人数众多的特殊群体。这一群体越来越庞大，也暴露了我们扶贫治理体制上的一些矛盾和问题。

第一，认识上有偏差。政府在扶贫开发治理上，长期以来立足于一个"管"字，对老百姓的事要管得住，要求老百姓按照政府的倡导去行事。自发移民恰恰就是突破了这个"管"字，他们没有等待政府的安排迁移（事实上完全靠政府来组织搬迁，政府也无此力量），自主地实行了搬迁，这对于习惯于传统管理理念的政府部门来说，等于是不听话、自行其是，违背了常理常规，所以采取了不支持、不接纳的态度来对待自发移民。如果我们的观念解放一些，对那些自主搬迁、走出大山的贫困人口予以支持，那么将会取得事半功倍的扶贫开发效果。

第二，政策有缺失。反贫困是政府的责任和承诺，如前所述，政府显然难以包揽一切，如何让贫困人口有摆脱贫困的愿望和动力就非常关键。但有的政策缺乏正向激励和驱动作用。例如，在指出贫困人口素质低、等靠要思想严重、缺乏自主自立自强精神的同时，却对主动迁出大山、依靠自己力量走上摆脱贫困之路的自发移民缺乏鼓励和扶持的政策。另外，对自发移民的自主迁移行为，对扶贫开发区的土地自行转让的现象，究竟应当采取什么政策来应对，是严格禁止还是积极引导，自主行事还是规范约束，这是需要政府来研究对策的，但遗憾的是在近 30 年的发展过程中，相关的政策未见出台。

第三，管理有缺失。自发移民的现象多年来在不断延续，自治区曾在 1992 年 96 号文件中指出：在（移民）各吊庄点买地的农民，凡是本区的都应准予落户，不得再清回原籍，并归吊庄点管理，统一组织开发经营，不得再加收其他费用；各县今后要进一步加强对吊庄点的领导和管理，不再发生买卖、转让土地的问题。这个文件的上述两方面的政策规定实际上都没有得到执行，自发移民大部分没有被允许在当地落户，土地的转让买卖现象也没有停止。长期以来政府对自发移民听之任之，放任自流。正因为缺乏有效的干预，我们才能看到银川市西夏区 M 移民区从十几户的自发移民聚居到 1000 多户 6000 多人的规模。

通过以上分析,从政府对待自发移民的态度和做法中我们可以发现,对于改革开放以来出现的新情况、新问题,我们的扶贫开发治理机制确实存在应对能力弱、效率低的问题。

2013年12月25日,宁夏回族自治区党委、政府出台的《中共宁夏回族自治区委员会关于深化改革推动经济社会发展若干问题的决定》指出:自治区内自发移民在迁入地农村居住并承包经营农村土地的人员,可在迁入地入户,对于自行流转取得的集体或国有承包地、开垦的国有山荒地核实并履行必要的程序后予以认可。这一决定在经过两年多之后,一直到2016年1月,自治区党委办公厅、人民政府办公厅印发《关于M移民区整体移交银川市管理有关问题的指导意见》(以下简称《意见》)的通知,《意见》对解决M移民区自发移民的土地、房屋及户籍问题提出了完整的政策和举措。《意见》的实施将为解决全自治区的自发移民问题提供经验、做出示范,成为全区自发移民的"福音"。

第五节 本章小结和讨论

一 自发移民的迁徙是内因和外因共同促成的

宁夏中南部地区生态脆弱,干旱严重,灾荒频繁,长年积贫积弱,素有"苦瘠甲天下"之称,加之人口超载严重,加剧了本地区的贫困。自发移民迁移的根本动力在于原居住地极为恶劣的自然环境使他们的基本生存条件都不具备,为了摆脱贫困,改善生存发展环境是迁移的主要目标,促成迁移的实现既需要个人的勇气,也需要一定的社会环境。改革开放和宁夏实施的扶贫开发是自发移民迁移的最重要的外部条件。

二 举家迁徙表现了奋斗精神

与外出打工的农民工不同的是,自发移民大都从家庭策略考虑,采取了举家迁移的方式，比起部分家庭成员外出打工、部分家庭成员留在家中的模式，举家迁移显然付出的成本更高、风险更大，所以自发移民的迁移活动表现了一种自强不息、不屈不挠的奋斗精神。

三 历史地看待土地有偿转让现象

移民开发地区的土地有偿转让现象，有违法之嫌，而且自发移民往往还有开发荒地的行为，也被认为是无序开发而不利于环境保护。政府多年来疏于管理，更缺乏相关的政策和法规来疏导规范这种土地转让行为，造成几十年来自发移民绵延不断地从山区迁移过来，像滚雪球一样不断壮大。作为特定环境下的土地转让现象，尽管不那么合法，却是自发移民摆脱贫困的有效途径。

四 自发移民的迁徙活动具有反贫困的积极意义

X村的自发移民谋生的方式大体上经历了从种田与打工兼顾到以打工为主两个阶段。在银川市新型城镇化推进的过程中，X村的土地大部分被工业园区征用，X村成了一个被工业园区包围的"孤岛"。没有土地以后，打工或做生意成为自发移民的主要谋生方式。从调查和统计数据来看，大部分移民家庭的收入有了大幅度增加，经济状况在迁移后都有不同程度的改善，生活水平逐步提高，自发移民用实际行动对反贫困事业做出了贡献。

第九章
自发移民聚居区社会治理结构与困境
——以宁夏银川 X 村和 M 移民区为例

乡村社区治理是"三农"研究的重要领域,长期受到学术界的关注。而乡村治理的"研究方法已经开始从传统的人类学、社会学的村庄整体研究,进一步深化到以农户和农民个体行为为基础的微观研究,与特定经济社会背景下的乡村社区实情结合起来"[1]。作为我国基层社会的主要组成部分,乡村社区的治理状况,既是关系到广大农村居民切身利益实现和满足程度的前提,也是关系到整个社会和谐健康发展的基础性条件。所谓乡村治理,简单地说,就是对农村公共事务的管理及管理制度。[2] 而公共事务管理的根本目的就是为社区居民提供必需的公共服务和公共产品,[3] 各种合法的社会组织"协调政府治理目标和行为者的利益期待,积极参与经济、政治、文化建设和公益活动,在相应领域承担起自主和自治的管理责任"[4]。

改革开放以来,在从传统社会向现代社会的转型中,乡村社会开始发生明显的结构变迁。在工业化、市场化、城镇化、信息化的发展背景下,我国农村社区正处于前所未有的历史大转型中,这些变化使今天的乡村社区呈现不同于传统乡村社区的性质特征。中国地域广

---

[1] 李增元:《乡村社区治理研究:分析范式、分析方法及研究视角的述评》,《甘肃行政学院学报》2012 年第 4 期。
[2] 任志安:《农村社区治理模式探析——绍兴"两种"模式为例》,《黑龙江社会科学》2007 年第 6 期。
[3] 李智超:《乡村社区认同与公共事务治理》,北京:中国社会科学出版社,2015 年版,第 8 页。
[4] 滕玉成、牟维伟:《农村社区建设和治理研究述评》,《东南学术》2010 年第 11 期。

大，各地区的发展状况千差万别。从社区的形态来看，传统自然社区与现代社区并存，社区在人口结构、经济结构和贫富程度等方面呈现巨大的差异性及层次性。在既有的社区治理中，有的表现为国家的全面干预，有的表现为社会力量起主导作用，有的经济发达地区企业已经成为社区的重要管理者。① 乡村社区治理结构因此也呈现差异性和多样性。

本章以宁夏银川兴泾镇回族自发移民聚居区——X村和银川市西夏区M移民区为例，探讨民族地区自发移民聚居区的社会治理结构，主要包括这个自发移民聚居区的基本结构特点、聚居区治理的主体和运行机制、社区居民的社会参与、宗教活动与社区治理的关系、社区居民的认同和观念以及自发移民聚居区社会治理面临的困境等。本章所使用的问卷数据来自2015年4~10月在X村通过随机抽样的方式对自发移民所做的313份问卷调查，这313个样本占X村自发移民总户数的39.1%（以每户一个样本计算）。

第一节 X村的基本结构和调查样本的基本情况

社区作为人们生活的共同体，"一定的地域"、"共同的纽带"、"社会交往"以及"认同意识"是其最基本的要素和特征。② 所谓农村社区，有的学者将其定义为一定范围区域内的农民共同生活、生产和栖息的一个有秩序的空间群落，是由有共同地缘的农村文化、习俗、信仰、价值观念、消费习惯、基本生活设施、经济社会生活所构成的地域空间。X村作为一个以自发移民为主体的社区村落，其形成、发展历程都比较独特，其现状与传统的自然村落和现代社会的农村社区都有差异。

---

① 李增元：《乡村社区治理研究：分析范式、分析方法及研究视角的述评》，《甘肃行政学院学报》2012年第4期。
② 项继权：《论我国农村社区的范围与边界》，《中共福建省委党校学报》2009年第7期。

一　X 村的形成与管理

(一) X 村的由来

1980 年代初期，宁夏按照国务院的部署，开始了作为"三西"地区之一的宁夏西海固南部山区移民扶贫开发。1983 年自治区将银川市郊区和永宁县相连的芦草洼划归为泾源县的移民基地，计划在银川郊区芦草洼一带安置泾源县移民 4 万人。按照迁出地管理的原则，成立了泾源县芦草洼开发指挥部，通常这里又被称作泾源县芦草洼吊庄。1985~1986 年以包兰铁路为界，把芦草洼分为铁西和铁东两个乡，归泾源县芦草洼开发指挥部管理。铁西乡有六个村，其中的一个村就是现在的 X 村，1992 年搞农村社会主义教育活动期间，又将芦草洼移交给了银川市郊区，2006 年又移交给银川市西夏区，并在原芦草洼这一带成立了西夏区兴泾镇，芦草洼也就正式更名为兴泾镇。

(二) X 村的地理位置和移民迁入

X 村属于原芦草洼最北边的一个村庄，东距包兰铁路 0.5 公里左右，位于现银川西夏区同心南街与六盘山路交叉口以东，村庄横亘在六盘山路西段的东头，使这条银川市南部的东西主干道无法贯通。村庄西南为宁夏电投西夏热电厂，西北为宁夏银川制钠厂，西面与宁夏新型墙材集团有限公司紧相连，西南与现兴泾镇相距约 8 公里，曾经是城乡接合部的最边缘，是最后开发的一个村庄。

1984 年泾源县芦草洼开发指挥部在 X 村安置了 140 来户人，以泾源县扶贫开发移民为主，也有个别来自同心县等地方的人，他们成为 X 村最早的居民。村庄由于处在芦草洼的最边缘，分的土地于 1987 年开发后灌溉问题一直未能解决，为了生存，老百姓试着将村庄旁边防洪渠边沿的地方进行开垦。经过努力，开垦的农田逐渐可以种出水稻。防洪渠这片地方面积很大，由于人少地多、人力有限，开垦的农田顾及不暇，再加上看到已经开发出来的地能种出庄稼有一定的升值空间，许多移民又擅自占了很多土地。为了改善生活条件，村民将开发好的地和未开发的荒地以民间打白条的方式，私下里签订契约转卖给从同心县来的自发迁移人口。从1988年开始，到2005年村民私下转让土地的现象更为普遍。随着物价的上涨，土地的出售价格也从每亩二三百元涨到八九百元，甚至一两千元。同心人批量地从泾源人手里买来土地后又转卖给自己的亲戚朋友和老乡，随着卖地数量的增加，这里的同心人越来越多。根据问卷调查，受访者迁移到X村3年以内的较少，仅占2.5%，4~5年的占8.0%，最多的是5~10年，占到87.2%，迁移10年以上的也较少（2.2%），说明自发移民大量迁入X村是在2005年以后。

到2013年，部分村民（包括自发移民和政策性移民）搬迁到小区之前，据X村流动人口管理站的统计，X村居住着667户约2600多人的自发移民，政策性移民加上通过各种渠道把户口迁到X村的有380多户1000多人（比当年安置的140户移民增加了1.7倍）。X村的居民总人数约为4000人。自2010年以后，除了拆迁，X村已处于无人管理的状态，基本上没有正常的社会管理。这也导致人口的无序迁移流动一直没有停止，所以关于X村准确的人口和移民户数，很难统计清楚。

（三）X村的村落布局和居住格局

由于人口的频繁迁移变动，X村的规模逐渐变大，村落的总面积占地2000亩左右。X村的基本布局像是十字形一样，村庄的中间有一条南北主干道和东西干道把村庄分成四个片区。同时，以南北主干道为坐标，在这条南北主干道的两侧像树杈一样分布着十几条分支岔道，路东有8条东西岔道和1条东西干道东段，其中一个岔道上还分出两个小岔道；路西有7条东西岔道和1条东西干道西段、1条南北岔道；每个岔道上都依次分布着村民的住房院落，院落大门错落安置，大都向南开或向北开。每个岔道上的住户数量也不相等，多则六七十户，少则二三十户；路西有个岔道尽头是一座清真寺（北寺），只住了15户人家，东西干道西段上是原五小，没有住户。X村有四座清真寺，其中北寺在村庄的西北片区，阿印科寺在村庄的西南片区偏中间一带，南寺在村庄的西南片区西南角，东寺则在村庄东西干道的东端。

二 X村回族自发移民聚居区的人口特征

近一个世纪以来，研究人口不再是人口学家、经济学家和政治家所关注的问题，社会学家越来越意识到人口对于个人行为、社会结构、文化、社会变迁有重要的影响。许多社会问题的研究都要将人口问题作为深入研究的入口对其进行分析。本章研究的着眼点是自发移民聚居区的社会治理，治理是人的活动和行为，因此有必要对X村的人口学特征做一分析，以便更清晰地展示X村的社会治理结构的基础条件。同时需要说明的是，由于人口学研究在很大程度上是由数量来体现的，所以本节的论述主要建立在对问卷分析的基础上进行。

（一）年龄和性别

调查问卷显示，被访的X村自发移民中男性占55.8%，女性占44.2%，男女比例略有差别，男性多于女性11个多百分点。与受访者总体的男女性别比基本吻合（男占54.2%，女占45.8%）。受访者25岁以下的人数占到38.2%，36~45岁占26.9%，46~60岁占26.5%，26~35岁的人数只占1.0%，60岁以上的人数占7.4%。这可能与调查的时间有关系，课题组进入X村调查时都是白天，很多青壮年村民都外出打工不在家中。

（二）民族

X村的村民以回族为主，问卷调查结果显示，回族人口占到98.1%，而汉族仅占1.9%，可以说X村是一个典型的回族聚居村落。这与X村自发移民的迁出地有很大的关系，90%左右的自发移民来自同心县。而宁夏的回族人口分布主要集中在南部山区的固原地区和川区的吴忠市、灵武市、青铜峡市、平罗县和贺兰县。许多市县回族人口在50%以上，回族人口比例最高的是同心县，达到87%。当然，在三个调研点中，从受访者总体来看，仍然是回族占了绝大多数（94.0%）。为什么在自发移民中回族占了绝大多数？回答这个问题需要做一些调研，但可以推断的是，这显然与回族具有自强不息的传统和清代历史上形成的回族在宁夏的居住格局有关系。

（三）婚姻、家庭和户籍状况

受访者中婚后离异的只占到 0.6%，已婚的高达 89.1%，说明 X 村自发移民的婚姻比较稳定。在回答"您的家庭有几口人（指目前在一起共同生活的家庭人口）"时，70% 的人选择了"5~6 口人"，25.4% 的人选择了"3~4 口人"。课题组在访谈时了解到，选择"5~6 口人"的家庭也是出于照顾赡养老人方便，把老人从老家接回来跟自己同住，几乎都属于核心家庭和主干家庭。与传统农业社会围绕父系父权建立的联合大家庭不同，与此相适应的家庭经济功能已经丧失，在现代城镇化步伐逐渐加快的社会中，小农经济的生产方式已经被大机器生产的工业生产方式取代，家庭小型化的趋势日益明显。

在了解户籍方面的情况时，问卷问及受访者"您的户籍所在地"时，有 75.7% 的人选择了"户口在原籍"，而选择"本地本乡""本地其他乡"选项的，两项合计为 16.5%，说明人户分离现象较为严重。当问及"您目前的户籍状况"时，94.6% 的人选择"农业户口"，由于 X 村的自发移民基本来自生存环境恶劣的南部山区农村，所以大部分移民是农业户口，即使在后来土地被征收、以打工为主的就业模式下，自发移民农业户口的身份还是没有改变，表明以农业、非农业二元户口为依据的城乡分治格局依然存在。调查结果显示，还有少数没有户口的受访者，即所谓"黑人黑户"。2015 年中央决定，出台政策专门解决没有户籍人员的户口问题，[①] 但 X 村的户籍管理显然还比较滞后。

（四）文化程度

从问卷统计结果可以看出，X 村自发移民的整体文化程度偏低，没有上过学的占比为 36.4%，上过小学的占比为 25.6%，而上过初

[①] 《关于解决无户口人员登记户口问题的意见》，在 2015 年 12 月 9 日召开的中央全面深化改革领导小组第十九次会议上通过。

中和高中的人数占比分别为 28.1%、8.0%。具有初高中文化程度的占到 36.1%，超过 1/3。在这样一种文化程度不是很高的状况下，自发移民作为弱势群体很难摆脱自身的局限性具备向上流动的机会，取得较高的经济地位和社会地位。受访者总体上的受教育程度与 X 村的受访者差别不大，其中没有上过学的要多于 X 村，而具有初高中文化程度的要少于 X 村，说明自发移民受教育程度不高是普遍现象。

从上述描述中可以概括出 X 村人口结构的一些特征。首先，1980 年代初期，自治区开展扶贫移民开发过程中为安置泾源县的移民，将芦草洼划为移民安置区，X 村是其中的一个安置点。政府最初在 X 村安排了 140 多户政策性移民，随着土地私下转让的现象越来越普遍，大量的自发移民迁入这里。X 村由原来的政策性移民村变为自发移民比较集中且在数量上占大多数的村庄，政策性移民则成为村内的少数群体，说明 X 村在几十年间经历了巨大的结构性变迁。其次，从户籍来看，X 村自发移民普遍存在"人户分离"的情况，没有当地户籍。由于征地和文化程度低，自发移民的就业方式从打工和从事种植业转向以打工为主，缺少向上流动的机会。自发移民就业方式的转变和家庭人口数量、生育观念等都反映出随着社会环境的变迁，人们固有的生活方式、传统观念和思维方式也发生了巨大的改变。再次，从民族结构上看，X 村的回族占人口的绝大多数。最后，从村庄的布局上看，X 村的基本结构像是十字形一样，村庄的中间有一条南北主干道和东西干道把村庄分成四个片区。同时，以南北主干道为坐标，在这条南北主干道的两侧像树杈一样分布着十几条分支岔道。村庄的布局完全是自然形成的，显得比较凌乱，缺乏科学的规划。

三　X 村的属性

从形成发展的历史来看，X 村是近几十年来随着移民的迁入聚居而形成的一个村落。那么，如何认识这个村落的属性呢？中国传统村落是以血缘和地缘关系为纽带、相对封闭的农业社区。根据杜赞奇提出的传统中国乡村的封闭性、内聚性的六个特征,① 试与 X 村做一比较分析（见表 9-1）。

表 9-1　X 村与传统中国乡村比较

传统中国乡村	X 村
1. 明确而稳定的边界	1. 从 1980 年代开始，住户逐步增加，村落逐步扩大，界限不明显
2. 极强的封闭性，存在差别化的本村人与外村人的身份观念	2. 土地资源转让买卖的存在，造就了较强的开放性，居民去留相对自由
3. 社区内部互动频繁而密切	3. 居民原有的社会关系网络不复存在，在互动中重建社会网络
4. 集体认同感较高，集体利益高于个人	4. 缺乏维系团结的集体利益，认同感不强
5. 存在集体行动和地方性仪式	5. 集体宗教活动是村民最重要的集体活动仪式，由于教派不同和地缘关系不同，人们在四个清真寺中分别进行宗教活动，缺乏全村统一的集体行动和仪式
6. 具有道德性的权威中心	6. 回族信仰伊斯兰教，宗教在他们心中具有崇高的地位

从上述比较中可以看到，X 村尽管带有传统社会的印记，但已完全不是传统意义上的乡村社区。人们聚居在一起虽然是自主自愿的选择，但由于传统的地缘和血缘关系都已不复存在，宗族关系被打破，特别是血缘和地缘关系的依存状态在新的聚居区内不可能再现，因而对传统的承接在这里也就失去了其存在的基础，传统的记忆在现实生活的冲击下已经变得越来越模糊，或者说，传统的记忆与现实的社会关系缺乏内在的联系，这是 X 村这类移民聚居区的一个基本属性。

那么与当代农村社区相比较，X 村又有哪些特征呢？这是需要在后面的分析中回答的问题。

---

① 杜赞奇：《文化、权力与国家——1900-1942 年的华北农村》，南京：江苏人民出版社，1989 年版；转引自李智超《乡村社区认同与公共事务治理》，北京：中国社会科学出版社，2015 年版，第 3 页。

第二节 X村社会治理中自发移民的参与活动

一 X村自发移民的政治参与

X村的大部分居民作为自发移民,与政府组织的政策性移民最大的区别就是没有取得当地户籍,这也成为制约他们政治参与的最主要的因素。我国自新中国成立以来形成的户籍管理制度,主要是严格限制户口迁移,特别是严格限制农民向城市迁移。户口制度强化了中国社会的二元结构,使城乡差距越来越大。改革开放以来户籍管理制度改革逐渐推开,特别是由农村迁往中小城市和小城镇的限制被打破,放宽了市区和小城镇的入户条件。宁夏在2010年制定下发了《关于鼓励引导农民变市民进一步加快城镇化进程的意见》,各地也陆续按照这一文件制定相关政策规定。但是由于自发移民缺乏直接迁往城市的能力和条件,他们基本是从农村迁往农村,即迁往宁夏平原地区,所以,改革开放以来国家在户籍制度方面有层次放开的政策自发移民往往享受不到。

(一) 自发移民户籍问题的症结

自发移民的迁移往往伴随土地和房屋的转让以及荒地的自行开发,在迁入地政府看来,自发移民的迁移活动不受国家政策的允许和保护,也不愿意为自发移民解决户籍问题。而解决自发移民户籍问题的症结就在于如下四个方面。首先,土地资源的分配。政府担心移民在获得当地户籍后,无法满足自发移民提出的分配承包土地的需求。其次,社会保障制度。要解决自发移民的养老保险、医疗保险等,就是增加了地方政府需要予以补贴的资金负担。再次,享受惠农政策。自发移民有相当一部分仍在务农耕种土地,他们已经常年耕种的土地可否享受与其他耕地相同的惠农政策。最后,基础设施建设。自发移民区比较集中的地方,需要提供公共服务性的设施,包括道路、学校、医院等,这需要一大笔资金。解决自发移民户籍问题的核心是公共资源的分配问题,以上四个方面正是解决自发移民问题的瓶颈和制约因素，这就导致了自发移民一直无法在迁入地正常入户。

解决户籍问题，是自发移民多年来的一个基本诉求。两位受访者说：

> 总的来说，搬到这里我觉得是搬对了，没有后悔过，首先吃水太方便了，打工也很方便。最大的希望就是能把我们的户籍问题给解决一下，现在很多事情都因为户籍被挡住了，办个手续都要回老家，很不方便。比如医疗保险我家虽然办了，但因为是在老家办的，每次报销都要两地来回跑。
>
> ——访谈资料 CY08

> 我前段时间过古尔邦节回老家了一趟，给祖先上个坟，回去都已经不习惯了。我们这里没有人管，是三不管的地区，实际当中没人管。我们希望政府把我们的户口落实了，把房子搬迁了，能让我们安居乐业。
>
> ——访谈资料 CB05

（二）搬迁前后参加村民代表大会的情况对比

村民自治是我国农村社会治理的一项基本制度，参加村民大会成为村民表达意见和诉求、行使民主权利的主要渠道和方式。作为当代中国农村居民主要的制度性的政治参与，参加村民代表大会也是衡量农村居民政治参与的一个主要指标。问卷询问受访者"搬迁前（现在）您是否参加过原来村子（原居住地）的村民代表大会？"，根据受访者的回答情况统计如表 9-2 所示。

表 9-2　X 村自发移民在搬迁前后参加村民代表大会统计

单位：人，%

		人数	百分比	有效百分比
是，经常	搬迁前	52	16.6	16.7
	在现居住地	6	1.9	1.9

续表

		人数	百分比	有效百分比
是,偶尔	搬迁前	40	12.8	12.9
	在现居住地	19	6.1	6.1
没有参加过	搬迁前	213	68.1	68.5
	在现居住地	280	89.5	90.3
说不清	搬迁前	6	1.9	1.9
	在现居住地	5	1.6	1.6
合计	搬迁前	311	99.4	100
	在现居住地	310	99.0	100
缺失	搬迁前	2	0.6	
	在现居住地	3	1.0	
总计		313	100	

表 9-2 的统计结果显示，来自宁夏中南部山区 X 村的自发移民在搬迁前参加过村民代表大会的（"经常"和"偶尔"）占受访者的 29.6%，搬迁后的受访者参加过村民大会的仅为 8%，而有九成以上的受访者表示搬迁后没有参加过村民代表大会。可见对绝大多数的自发移民来说，来到 X 村以后，基本谈不上什么制度性的政治参与。

询问受访者"没有参加村民大会的原因"，从回答情况看，因为对本社区不认同或没有兴趣而没有参加村民代表大会的仅仅是少数（4.4%），大多数受访者是因为没有当地户籍或没有接到参会通知（18.2%、67.0%）。这两个原因其实有内在的联系，没有接到参会通知的往往是由于没有本地户籍，不被当作本地常住人口对待，因而就被排除于参加村民代表大会之外。

（三）自发移民政治资源的变化

国家行政系统的干部作为行使行政管理权力的公务员，常常被认为是政治系统权力的体现者和代表者。对于处在政治系统的普通百姓来说，与政府干部交往接触是他们拥有政治资源的象征。一般情况下，与政府干部交往接触得越多，表明政治参与比较广泛、有深度。本项研究试图把与政府干部的交往作为衡量自发移民政治参与的指标之一。问卷询问受访者:"和移民搬迁前相比,您现在与政府干部接触的机会多吗?"三个调查点的受访者回答情况汇总如表 9-3 所示。

表 9-3 自发移民与政府干部接触交往比较

单位:人,%

	合计		X 村		Y 村		H 村	
	人数	百分比	人数	百分比	人数	百分比	人数	百分比
更多	118	17.2	26	8.4	27	13.5	65	36.5
差不多	139	20.2	44	14.2	60	30.0	35	19.7
少	331	48.1	199	64.2	84	42.0	48	27.0
说不清	100	14.5	41	13.2	29	14.5	30	16.9
合计	688	100	310	100	200	100	178	100
缺失	11		3		6		2	
总计	699		313		206		180	

注:表中"百分比"均为"有效百分比"。

表 9-3 的统计结果显示,X 村受访者认为比搬迁前与政府干部的接触机会更多的只占 8.4%,低于 Y 村的 13.5%,更低于 H 村的 36.5%;认为"差不多"的也是 X 村的受访者所占比例最低,为 14.2%;而认为比搬迁前"少"的受访者则是 X 村的比例最高,为 64.2%,远高于 Y 村的 42.0% 与 H 村的 27.0%。可见,由于搬迁,X 村的受访者政治资源减少的较多,或者说由于变迁,他们的政治参与范围减小,程度降低。比较而言,沙坡头区宣和镇 H 村的自发移民与当地居民和政策性移民混居在一起,当地基层政府对自发移民比较宽容,也尽可能给予一些照顾,自发移民与干部的关系要好于其他两个调查点,他们与政府干部的接触自然就会多一些。所以 H 村的自发移民与搬迁前相比,与政府干部接触"更多"或"差不多"的要占到五成以上,达到 56.2%。这说明,在同一政策、制度环境下,自发移民的政治参与程度会有所差别,造成差别的原因或许与基层政府干部对自发移民的认知和态度有直接关系。

一些学者指出,由于二元户籍的存在,农民工对市民群体有很大的不满情绪，心理上有被歧视的感觉，并认为他们与市民的冲突起源于市民对他们的排斥。[①] 还有研究者认为，我国传统的城乡二元社会结构造就了农民工这一独立的社会单元，这部分人在社会地位、社会权利、职业特征乃至居住条件等方面与城市人有很大的差别，这种隔膜衍生出来农民工的归属感缺乏、自律性差以及对城市的敌视、冷漠。[②] 上述对农村流向城市的农民工的观点基本上适合于 X 村的自发移民，他们在自己的土地被征用之后，没有了土地，打工成了可维持生计的唯一途径。随着城市规模的扩展，这个曾经远离城市建在荒漠地带的移民村庄完全被城市包围，成了名副其实的城中村。而越接近城市，自发移民由于缺乏当地户籍而产生的隔膜、疏离感就越强烈。没有本地户籍，自发移民在当地政府看来就不是原住户，只能算作流动人口，所以也只能用非常规的方式来管理，这就产生了 X 村特殊的治理模式。

二 X 村自发移民的拆迁安置

随着银川高新技术工业园区开发建设的推进，X 村面临整体拆迁。首先，西夏区政府制定的政策主要是，拆迁补偿的标准就是以 2003 年为界，2003 年以前居住在 X 村的人，按人口算，每人分配 40 平方米的房子。2003 年以前盖的房子，超出补偿面积的按每平方米 400 元再补差价，2003 年以后盖的房子，超出补偿面积的差价就是按每平方米 100 元补。补偿分配住房后如果想再多要面积的按成本价交钱，但规定每家最多不能超过 10 平方米。2003 年以前搬迁的移民后来娶妻生子人口增加的也不给补房子。其次，2003 年以后搬来 X 村的人，登记册里没有他们，就不能享受补偿分房待遇，只能自己按成本价（2600 元/平方米）在安置小区内购买房子。最后，对建清真寺没有做出规划，也没有在搬迁的小区内新建清真寺。由于这三方面原

[①] 颜雅英：《农民工市民化路径研究——以泉州市为例》，《福建师大福清分校学报》2013 年第 4 期。

[②] 张雪筠：《心理疏离与民工犯罪——城市化进程中民工犯罪的心理分析》，《理论与现代化》2002 年第 6 期。

因，政府的拆迁政策无法满足 X 村大部分人的基本利益，2003 年以前来的人并不多，而 2003 年以后出生和迁入的大量人口又不在政策照顾范围之内。

地方政府在制定 X 村整体拆迁补偿政策时，补偿的标准和范围难以获得大多数人的认同，也就是说，大多数人认为拆迁补偿政策不切实际。而且政府在缺乏与村民沟通协商的情况下，直接把定好的政策措施拿到村上宣布执行，导致 X 村的大部分村民抵制拆迁。政府自 2010 年开始动员，给老百姓做工作，大家都不接受搬迁的条件。当然，经过西夏区政府和管理站一段时间的动员工作，只有少部分群众共 196 户签了协议，签协议的住户一直拖延至 2013 年才得以搬迁，安置在新建的住宅小区。

三 宗教信仰与社会治理

（一）清真寺：居民交流活动的重要场所

X 村的村民，不管是自发移民还是政策性移民，绝大多数都是信仰伊斯兰教的回民。宗教活动是与每个穆斯林相伴一生、不可缺少的活动，也与 X 村的社会治理息息相关。根据问卷调查，X 村的宗教活动一直开展得很正常，村民的宗教信仰得到了充分的保护和尊重，党和国家的宗教政策在 X 村得以顺利贯彻。

X 村一共建有 4 个清真寺，分属于不同教派和群体。由于数十年来的人口迁移徙动始终没有停止，所以围寺而居的格局难以形成，这与回族传统社区的"坊"是不同的。X 村的自发移民不论是在老家还是迁移到这里，宗教都是他们重要的精神慰藉。在 X 村，清真寺也成为人们加强社会联系、进行精神交流活动的重要场所。

（二）清真寺的社会治理功能

宗教活动在 X 村的社会治理中发挥的功能，主要表现在三个方面。

（1）规范社会行为，约束人际关系。伊斯兰教《古兰经》和《圣训》关于伦理道德的论述，涉及人们社会生活的各个领域，着重强调如何为人处世、怎样待人接物,主要内容包括真主面前人人平等、人道主义、劝善戒恶、中庸均衡等。① 笃信伊斯兰教的回族村民在宗教生活中寻求内心世界的平衡,在潜移默化中行为受到约束和规范,这对他们做一个遵纪守法的公民是有积极意义的。

(2) 清真寺不仅是宗教活动场所,也是穆斯林重要的社会活动场所。穆斯林于每天礼拜前后,互祝平安,互相交谈,在传递信息、沟通思想、交流感情方面,清真寺是本村重要的社会活动场所。②

(3) 宗教活动作为村民的自组织活动,在一定程度上成为维护X村基本秩序的基础。每个清真寺都有一个寺管会。寺管会负责照料开学阿訇的生活,组织重大宗教节庆活动,管理寺内的公共财产,其功能与其他民间组织类似。有学者曾对自组织的特征做如下概括:一群人基于关系与信任自愿结合在一起;结合的群体产生集体行动的需要;为了管理集体行动而自定规则、自我治理。③ X村每个清真寺的寺管会都发挥了这种自组织的功能,寺管会的活动促进了信教村民之间的认同与合作,增进彼此的信任,从而有助于维护村庄的秩序。④ 寺管会的主任和其他成员是经过信教群众推举出来的,他们履行职能、提供服务大都是出于信仰而尽的义务,是超越个人利益的无报酬行为,具有志愿性,这是寺管会运行的基本机制。

当然,X村有四个寺管会,他们都无法组织全村统一的活动,也没有整个村庄的"公共资源和财产"可管理,而且寺管会发挥作用的领域主要还是在宗教活动及相关领域,对世俗的社会生活很少涉及,所以寺管会在X村社会治理中发挥的作用是有限的。

---

① 马明良:《伊斯兰文化新论》,银川:宁夏人民出版社,1999年版,第78、79、82~101页。
② 马明良:《伊斯兰文化新论》,银川:宁夏人民出版社,1999年版,第260~263页。
③ 罗家德、李智超:《乡村社区自组织治理的信任机制初探——以一个村民经济合作组织为例》,《管理世界》2012年第10期。
④ 李智超:《乡村社区认同与公共事务治理》,北京:中国社会科学出版社,2015年版,第8页。

第三节　X村社会治理的基本模式

中国在 1980 年代实施的"撤社建乡"和"村民自治"重建了乡村国家政权和基层社会组织,从而形成了"乡政村治"的农村治理格局。[①] 作为中国农村社区治理的基本制度安排,"村民自治"是指生活在一定区域中并获得这一区域相应身份的村民,通过民主选举、民主监督、民主决策和民主管理的途径和方式,以村民委员会为依托组织,对本村公共事务、公益事业依法进行管理的群众性自治活动。[②]

X村的治理模式比较独特(流动人口管理站是这一模式的主要标志),但这一模式与以村级组织为形式的乡村治理还是有内在联系的。

一　X村流动人口管理站的建立和功能

(一) 移民村的矛盾升级

随着自发移民的逐渐增加,村里泾源籍和同心籍百姓分成两个有利益冲突的群体(按:泾源籍的主要是政策性移民,同心籍的主要是自发移民)。政策性移民从内心深处排斥自发移民,双方矛盾对立升级到打架斗殴,并且越来越严重。随着矛盾不断升温,双方发生过三次较大的械斗,从矛盾的根源看,主要是泾源籍的政策性移民认为自发移民占用大量资源,特别是到周围工厂打工的机会被同心移民抢占了,对自发移民的迁入持反对态度,可见利益冲突是双方矛盾的根源。X村虽然是政府安置扶贫移民的一个点,但初期的管理非常薄弱,群体性斗殴显示了 X 村社会治理的无序状态。

(二) 流动人口管理站的成立和职能

鉴于以上情况,西夏区政府为了便于管理 X 村这个地方,2005

[①] 徐勇、朱国云:《农村社区治理主体及其权力关系分析》,《理论月刊》2013 年第 1 期。

[②] 徐爱花、甘诺:《转型社会中农村社区治理困境及对策》,《青海社会科学》2011 年第 6 期。

年6月成立了流动人口管理站（以下简称"管理站"）。参加管理站的一共6个人，站长是政府委派的干部，副站长等5个成员是当地的居民，其中泾源籍一人、同心籍四人，都是自发移民，还有兴泾镇工作组的3位干部也经常到管理站参与工作。2007年政府委派的管理站站长撤出，由作为管理站副站长的自发移民担任站长。管理站的主要职责就是社会治安综合治理、排查调解邻里之间的矛盾、计划生育等。流动人口管理站主要做了以下几个方面的工作。

（1）登记人口信息。在西夏区流动人口管理办公室原有调查摸底的基础上，参考原有的资料，逐步入户，挨家挨户地进行人口信息登记，摸清流动人口底数。

（2）计划生育。配合政府做计划生育工作。每年政府都下达任务，要划定名额做绝育手术。X村有500多名育龄妇女，每年就有几十个名额规定要做绝育手术或者节育手术。初到这里的自发移民总抱着一种侥幸心理，觉得自己的户口在老家，来到这里是靠自己打工，政府又不管吃住，所以没有权力来管计划生育，所以对计划生育工作不配合也不认可。管理站搞计划生育的人员克服困难，在群众的抵触乃至辱骂中完成政府交办的计划生育工作。

（3）调解邻里矛盾纠纷。村里邻里纠纷很多，出现不和甚至打架的，当地派出所通知管理站第一时间到场，管理站出面平息矛盾。出现问题大部分都靠管理站调解，派出所不需要直接出警。此外，管理站还处理自发移民的家庭矛盾纠纷包括夫妻争吵等。

（4）维护社会治安。管理站对经常性流浪街头不务正业乃至搞偷盗的人做思想教育工作。发现有小偷小摸行为的少年儿童，给家长做思想教育工作，属于留守儿童的就对孩子直接进行教育规劝，对不轨少年也起到了震慑的作用。对于村庄内发生的吸毒、偷盗的人和事，管理站也是先从说教出发，对违法者讲清利害关系。对吸毒人员信息摸底登记后上报到派出所，派出所也会及时处理教育。村里原来吸毒的有几十人之多，大都是十几岁的未成年人。后来除极个别人外都戒掉了。经过管理站一段时间的工作，村庄内打架斗殴的事件减少了，村庄的社会秩序明显好转。

(5) 整治生活环境。X 村的路是自然形成的，没有条件硬化，一下雨，就成泥汤，无法通行。经管理站上报申请维修，在兴泾镇的支持下，用沙石料铺了路。

(6) 反映村民困难。管理站对于生活特别困难的、老弱病残的弱势群体，会反映给政府申请临时救助，通过一些临时救助帮助自发移民解决具体困难。

2005~2009 年管理站每天都有排班表，5 个成员每人至少一周要值一天班，要求值班人员当天必须在岗，管理站必须有人。自发移民有事情求助管理站，当班的人能解决的要尽量解决，不能解决的打电话把大家召集到一起商量讨论。村民们看到管理站确实能解决一些实际问题，起到了一定的作用，在观念上开始认同管理站。管理站在维护村庄秩序、提供力所能及的公共服务的过程中逐步树立起了威信。而 X 村在泾源籍移民和同心籍移民的矛盾化解平息了以后，邻里之间的关系也比较融洽了。管理站的工作对维护 X 村的基本社会秩序起到了重要作用。

二 管理站的运行机制

（一）政府的主导和支持是管理站发挥作用的基本条件

从功能主义的视角来看，任何一个组织，若要发挥功能，在组织内外进行资源交换既是基本条件，也是基本过程。管理站运行的基本资源——工作人员的报酬是由政府供给的，报酬水平与农村村干部基本一样。管理站成立之初的主要负责人也是政府委派的国家公务员。政府成立 X 村流动人口管理站的初衷就是加强对自发移民的管理，保一方平安稳定。

在管理站成立前期的 2005~2009 年，由于兴泾镇党委、政府对管理站工作的支持和信任，管理站对自发移民的管理比较规范，发挥了积极的功能。2007 年发洪水，整个村子被水淹，所有的住户房屋都进了水，水能淹到人的膝盖处，全村的人都没处去，大家只能临时搬到地势比较高的老学校躲避。在这种情况下，西夏区的领导拿着馒头和水送来给老百姓。学校地方有限，还有的老百姓仍然住在家中，屋子进水多，房子一直在水里泡着，派出所所长担心房子坍塌有危险就带着协警挨家挨户地察看。

政府的有效支持保障了管理站的有序运行，也调动了管理站人员的积极性。他们为稳定 X 村的基本秩序积极工作，发挥了作用。每年年终兴泾镇和西夏区各对口的部门还会对管理站的工作进行考核。

（二）管理站的式微

2010 年随着银川高新技术工业园区开发建设的推进，政府计划把整个 X 村整体搬迁。自此以后，兴泾镇的后几任主要领导对管理站工作的重视程度大不如前，支持力度有所下降。兴泾镇基本不再过问管理站的日常工作，对管理站的考核没有了。例如计划生育工作只要有报表就行，是否超生，也不再追究。甚至管理站办公室租村民房子的房租从 2009 年以后也不再给了。管理站向上申报的事项大都没有什么结果，也很少参加村镇的会议，一些职能性的工作基本上都瘫痪了，管理站的工作人员也由五人减为两人。这种情况使管理站原先发挥的功能大都不复存在，管理站的工作人员有了强烈的受挫感，工作积极性没有了，抱着得过且过的思想应付差事。村民也感觉到管理站慢慢变成了个空架子，大家的实际问题都解决不了，管理站的管理服务工作跟不上，与村民的实际需要完全脱节。

（三）管理站的运行机制

（1）管理站类似村民自治组织。X 村流动人口管理站与行政村"两委"组织相比，其发挥的功能大体相当，只是缺失了有些村级组织的经济功能。X 村形成的历史也难以有公共集体资产和集体经济，所以管理站不可能有管理集体经济的功能。

（2）在政府的主导下运行。管理站只是由政府组建的一个需要履行特殊职能的临时性机构，并非中国乡村治理的基本制度。管理站成立之初的主要负责人也是政府委派的国家公务员。政府既是管理站运行必需资源的供给者，也是管理站权威的授予者和支持者。也就是说，没有政府的投入和支持，管理站既不可能存在，也不会有什么权威性。当然，管理站的权威性还取决于 X 村的自发移民对管理站的认同程度。

（3）管理站的主要功能是完成政府交办的任务，特别是满足政府维护社会稳定的需要。从政府建立管理站的主要意图可以看出，政府实际上关注的不是自发移民对反贫困的意义和价值，主要还是把自发移民当作流动人口来对待，是为了加强对自发移民的管理，保一方平安稳定，所以，也就不会把 X 村管理站当作农村基层自治组织来对待，它更像是政府的一个委托机构。因此，管理站受重视的程度不仅取决于主要领导的态度，更取决于党和政府维护社会稳定的紧迫性。当 X 村对维护整个社会稳定的大局影响甚小，或者在整个社会比较稳定的背景下，对管理站的重视程度就会明显降低。

（4）地方上未能完全履行管理和服务责任。地方政府建立管理站的决策从实际效果看是正确的。但为什么从高度重视到后来基本放任不管，有两个值得思考的问题。一是 X 村管理站的起落带有明显的人治因素。领导特别是一把手的重视与否，对管理站开展工作有直接影响。二是基层政府部门履行责任不到位。管理站即使与维稳无关，或者不把管理站当作基层村民自治组织来对待；即使不能解决自发移民的户籍问题而只能按照流动人口对待，但这数千名自发移民毕竟是宁夏当然也是中国的老百姓，那么管理和服务流动人口，就是政府义不容辞的职责。由于 X 村整体搬迁不顺利，自发移民的诉求较高，政府在搬迁过程中与自发移民形成了一种博弈关系，自然无暇或不愿再过问 X 村的日常管理服务工作。

第四节　M 移民区：一个独特的自发移民聚居区

一　M 移民区的由来和形成

（一）M 移民区的由来

M 移民区位于宁夏银川市西夏区西北 3 公里处，全称为"M 移民开发区"。该移民区由宁夏固原市西吉县糖厂职工马某某于1994年为解决糖厂的生产原料,租种位于银川市西夏区宁夏农垦系统的土地种植玉米开始,在他的带领下,最初有几十户西吉县农民迁入这里,后来,马某某又不断承包西夏区贺兰山农牧场的土地,并将土地分包给大批来自西吉县和其他地区的农民做宅基地和从事种植业,这里成了一个完全以自发移民为主体的聚居区。从1990年代中期开始,20多年来这样一个自发移民社区像滚雪球一样不断聚集自发迁徙的人口。按照舒尔茨的成本-收益理论,迁移被看作一种能够带来某种收益的成本或者投资。在决定是否迁移的问题上,当事人会充分考察判断,只有在考虑到迁移后的预期收益大于成本时才会做出迁移的决定。而人口迁徙的"推-拉"理论则认为,当迁入地的地理人文和谋生的条件远好于迁出地时,才能对迁徙者产生足够的吸引力,促使他们离开原居住地,迁徙到新的地方谋求生存发展。显然,M移民区尽管基础设施条件很差,居民享受的公共服务非常有限,但这个自发形成的回汉杂居的社区仍然有很强的吸引力,不断地聚集着来自西吉等山区的农民。截至2016年6月,共有移民1443户6300人,其中有房有地475户,有房无地868户,无房有地100户;汉族1253户,回族187户,满族3户;农业户籍990户,非农业户籍453户;宁夏户籍1311户,非宁夏户籍132户。[①] 这个自发形成的回汉杂居的社区20多年来有如此超强的吸引力,不断聚集着来自西吉县及周边省区的农民,主要原因在于当地有丰富的土地资源,而且土地质量较好,紧邻银川市,交通便利,务工非常方便。

(二) M移民区的治理结构

在中国这样一个具有高度严密的社会控制、几乎没有真空地带的环境下,在20多年内,M移民区在政府的"眼皮"下是如何发展成

[①] 资料来源于宁夏银川市西夏区自主迁徙居民接收管理办公室内部资料。这是2016年6月西夏区政府接管后统计的数据。实际上,在政府接管以前,该移民区一直对外宣称2530户1.25万人。在政府接管后开展的人口土地信息登记调查中,一部分人员放弃了土地权益,没有去登记。

第九章　自发移民聚居区社会治理结构与困境

一个不受政府直接管辖的 6000 多人的居民聚居区的？

随着迁入人口的增加，为了便于管理，2003 年初，马某某以贺兰山农牧场开具的"证明其承包荒地，接受移民"的证明，并使用公安部门的介绍信，刻制了"M 移民开发区"印章，并组建了相应的组织机构，以"M 移民开发区管委会"的形式正式开始管理该移民区。M 移民区虽然地处银川市西夏区，但多年来在管理权限上，银川市西夏区并没有实施直接的管辖，使这个自发移民聚居区实际上成为无人管、无法管的"无政府管理"的一个"特区"。但值得关注的现象是这一"自我管理、自我服务"的移民聚居区实际上社会秩序一直比较稳定，社会治安也相对较好。M 移民区独특的治理模式和生存理念也成为宁夏乃至当代中国非常有研究价值的社区类型。

像 M 移民区这样的自发移民区，其独特之处在于它基本游离于主流社会之外，不在政府的直接管辖范围之内。尽管西吉县政府委派了一些小学教师到这里任教，但其他社会事务一概由 M 移民区自行管理。"M 移民开发区管委会"印鉴虽然也由西吉县公安部门报银川市西夏区公安分局批准同意启用，但这个机构实际上基本没有从政府那里获得进行管理的资源。

M 移民区的公共服务基础设施条件较差，近 10 年来，该移民区通过政府资助、社会捐助和自筹的方式相继建起了小学、卫生院、村部等基础设施。其中，M 移民区小学于 2006 年建成，占地 14 亩，现有 6 个教学班，学生 336 人，学前儿童 166 人，登记在职在编教职员工 38 人。卫生院建于 2008 年，占地 9 亩，三层办公楼建筑面积 1095 平方米，有医护人员 12 人，医疗器械非常简陋，无行医资质。村部建于 2010 年，占地面积 2 亩，建筑面积 200 平方米。民办爱心协会占地面积 4 亩，建成办公用房及孤儿宿舍面积 690 平方米，附属平房面积 224 平方米，工作人员 12 名。在 M 移民区的公共服务中，除了小学的 38 名教职工由西吉县政府派驻在编教师到这里任职外，其他公共服务机构的工作人员都由 M 移民区自行解决。

二 M移民区属地化管理的探索

(一) 宁夏回族自治区党委和政府部署安排解决M移民区问题

2016年1月6日,宁夏回族自治区党委和政府联合下发了《关于M移民区整体移交银川市管理有关问题的指导意见》(宁党厅字〔2016〕1号文件)。该文件为M移民区纳入属地化管理奠定了基础,也迈出了政府解决自发移民问题的关键的第一步。根据宁党厅字〔2016〕1号文件精神,在自治区和银川市M移民区整体移交工作领导小组的领导下,银川市西夏区开启了对M移民区整体移交接管工作。

(二) M移民区属地化管理的举措

2016年1月,西夏区成立了"自主迁徙居民接收管理工作领导小组",组织成立了银西临时党支部、银西综合服务站,领导小组首先在M移民区广泛宣传1号文件,使政策家喻户晓,稳定了人心。先后投入大量人力、物力,开展环境卫生整治,清运垃圾80多车1300多立方米、平整土地500多平方米,增加垃圾箱,补装缺失下水井盖,还增设了20多件健身器材,改善了群众的居住环境。2016年春节前,专门安排20多万元资金,为M移民区400多户困难群众、党员送去慰问金和慰问品,通过一系列切实的关爱活动,初步赢得了移民群众的信任,为下一步做好接管工作提供了有力的组织保证和环境保障。

为了做好接管工作,工作组主要采取了以下一些举措。第一,做好对移民人口、户籍、住宅用地和农用地等信息采集和初核工作,全面了解掌握M移民区的整体情况。核实小学、卫生院等公共服务机构人员身份,做好"连人带编"整体移交工作;对原M移民区党员身份进行核实,做好组织关系转接工作;对公共服务机构资产进行清查,查明项目资金来源、土地手续办理等情况,在M移民区进行公示,接受群众监督,为审计工作、资产划拨提供依据。第二,聘请专业测量机构对住宅用地、农用地进行实地测量,实测结果在M移民

第九章 自发移民聚居区社会治理结构与困境

区进行公示,为确权登记打下了基础。第三,开展审计工作,由银川市牵头组织对 M 移民区已建成公共基础设施建设情况进行审计,查清其中政府项目资金、M 移民区自筹资金使用情况,提出处理意见。第四,积极争取项目资金,在 M 移民区核心区建设垃圾中转站、公交车站、文化广场,对未硬化的乡村道路进行硬化,进一步完善上下水管网,自来水争取做到户户通。

经过工作组的不懈努力,截至 2016 年 6 月,M 移民区第一批(西吉县籍)共计 276 户 900 多名自发移民办理了自愿迁移户口手续,自发移民期盼多年的户籍迁转问题终于得到了解决。

为了保障 M 移民区的发展,西夏区政府已将 M 移民区纳入西夏区统一发展规划中,力争在基础设施建设、公共卫生、教育服务、民生保障等方面统筹谋划,加大扶持力度。针对贫困户进行建档立卡,实施精准扶贫,对有创业就业意愿的居民进行帮扶指导。根据 M 移民区地处贺兰山东麓葡萄文化旅游产业带中心区的区位优势,打造 M 移民区的特色产业。同时,按照"扶贫"先"扶智"的思路,增强贫困群众自我发展的能力,加快"输血"式扶贫转向"造血"式扶贫的工作进程,从根本上帮助当地发展。协调就业局积极开展职业学历教育培训和贫困劳动力就业技能培训,通过培训提升素质,确保贫困群众户均掌握一门实用技能,提高就业创业能力,拓宽致富门路。此外,通过发展劳务公司,开展劳务派遣,优化配置劳动力资源,帮助劳动者实现多渠道、多形式灵活就业,增加居民收入。

纵观 M 移民区的发展历程,我们可以看到,为了争取自身的合法性,在 20 多年的发展过程中,该移民区不断地与迁出地政府和迁入地政府进行着博弈,从个体的上访到集体的维权抗争,从拒绝、阻挠、对抗基层政府的管理到怀疑、认同、接纳迁入地政府的接管,在大大小小的博弈抗争中,这个移民区可以说付出了沉重的代价。当然,他们也在争取移民区合法地位和维护自身权益的过程中,最终实现了抗争的目的:M 移民区被纳入属地管理的范围,成为西夏区政府管辖的一个行政区域。自此,M 移民区这一特殊的组织机构也完成了由"部分合法"向"完全合法"的华丽蜕变。

第五节 从 X 村和 M 移民区看民族地区基层社会治理

随着我国社会结构转型的加快和城镇化进程的推进，我国农村社会的流动性和开放性不断强化，一些深层次的社会矛盾在农村基层社区逐渐突显出来，农村社会分化日渐加剧，农村基层社会治理面临前所未有的新挑战。基层社会治理作为国家治理体系的重要组成部分，其治理状况直接决定着国家治理能力现代化的水平。

一 西部民族地区基层社会治理存在的突出问题

西部民族地区是我国经济社会发展落后地区，贫困面大，贫困程度深，是脱贫攻坚的重点区域。近年来，随着国家对这一地区投入的不断加大，一部分极端贫困人口脱贫的难度也在加大。贫困地区在扶贫领域暴露出的一些问题，恰恰也反映了这一区域在基层社会治理方面的短板，可以说，贫困加剧了这一地区社会治理的难度，而社会治理的不足又加剧了当地的贫困。

西部民族地区基层社会治理存在的问题主要表现在以下方面。

（一）公共服务和公共产品供给不足

乡村公共产品的供给由于集体经济萎缩乃至瓦解、公共资源匮乏和"搭便车"行为而严重不足，例如必须依靠集体力量方能完成实施的生态和环境卫生维护、公用道路维修、水源保护及供水等无人问津。

（二）基层组织凝聚力不强，群众的社会治理参与度较低

由于农村精英、能人和年轻人的大量外流，留在乡村中的多是作为弱势群体的老弱病残或者妇女儿童，精英的流失导致农村基层组织的工作人员整体综合素质普遍不高，基层组织的管理弱化，影响了基层组织作用的发挥。村民一方面对村庄的公共事务管理的参与度不高，主观上也不愿意参与；另一方面，表现出对基层组织的不信任，乡村社区整合度低，村级组织的凝聚力不强。

第九章　自发移民聚居区社会治理结构与困境

（三）权力过分集中，基层贪腐问题危害性增大

村委会作为最基层的群众自治组织，承担着政府交办的大量工作任务，如确定建档立卡贫困户、确定享受低保人员等，一些惠农政策、扶贫开发和社会保障措施也需要通过村委会操作实施。由于政策在执行过程中对基层组织缺乏有效的指导、监督和核查，基层监管大多仍停留在制度层面，不具有较强的可操作性，特别是越到基层，监管越薄弱，使近年来村级组织往往成为滋生腐败的高发地，特别是扶贫领域的问题较为突出，"小官大贪"现象屡屡发生。

（四）人情消费和婚娶消费成为农民的沉重负担，引发社会问题

随着经济发展，农村居民收入逐年上涨，宁夏农村消费中的婚娶彩礼和人情往来数额越来越大，所占收入比重越来越高，成为农村居民的沉重负担。据国家统计局海原调查队的调查资料，宁夏海原县2016年上半年农村居民人均现金支出5781.1元，其中非经常性转移支出人均1195.7元，占比21%。非经常性转移支出中，婚丧嫁娶礼金支出占比83%。据了解，一般居民的礼金消费按关系亲密程度不同，支出为100元到20000元不等。礼金支出过高，已经严重影响到了农村居民的基本生活。农村婚嫁，彩礼更高，绝大多数都在15万元到20万元之间，很多家庭娶一个媳妇，转眼从有点积蓄转为负债累累。据国家统计局石嘴山调查队的调查资料，近三年发生婚娶的新移民地区彩礼呈快速上涨的趋势。2012年以前，新移民彩礼一般为3万元左右，2016年涨至14万元左右，五年间，彩礼涨了近4倍之多。婚娶消费导致农户普遍负债，其中新移民负债面高达93.3%。正处在脱贫过程的新移民，收入水平低、生活拮据，高额彩礼已经成为制约生产发展和脱贫致富的"拦路虎"，部分家庭出现返贫，而且高额彩礼扰乱新移民村稳定，影响家庭和睦，使农村乡风恶化。

（五）社会组织发展不充分

社会的自组织化程度越高，社会的稳定性就越强，社会活力就越大，社会治理的难度系数就越小。当前，西部民族地区社会组织的发展一是数量少，自我发展能力不足。大量社会组织还处于行政附属的

角色中，自治色彩不强，承接政府购买服务能力不足。二是管理力量不足，监督管理服务不到位。三是扶持力度有限，培育存在盲点。

二 自发移民聚居区社会治理面临的困境

近年来，自发移民问题在西部地区已经比较突出，成为西部民族地区基层社会治理的难点。自发移民聚居区社会治理的困境主要表现在以下方面。

（一）户籍制度壁垒成为自发移民发展的最大束缚，也成为基层政府社会治理的难点

自发移民的户籍问题在迁入区长期得不到解决，使这一群体的社会地位始终处于比较尴尬的状态。由于不能在迁入地正常入户，自发移民不能享受户籍带来的各项政策优惠，甚至有时公民基本权益也得不到保障，如民政救济、农业补贴、医疗救助、扶贫开发项目、灌溉、正常供电、宗教场所、金融信贷等各项公共服务和惠民政策，还影响到子女上学受教育、婚姻民政登记的身份、生育子女的落户、乡村民主选举等，也不能享受政府关于危房改造、农村电网等各项基础设施投入，在基础性资源配置中始终处于劣势或被"遗忘"的境地。特别是自发移民的社会保障权益难以保障。缴纳养老、医疗保险和医药费报销要回到原籍办理，不仅增加了移民的生活成本，而且造成事实上无法参加社会保险的现象。当然，还有一部分自发移民以"候鸟式"的方式两头跑，既在原居住地享受退耕还林还草、计划生育等优惠政策，还有的在家乡被当作政策性移民对待，获得了新迁入地的住房和土地，又在现居住地开发耕种土地。而对于基层政府来说，由于人户分离，移民信息难掌握，政府管理出现"真空"。

目前，在国家实施精准扶贫的战略背景下，自发移民中贫困人口的识别和帮扶又成为困扰基层政府的一大问题。据宁夏吴忠市红寺堡区政府的管理人员介绍，红寺堡是宁夏扶贫扬黄灌溉工程的主战场，是全国最大的生态移民扶贫集中安置区。该安置区于1999年1月开发建设，2009年9月设立市辖区，行政区域面积2767平方公

里，辖2镇3乡、1个街道办事处、5个城镇社区、63个行政村。目前，红寺堡区的自发移民总数达7456户34134人，其中来自外省的自发移民为565户2269人，自发移民占农业总人口的12%。自发移民为了能在搬迁初期落脚，几乎用完了家中的所有积蓄买地建房，启动生产又再次耗尽了积蓄。近年来，随着农业效益下降，务工收入减少，很多自发移民再次沦为新的贫困人口。目前实施精准扶贫，自发移民由于户籍不在当地，大量的自发移民贫困人口不能按照建档立卡户的标准进行识别，也无法享受各项扶贫政策项目，成为精准扶贫过程中的一大"盲区"。

（二）自发移民超生多生现象普遍，给基层计划生育管理带来难度

由于自发移民主要来自宁南山区，宁夏山川有别的生育政策导致迁入地政府针对流动人口的计划生育管理在政策适用上存在一定困扰。在迁入地，当地计生部门对自发移民的管理和服务十分薄弱，甚至放任不管，超计划生育现象较多，导致迁入区人口增长过快。而在迁出地，自发移民户籍所在地政府面对人员流动频繁，也难以对自发移民实施计划生育管理服务，造成计划生育政策执行难。处于"人户分离"的自发移民，其超生现象就在所难免。此外，自发移民中超生但没有户口的人也占相当比例，有的自发移民的子女已经结婚有了孩子，但仍然没有户籍。人户分离、人户不清的问题给基层人口管理带来很多问题。

（三）自发移民聚居区基础设施薄弱，影响群众的生产生活

由于政府投入少或基本没有投入，自发移民聚居区往往基础设施建设滞后，道路年久失修，生活环境脏乱差，没有统一的垃圾堆放点。群众公共活动场所严重匮乏，没有基本的娱乐休闲设施，文化生活单调。有的聚居区自发移民仍旧饮用渠水或窖水，有的地方灌溉用水设施不配套，渠系老化，有的还是土渠输水，渗漏问题突出，大大增加了生产成本。有的聚居区由于对土地的无序过度开发，灌溉面积逐年增加，原有的水权指标严重不足，移民聚居区的供水矛盾日益严峻。

（四）基层组织不健全，社会管理问题突出

多年来，在对待自发移民问题上，各级政府认识、态度不统一，

相互之间缺乏沟通协调，导致对自发移民应有的政府职责严重缺位、服务管理严重缺失，自发移民聚居区成为无组织、无服务、无管理的"三无盲区"，成了矛盾交织、问题堆积的"烫手山芋"。例如宁夏中卫市宣和镇山羊选育场和大战场镇等自发移民集中聚居区，这里的移民聚居区人口一般都在 500 户 2000 人以上，属于人口规模较大的移民集中聚居区，由于政府投入不足，聚居区的公共基础设施如村级活动场所、卫生所、学校等严重不足，村民普遍感到上学难、就医难，生活办事非常不方便。

第六节 本章小结和讨论

一 自发移民的政治参与程度低

X 村自发移民的政治参与程度比较低，其原因在于无法取得迁入地的户籍，只能被当作流动人口对待。由于自发移民在迁移过程中常常伴随土地和房屋的转让买卖，所以迁移本身也被认为是"不合法"的，自发移民被"边缘化"的倾向十分明显。

二 X 村流动人口管理站是由基层地方政府建立的非常设机构

相对于我国乡村基层组织架构而言，流动人口管理站是非制度性的临时机构。地方政府试图以这个机构来发挥维护 X 村社会稳定和社会管理的功能，管理站工作人员主要是自发移民。管理站在政府供给资源和直接领导下开展工作，其发挥的功能类似于村民委员会，而且在政府的支持下它曾在短暂的四五年中发挥了社会治理的积极作用。管理站的权威性来自政府，更像是政府的一个委托机构，完成政府交办的工作。但管理站为什么不能长久地在 X 村发挥作用呢？由于不是制度性的机构设置，管理站能否发挥作用，主要取决于整个社会维护社会稳定的形势，当然也与基层主要领导的重视程度有关。X 村在政府维稳的大局中已经无足轻重时，管理站的命运就开始发生转折了。当然,主要领导的思维方式和对 X 村的重视程度也对管理站发挥作用产生了影响。

三 宗教组织发挥了某些社会整合功能

宗教活动在 X 村社会治理中发挥的功能首先表现在精神层面的教化上,同时清真寺也成为该村重要的社会活动场所,为人们的交流沟通提供了不可替代的平台,而围绕清真寺的管理,寺管会也发挥了民间组织("自组织")的某些社会整合功能。

四 自发移民具备基本的公民素质

自发移民在社会秩序方面的理念和认识,显示了作为一个公民的基本立场和态度,也就是在认同国家基本制度的前提下,一个公民应当具备什么样的基本行为规范。X 村的自发移民虽然文化程度普遍不高,但还是能做出正确判断和选择的。

五 M 移民区的启示

M 移民区实现属地化管理的漫长历程与实践,既是当代中国基层社会官民互动的一个典型案例,也是对国家和政府在社会治理理念和能力方面的一个考量。从 M 移民区的发展历程和社会治理实践中,我们可以得到以下一些启示。

第一,M 移民区是在国家和政府实施反贫困战略和改革开放背景下的产物。自发迁徙到 M 移民区的移民在国家和社会支持不多的情况下,依靠自己的力量艰苦奋斗,走上了脱贫致富的道路。

第二,M 移民区的移民在这块地域内基本上是"自我管理、自我服务",社会秩序还比较稳定,成为宁夏乃至当代中国非常独特的一个"孤岛"现象。M 移民区创造了一种以摆脱贫困为动力,依靠自我的力量改变生存状态的模式。总结这种模式,对反思我国的扶贫开发具有理论意义和实践价值。

第三,M 移民区在 20 多年的发展历程中基本保持了有序性,有比较良好的秩序,它的管理是有效的和有权威性的。M 移民区社会治理机制的有效性和权威性并非来自国家、法律或政府的授权,而是带头人的个人魅力和百姓的认同,完全是一种"个人魅力型"的治理模式。该移民区的社会治理的有效性为移民百姓提供了一个相对安定的从事经济活动和日常生活的环境。基层治理是一个国家和社会进行社会治理的基础,M 移民区社会治理机制的启迪意义在于,基层自治要在国家社会治理的框架下获得更多的自主权,真正实施自我管理,而不是仅仅作为政府机构的延伸。

第四,在 M 移民区,无论是邻里关系,还是回汉关系,都比较融洽,说明这里的人们重建社会交往网络的过程相对比较顺利,由此也弥补了由迁徙造成的社会资本的消解。M 移民区的移民选择了和睦相处来处理邻里关系和民族关系,从而成为移民区社会治理得以实现的基本条件。M 移民区的社会关系现状说明了回汉民族之间和各社会群体之间可以建立起和谐融洽的关系,关键在于各民族和社会群体之间要有比较协调的利益关系,全民族要不断提高素质,包括科学文化素质和思想道德素质,这是一个需要不断探索努力的过程。

第五,M 移民区争取合法性的历程尽管曲折,却是自发移民矢志不渝坚持的目标,因为只有争取到合法性,这个自发移民区纳入政府的正式管辖之后,移民区的居民才能获取更多的不可或缺的公共资源、公共服务。经过无数次的"抗争",M 移民区的自发移民最终一步步接近目标。显然,党和政府更加关注民生和百姓诉求的大环境提供了解决问题的背景。M 移民区发展的历程特别是它争取合法性的历程,是一种比较独特的官民互动博弈关系,这种官民互动博弈关系为丰富基层自治理论提供了有益的思想素材。

第六,M 移民区纳入属地化管理的探索,是贫困地区创新基层社会治理最生动的实践,是回应贫困群众需求、积极履行政府责任的体现。解决 M 移民区自发移民问题,不仅开启了宁夏解决自发移民的破冰之旅,而且对西部民族地区解决此类问题,特别是解决跨省区迁移的移民问题提供了经验和借鉴,同时对西部地区打赢脱贫攻坚战、保障全体人民共享改革发展成果具有重大现实意义。

第十章
西部民族地区自发移民的发展困境与利益诉求

改革开放40年来,我国政府为解决西部地区的贫困问题,在投入大量人力和财力的同时,不断进行扶贫开发模式的探索,其中包括贫困人口的易地开发搬迁。在当代,西部地区的贫困面貌已经发生了翻天覆地的改变。与政府大量投入帮扶脱贫的政策性移民形成鲜明对比的是产生了一个不等不靠的自发移民群体。但多年来,自发移民反贫困的价值、作用和效益并没有得到各级政府及全社会一致的认同和肯定,导致自发移民各项权益受损和被边缘化,表现出忧虑和不满情绪。为了谋求自身的合法权益,部分自发移民集合起来,开始了与地方基层政府的博弈,从而引发了一些群体性事件。自发移民的利益诉求表明,在社会结构的快速转型过程中,由于利益格局的调整分化,一些利益群体与政府之间的博弈已成为我国改革发展过程中不能回避的社会问题。当前,全面了解分析自发移民的利益诉求,正确认识自发移民的权益受损问题,保障自发移民的合法权益,对防止自发移民二次返贫、维护民族地区的社会稳定具有重大的现实意义。

自发移民的发展困境主要表现在他们的利益诉求及权益保障方面。为此,本章通过三个方面,即自发移民群体性上访案例、个体访谈和入户调查来分析该群体的利益诉求,以求全面掌握了解自发移民的发展困境。自发移民群体性上访案例以2015年到宁夏回族自治区信访局的自发移民集体访的案例为主;个体访谈以本课题组对宁夏全区近30位自发移民的深度访谈为基础;入户调查已在第一章"导论"中做了全面介绍。

第一节　社会冲突与社会矛盾

社会矛盾引发社会冲突，社会冲突导致社会变迁。1960年代以来，西方日益加剧的社会矛盾，使社会冲突理论越来越受到西方社会学界的关注，并成为他们分析社会变迁的理论工具和框架。当前，我国的社会矛盾呈现复杂的态势，了解社会冲突理论，对分析我国当前社会发展及社会转型过程中出现的社会问题，具有重要的理论价值和现实意义。

一　社会冲突理论及功能简述

社会冲突是人类交往过程中的对立状况，它存在于一切社会形态中，是社会存在的基本形式和社会变迁的重要动因。[①] 社会冲突的客观性决定了冲突思想的源远流长，社会冲突理论的形成和发展有其内在的逻辑，大致经历了三个主要发展阶段。

（一）第一阶段：社会冲突理论的产生兴起[②]

这一阶段主要是以19世纪中后期马克思、齐美尔和韦伯的社会冲突思想为代表，并对当代冲突论的形成产生了巨大影响。

马克思认为，人们在社会生活中建立在财产和生产资料占有上的经济关系的不平等是社会冲突的根源，阶级和阶级冲突是社会发展的动力。在阶级社会中，统治者依靠生产资料的占用而剥削其他阶级，在这种状况下，被统治者必须通过革命的方式推翻统治阶级，建立一种更有利于自己的社会秩序。

齐美尔认为，社会是一个有机的整体，冲突是普遍存在和不可避

[①] 宋林飞：《西方社会学理论》，南京：南京大学出版社，1997年版，第321~322页。
[②] 侯钧生：《西方社会学理论教程》，天津：南开大学出版社，2004年版，第166~168页；王明霞：《西方社会建设理论对构建和谐社会的启示——功能论和冲突论的视角》，《社会科学论坛》（学术研究卷）2007年第24期；《第一讲西方社会学产生的思想基础及历史背景》，豆丁网互联网文档资源 http://www.docin.com，2015年6月11日。

免的，冲突不仅是利益的反映，而且是敌对本能的反映。冲突并不一定都是消极的，并不是在所有情况下都会引起社会的崩溃或变迁，社会冲突也是促进社会团结和统一的过程，是保持社会整体或某些子系统完整的过程。冲突的激烈程度与冲突群体各方的团结紧密程度、情感投入等相关。

韦伯认为，社会冲突源于权力、财富和声望的高度相关性、报酬的分配和低水平的社会流动率。由于权力、财富和声望的高度相关，那些没有财富的人往往没有权力和社会地位，更容易选择以冲突来改变现状。当报酬分配被垄断，那些没有权力、财富和声望的人就会与垄断这些资源的人产生冲突。社会地位低的人如果没有机会向较高的社会地位流动，就会产生怨恨，爆发冲突。

以上三位思想家针对冲突的阐述各有侧重，马克思的冲突论注重的是阶级冲突和暴力革命，齐美尔注重的是各种类型的比较缓和的社会冲突，而韦伯强调的是社会不平等导致的社会冲突。他们的社会冲突思想奠定了冲突理论的基础，对现代冲突理论的形成产生了重要影响。

（二）第二阶段：社会冲突理论的繁荣发展

这一阶段主要是以20世纪50年代的达伦多夫、科塞及米尔斯的冲突理论为代表。

达伦多夫的辩证冲突论源于他的社会观和对功能主义的批评。他认为，社会变迁和冲突是普遍存在的，社会的每一个要素都对社会变迁产生积极作用。社会冲突的根源在于特定的社会结构，这种结构就是阶级结构。社会冲突会引起社会结构的变迁，特别是权威结构的变迁。

科塞把冲突的根源归为两类，一类是物质性原因，主要指权力、地位和资源的分配不均；另一类是非物质性原因，主要指价值观的不同。科塞的冲突论用大量事实证明，社会冲突不仅是社会的普遍现象，而且具有很重要的正功能。他指出，如果一味地将冲突视为病态，就会忽视对个人需要的关注，使社会僵化，让社会留下隐患，会导致更严重的冲突。相反，如果社会对冲突采取宽容的态度，并将解决的方法制度化，就会把事态引向合理的轨道，这是具有活力的开放的社会结构的标志。

米尔斯对冲突论的主要贡献是提出了"权力精英"理论。他认为，美国是一个由权力精英支配的社会。做出重要决定的国家权力主要集中在企业领导人、政治家和军事领袖手里，他们的决策决定了美国社会的基本结构和趋向，左右着美国中下层人民的生活。权力精英集权力、财富和声望于一身，而普通民众被剥夺了对公共事务的一切影响力，被迫依附于他们所不能控制的各种力量，他们可能对国家的政策做出反应，却难以影响国家的政策制定。[①]

（三）第三阶段：社会冲突理论的延续扩展

科林斯的冲突社会学、历史比较社会学中摩尔关于独裁与民主的研究、佩奇的农业革命理论、蒂利的资源动员理论等，都构成冲突理论的重要组成部分。

如何评价社会冲突的功能，主要有两个理论传统。第一个理论传统是以马克思和达伦多夫为代表，强调社会冲突的破坏作用，认为社会冲突是功能失调的"社会病态"现象，具有破坏、分裂社会的反功能。第二个理论传统是以齐美尔和科塞为代表，认为社会冲突具有社会整合的作用，社会冲突是一种正常的社会现象，能够缓解社会系统的压力，具有"社会安全阀"和促进社会进步的积极功能。[②]

社会冲突理论是以美国为代表的西方社会日益尖锐的社会矛盾在理论上的反映，冲突理论的价值在于，它打破了20世纪初期结构功能主义一统天下的局面。帕森斯的结构功能主义，强调社会成员共同拥有的价值取向对维系社会整合、社会稳定的作用，是一种保守主义的表现，而社会冲突论者则比较激进，他们强调冲突对于社会发展的

[①] 侯钧生：《西方社会学理论教程》，天津：南开大学出版社，2004年版，第172~188页；贾春增：《外国社会学史》，北京：中国人民大学出版社，2005年版，第260~262页。

[②] 张淑凤：《群体性事件研究述评》，《中共乐山市委党校学报》2013年第11期。

作用。社会冲突理论推动西方理论社会学形成了百家争鸣的格局,因此,了解社会冲突理论的发展演进轨迹,可以帮助我们认识西方社会的特点和真实状况。此外,社会冲突理论的一些观点,如安全阀机制、冲突调解机制、冲突干预机制等,对维护国家秩序、创新我国的社会治理体系现代化也有很强的借鉴意义。

二 当前民族地区的信访形势与主要社会矛盾

随着我国社会结构转型的加快和改革开放向纵深推进,不同社会群体间的利益整合与利益分化呈现新的趋势,社会矛盾与社会问题也呈现新特点。为了解当前西部民族地区社会发展的基本态势,本章尝试以宁夏为例,重点考察分析西部民族地区上访群众反映突出的信访问题。在现行体制下,信访也许是观察中国政府与社会互动的重要窗口,因为普通老百姓往往通过信访来合法地向包括中央在内的各级政府表达意见和诉求。通过分析民众上访反映的问题和提出的诉求,可以相对集中地了解社情民意及其变迁,特别是可以感触到民众对于各级政府的期待和信任及其变化。[1]

(一) 宁夏 2015 年信访形势

信访工作作为党和政府密切联系群众、倾听群众意见、接受群众监督的一种重要方式,在我国普通民众的政治生活中具有特殊的地位。近年来,宁夏信访部门以制度建设为抓手,通过调动社会资源参与信访工作,畅通信访渠道,强化源头预防,不仅妥善办调解决了群众大量的合理诉求,破解了多年的信访积案,而且推动了信访工作的规范化、制度化建设,构建了党政主导、上下联动的信访工作新格局,使宁夏的信访形势多年来持续保持了平稳、有序、可控的良好态势。[2]

首先,从信访总量来看,2015 年宁夏全区县级及以上信访部门

---

[1] 赵春娥:《我国农村弱势群体利益表达机制研究》,首都经济贸易大学硕士学位论文,2013。

[2] 资料来源于宁夏回族自治区信访局 2015 年工作总结报告 (内部资料)。

共受理群众来信来访49437件（人）次，同比下降14.4%。其中，自治区信访局受理群众来信来访11132件（人）次，同比下降31.1%；市级信访部门受理群众来信来访15407件（人）次，同比下降12.3%；县级信访部门受理群众来信来访22898件（人）次，同比下降4.7%。全区总量和区、市、县三级受理群众来信来访量降幅均为近三年来最大。

其次，从来访量来看，2015年宁夏全区县级及以上信访部门接待群众来访6208批46630人次，同比批次和人次分别下降6.8%和16.0%。其中，自治区信访局接待群众来访1127批8845人次，同比批次和人次分别下降38.6%和39.4%；市级信访部门接待群众来访1456批15062人次，同比批次和人次分别下降11.8%和12.1%；县级信访部门接待群众来访3625批22723人次，同比批次上升14.3%，人次下降4.6%。信访形势呈现"信升访降"的局面。

最后，从集体访量来看，全区县级及以上信访部门接待群众集体上访2170批40121人次，同比批次和人次分别下降14.6%和17.7%。其中，自治区信访局接待群众集体上访384批7564人次，同比批次和人次分别下降35.4%和39.5%；市级信访部门接待群众集体上访613批13691人次，同比批次和人次分别下降18.5%和12.2%；县级信访部门接待群众集体上访1173批18866人次，同比批次和人次分别下降1.9%和8.8%；到自治区信访部门的集体访为12批1022人次，同比批次和人次分别下降了73.3%和70.2%。各类突发性信访问题持续减少，信访秩序明显好转。

（二）信访内容反映的社会矛盾和问题

从2015年群众来信来访反映的内容来看，近年来宁夏的社会矛盾和问题主要集中在以下几个方面。

一是关于城镇拆迁引发的问题。此类信访问题大多是各地进行城镇化建设、城乡环境综合治理过程中引发的利益纠纷，主要是部分群众对拆迁安置补偿标准不满和对拆迁政策不理解、赔付资金不到位、安置时间违约等问题。随着宁夏新型城镇化进程的快速推进，此类问题近年来呈多发频发趋势。

二是关于土地征用引发的问题。此类问题主要集中在两个方面，首先是征地补偿问题，以遗留问题居多；其次是土地权属问题，主要是部分群众要求对没有明确权属的宅基地、自垦荒地、承包地等进行确权。总体来看，近年来因土地征用引发的矛盾逐年在减少，但随着中央关于农村土地政策的调整，因土地权属问题引发的矛盾将逐渐成为群众诉求的新焦点。

三是关于拖欠农民工工资引发的问题。近年来，关于农民工讨薪问题不仅处于多发频发态势，而且在时间节点上，由以往的年终阶段性高发逐渐转变为全年常态化现象。从诉求反映看，大部分农民工的诉求具有合理性，也能够遵守相关规定，有序上访，有协调结果后即离去。但一些涉及金额大、人员多的农民工讨薪问题处理不及时，最后导致农民工频繁到自治区政府集体上访。

四是关于劳动社保类的问题。2015年以来劳动社保方面的信访问题逐步有所减少，但矛盾仍然较为突出，约占全区信访总量的20%，涉及的主要是编制、福利待遇、社会保险、劳动合同纠纷等方面问题。

五是关于乡村干部滥用职权的问题。该问题主要是反映乡、村两级干部失职渎职、贪污腐化、滥用职权等。群众一方面对当地有关部门的答复处理结果不满，另一方面对基层组织失去信任，不相信当地领导的承诺，不愿再依靠基层组织解决问题。此外，在基层选举中，一些失利落选人员往往会串联越级上访。

六是关于经济领域的社会问题。该问题主要涉及国有企业改制、金融财税、国资监管等方面，其中以国有企业改制和民间非法集资问题为主。部分国有、集体企业改制后因负担过重、经营困难，职工权益受损引发上访问题。一些民间非法集资者以高额回报为诱饵，使集资户上当受骗，集资户预期收益落空，集资款不能收回，从而引发集体上访。

七是关于涉法涉诉类问题。虽然中央已明确规定涉法涉诉类问题信访部门不再受理，但群众"信访不信法"的固有思维一时难以改变，在群众来访中占有一定比例。大部分是反映司法不公、执行不力、对法院判决不服等问题，且重复访、越级访、无理访现象突出。

综上所述，2015年，宁夏的信访总量、来访量、集体访量都比上年度有所下降，但信访总量依然在高位运行。集体访问题突出，群体性事件时有发生，一些长期积累的信访问题解决的难度日益加大，一些信访问题常常受到不明真相的社会公众炒作，大量社会矛盾和社会问题不断通过信访渠道反映出来，信访形势依然严峻。

第二节 自发移民的发展困境与利益诉求

随着自发移民被边缘化，自发移民表达自身利益诉求的意愿越来越强烈，方式越来越多样化、尖锐化，特别是以集体行动上访成为部分自发移民的经常活动。所以，必须探讨自发移民的发展困境和利益诉求，以便更好地推进自发移民问题的解决。

一 自发移民的发展困境

为了解自发移民当前的发展困境，问卷中设计了这样的问题："您目前面临的最大困难是哪些方面？"调查结果显示，选择比例居于前三位的分别是收入少、户籍问题和无房或住房条件差，占比分别为53.4%、37.5%和34.5%；其次，选择比例从高到低排序依次为：看病难看病贵、生产资金短缺、缺土地、子女入学难、交通不方便、家中有重病人、购物不方便、其他等（见表10-1）。总体来看，自发移民普遍认为（2015年）工作很难找，收入比前几年要少，就业不充分导致收入减少是自发移民反映的当前最大的困难。此外，户籍、住房、医疗、土地、教育、社会保障等民生问题也是自发移民的诉求。

表10-1 您目前面临的最大困难是哪些方面？（选3项）

单位：人，%

位次	内容	人数	百分比	位次	内容	人数	百分比
1	收入少	373	53.4	2	户籍问题	262	37.5

续表

位次	内容	人数	百分比	位次	内容	人数	百分比
3	无房或住房条件差	241	34.5	8	交通不方便	136	19.5
4	看病难看病贵	184	26.3	9	家中有重病人	78	11.2
5	生产资金短缺	181	25.9	10	购物不方便	38	5.4
6	缺土地	173	24.7	11	其他	32	4.6
7	子女入学难	143	20.5	12	没有困难	15	2.1

注：表中的"百分比"为"有效百分比"。

如果说依托问卷了解自发移民群体面临的困境，是一种基于面上的考察，那么，通过深度访谈和参与式观察，可以更广阔的视角，深入细致地了解自发移民面临的困境，展现自发移民艰苦奋斗的历程，表达自发移民真实的心声。访谈使我们对自发移民群体的奋斗历程和当前面临的现实困难、困惑、所思所想、苦闷、忧虑有了更真实的感受、更清晰的认识。以下将通过几位有代表性的自发移民的自叙来反映当前的发展困境。

（一）虎某某：从政策性移民转为自发移民

虎某某，银川市永宁县闽宁镇Y村村民，回族，1966年出生，搬到闽宁镇已经15年。虎某某一家是搬迁比较早的自发移民户，在这里也算是老户了。

我家原来是在西吉新平乡韩落村小岔小队，1985年政府组织搬迁离开西吉来到了中卫新台乡Y村，户口现在在中卫。当时搬迁到那儿，是政府给盖的两间房子。有地，但是浇不上水，上访了3年，才把这个问题解决。1991年我就带着家里人去乌海煤矿打工干了10年，地一直也没有种，放着呢，后来也就荒了。再后来想种地又种不起了，公粮、提留款、义务二十来年没有交，算下来要6000多块，没办法种了，我就把房子和地卖了。在矿上打工10年还可以，能挣上钱，10年间一直在乌海打工，挣下的钱除了养家糊口、供孩子上学，攒下的钱买下了现在这个院子。我把中卫的地卖了,房子和地卖了6000元,2001年到这里的,买地一共花了1.5万元,6亩耕地加2亩庄院子,那时候便宜,钱值钱。这房子是买的时候他们盖的,一直也没有改建。现在生活就是靠种地外加打工,三个儿子都在银川打工,二儿子和三儿子在饭馆打工,一个月也就挣1800~2000元。大儿子在建筑工地当小工,一天能挣120~130元。从老家到中卫,打工又到内蒙古的乌海(市)海渤湾区,又从乌海到这里,走了一圈感觉现在社会变好了。我现在住的这个地方搬迁的人太多了,不行了,很多人没有地,搬迁的人多,只能靠打工,十几万人但没有地方打工。

——访谈资料 FH02

从虎某某的讲述中我们了解到,虎某某一家是一个特殊的自发移民户,原来是政策性移民,是1985年政府组织搬迁的移民,属于最早期享受政府扶贫安置政策的南部山区贫困人口。但由于安置区条件不理想,被迫外出务工,后又转卖了政府分配的安置房,来到了现在的聚居地。像虎某某一家这样由政策性移民转为自发移民,实施二次搬迁的家庭并不在少数。据统计,在自治区政府组织实施的生态移民安置区,部分移民安置房空置,有的移民村房屋空置率甚至在30%以上。出现这样的问题,主要原因是一部分政策性移民已经在其他地区实现了稳定居住,他们享受了政府的搬迁安置待遇,但实际上并不会也不想在政府规划的生态移民安置区居住。由政策性移民变为自发移民,折射出政府安置政策的不完善和安置工作的不细致,既没有考虑移民的现实需求,又增加了政府扶贫开发的成本,还有失公平,同时给基层政府的社会治理平添了难度。随着迁入区人口过快增长并受到经济发展下行的影响,打工机会越来越少,收入比以前明显减少。虎某某一家由于户籍不在当地,不能享受当地的惠民政策,房子破旧不能纳入危房改造的范围。看到政府正在给原住户安装太阳能,虎某某非常羡慕,内心有很大的落差。

（二）马某某：年轻有文化但仍然不能摆脱困境

马某某，原籍是固原市西吉县沙沟乡阳庄村，现住银川市永宁县闽宁镇 Y 村五组，36 岁（2015 年），回族。

我高中毕业在外打工 3 年，2004 年因为父亲有病身体不好，就回家了。回来之后在村上担任副支书，整天在村上跑。同时自己又办了个养羊场，投了 2 万元，由于经验不足，羊得病全死了。回家养羊期间成了家，2008 年出来先在吴忠涝河桥养殖园区喂牛，后来朋友介绍我到平罗，自己买了个板车给平罗造纸厂拉草。2010 年（经）朋友介绍（在）这里买了块地皮，花 6 万元买了四分五的地，是在地皮价最高的时候买的。去年才盖的房子。邻居划了地卖给了我们，我买他的院子没有证明，只有我们之间签的合同协议。我们这边已经开始做规划要拆迁了，我担心拆迁补偿太低。如果把户口给转过来，这里的宅基地征了能给一套楼房，以一还一，把老家的地退了我还是愿意的。打工虽困难点，但只要有房还是愿意待在这里不愿意再回去种地了。我家三个娃娃，老大上五年级，老二上幼儿园，老三在家里。这里孩子上学还可以。现在最大的困难就是打工难，没有地方可以打工，挣钱少。闽宁镇搞过技能培训，但都是领导的七大姑八大姨去的，其他人没有机会。就是走个形式，检查的时候培训两天，检查完了就没了。还有户口不在，也享受不上。家庭最大的支出就是孩子的学费。幼儿园的孩子一学期就要 2000 多元，今年本来两个都上幼儿园，没钱就送了一个 6 岁的上幼儿园。老家是在农村信用社贷的款，实行四户联保不需要抵押，如果抵押贷款还可以多贷些。在这儿没有户口，最不方便的就是医疗保险。每年都是在老家交的，用起来不方便。养老保险只有我一个人交了，一年 100 元，也是在老家交的。

现在最大的愿望就是国家能搞个技能培训，我们能学点技术，再就是希望能在这里分几亩地，打不上工的时候种地还能维持一家子的生活。

——访谈资料 FM01

马某某的经历是一部分自发移民人生经历的一个缩影。他们离开原籍后四处打工，后经亲戚朋友介绍和帮助落脚到宁夏的北部川区。在迁入地主要通过与政策性移民或原住户私下买卖土地、自行开垦荒地等方式获得宅基地或土地。近年来，随着城镇化进程的推进，自发移民的土地、房屋也面临征地拆迁。自发移民希望征地拆迁时能够和普通村民一样分到一套或几套楼房，但目前拆迁补偿政策还不清楚，使他内心充满矛盾。因为有3个孩子，教育支出占了马某某一家支出的大头，幼儿班费用高，也只能让一个孩子先上幼儿园，像马某某这样的30多岁的中青年的家庭，孩子多或者有的家庭存在超生，子女教育费用加剧了移民的生活成本。由于户籍问题，马某某贷款只能回原籍办理，但贷款额度低，起到的作用小。他也不能在当地缴纳社会保险，所以，他们家只有他一个人办理了养老保险，这种状况增加了移民断缴的风险，也不利于社会保险的扩面。

（三）安某某：担任了管理站干部的女性移民

安某某，女，1970年出生，甘肃庆阳人，原住银川市西夏区兴泾镇X村，现住银川西夏区同安园小区（自发移民拆迁后新的安置区，为城市新社区）。

我是1994年来银川的，从老家高中毕业后到银川打工认识了我老公，后来就嫁到这儿了。我是汉族，老公是回族，我现在也入教了。我老公的老家是同心县马高庄乡F村，在这边住的房子和地都是买的这里常住居民（政策性移民）的。结婚以后我老公一直在打工，我主要在家带两个孩子，后来在流动人口管理站工作，但是工资确实太低，曾经一个月只拿280元，从2014年到现在涨到一个月1200元。因为户籍不在这里，我跟兴泾镇7个村、1个组、1个居委会的几个妇联主任坐在一起感到很自

第十章　西部民族地区自发移民的发展困境与利益诉求

卑,跟他们没法比,他们都有社保,工资待遇都不一样,人家还有奖金,我们去年拿600元,今年也就这1200元,对于我个人来说,干了十来年的工作就是几百块钱的待遇,确实很委屈。现在两个女儿都上高中了,花费比较大,我也出去打工。因为户口不在这里,孩子上学要交借读费,本来是符合条件能享受到贫困学生助学金的,因为户口不在这里就没有享受上。我们虽然有医疗保险,但只能在户口所在地享受,在这里享受不了。养老保险前两年办了,现在没有交,因为必须回老家去交。2012年X村搞拆迁时我家分了两套房子,一套出租,一套自己住。现在住的楼房房产证一直也还没有,说5年以后给办。

我在流动人口管理站主要负责计划生育工作。刚干上的时候正赶上计划生育的高峰期,挺严的。尤其是兴泾镇抓得比较紧,主要是流动人口超生太厉害了,对流动人口抓得更严。一大清早就跑到住户家先做思想工作。政府管计划生育对流动人口的投入与常住人口是不一样的,补助方法也不一样。流动人口以前做完节育手术是补助一袋面再给200元,2009年以后补助就都没有了。"少生快富"在这里也享受不了,必须回原籍去办,但回原籍也不好办。我觉得这个政策挺矛盾的。因为很多节育后的优惠政策实际并不能马上给人家兑现,所以我觉得这个工作不太好干。流动站刚成立的时候,2005年到2010年效果还是挺好的。大家积极性很高,但是后来政府不重视,不太管了。从2012年部分村民拆迁以后,第一批搬迁的人已经全部在这个小区定居了。在这儿成立了一个社区居委会,现在移交到了文昌路街道办事处管,我们的户口还没有解决。

——访谈资料CA03

安某某是来自区外的自发移民。她从甘肃来到宁夏打工,认识了现在的老公,结婚生子成为自发移民村的一员,她也是回汉通婚的一个实例。因为她有较高的学历,被乡镇和村委会看中选为该自发移民村流动人口管理站的工作人员,主要负责计划生育工作。作为一名女性，她对自己多年从事的工作更多地感到无奈、委屈和不满意。她最大的希望是自己能和其他村委会的干部一样同工同酬，享受养老和医疗等社会保险待遇。她唯一庆幸的是自己抓住了第一批拆迁安置的机会，分到了两套楼房，这是她自己多年来在流动站工作中的付出的些许安慰。但由于户籍问题，她的两个孩子在当地上学要交借读费，不能正常享受银川市针对贫困生的助学金待遇，她本人的养老保险也断缴了。在流动人口管理站多年的工作经历，使她对流动人口的计划生育管理工作的难度有更多的体会和感触。她认为针对流动人口计划生育的奖励扶助措施与原住户不一致，使计划生育工作更加难做，也使政府的公信力和威望在群众中大打折扣。

（四）白某某：自发移民中的能人代表

白某某，男，1960年生，原籍是同心县马高庄乡白阴洼村，现住银川市西夏区兴泾镇 X 村。

> 我们老家是干旱带，那里就是靠天吃饭，6口人种着2口人的地，也就是十几亩地，全是山地，广种薄收，有时候连吃水问题都没法解决，甚至要到很远的地方找河里的苦水，1989年被逼来到这里，是我堂哥介绍我们过来的，听说这里打工比较方便，1989年就带上4个孩子一家都过来了。刚来那几年以打工为生，这里属于无政府管理状态。从1989年到1999年陆陆续续从政策移民手里一共买了200多亩地，因为是荒地，所以在开发的过程中就是按估的地买的。买的地主要就是种水稻，种地的同时也出去打工。2004年建西夏工业园区开始搞征地，征地的时候基本上就是按200亩给我算的，按1500元一亩补了有30万元吧，但补偿费一直拖到2012年才补到手的。
> 2005年成立了流动站（即X村流动人口管理站），我在流动站干土地管理员，主要就是管土地、社会治安、流动人口邻里纠纷矛盾排除、计划生育。在站里一直干到了2009年，从2005年到2009年是一边在流动站干土地管理员，一边自己在外头包点

儿工。打工主要是自己出去包点儿活，干土建，包工最大干过几十万块的活。我自己不懂什么技术，只是包工，包工一年能挣个六七万块，好了能挣个十来八万。2009年我就不在流动站干了。2009年到2012年这三年没怎么出去揽活儿，也是因为找不到合适的活儿，再加上家里有些地还能维持生活。

2012年（用）征地补的钱又养了一些羊。养了100多只羊，今年（2015年）以后能养到200只了。饲料主要是买的，养羊也有收益。家里有几十间房子。我住的房子占了9分地，加上养羊的地方一共有将近2亩地。孩子都出去打工了，四个儿子都结婚了，都分开过了。孩子住的地方都是我给找的地方给的钱自己盖的，一个儿子成家能给个十几万块。

——访谈资料 CB04

白某某是自发移民群体中"能人"的代表。他先后购买、开垦土地共计200多亩，后来因拆迁安置得到了高额的补偿。他曾在流动人口管理站工作过一段时间，后来自己退出了管理站，多年来以包工为主。因为土地被征用，他开始发展养羊业，而且规模较大。X村周边已被企业包围，实际上已经没有可供放牧的草地，但白某某仍然利用工厂周围的草地偷偷放牧羊群，他的羊群游走在鳞次栉比的烟囱和厂房之间，在兴泾镇形成了一道别样的风景线。

（五）马某某：自发移民中的精英人物

马某某，51岁（2015年），原籍是宁夏吴忠市同心县马高庄乡马元山村，现住银川西夏区某小区（自发移民拆迁安置小区）。

我在这里干了11年，最初流动人口管理站站长是上面派下来的，是原来西夏区流动人口办公室的，派了两届，当时我是副站长。2007年我转为站长了，当时还是我们5个人。2009年以后就剩下我和小安两个人。工资待遇方面，2005年年薪3600元，今年（2015年）工资涨了，正职月工资1500元，副职1200

元。报酬是按村委会人员算的。养老和医疗保险没有办,和普通村民一样,其他的补贴也没有。工资待遇是按村委会的标准走的,但比村委会的工资低。全区村委会的待遇是不一样的,有差距。

2009年以后镇上的领导对流动站就不太管,支持力度不够了,我的积极性也调动不起来了。申报个事情都得不到解决,对流动人口带管不管的,对待政策性移民和自发移民都是不同的,2009年以后会议很少了,村级这方面都不找我们了,有事儿才列席一下会议。计划生育这方面也放松了不管了,只要报个表就行,超计划也好不超计划也好都不是那么追究了,近几年责任认定书一直没有签。流动站办公室租的是移民的房子,2009年以后房租也没给房东付。流动站就算散摊了,有名无实。(我们)只是为了接待上面的领导或者处理一些杂事儿偶尔会来办公室,所以办公室还是留着,但一直到现在都是白用着老百姓的房子。我现在养老保险没有办,只在老家办了医疗保险。搞拆迁给补了三套房子能值六七十万元,就是我最大的收获,现在安居是没有问题了,最主要的就是考虑养老和医疗的问题了。

——访谈资料CM01

马某某是自发移民群体中的"精英"人物。曾经招工到企业工作,但由于工资低又回家务农。因为他本人高中毕业,所以在原籍的村子里也得到重用,做过村医、村组长、代课老师,由于原籍干旱少雨无法生存,被迫外出打工,后来举家搬迁到X村。在X村的15年里,马某某说他为X村的社会管理倾注了大量心血,也见证了这个自发移民聚居区从混乱不堪到井然有序,后因为征地拆迁无人管理又走向衰败的一个过程。他本人是这个自发移民村最早享受政府安置政策的住户,对目前的居住环境很满意。他认为,流动站的工作非常庞杂,但管理人员报酬低,办公室租用的是老百姓的一间房子,2009年以来一直没有给房东支付房租。近年来,政府对流动人口管理站越来越不重视。随着城镇化进程的加快,一部分自发移民聚居区面临征地拆迁，流动人口管理站形同虚设，使自发移民聚居区又陷入了新一轮的混乱状态中。自发移民找不到管理组织，没有反映问题的渠道，加剧了聚居区的社会矛盾，不利于社会稳定。

二　自发移民的利益诉求

（一）对政府的希望

为了考察自发移民的诉求，问卷设计了这样的题目："您最希望政府解决哪方面的困难？"调查结果显示，选择比例最高的是"把户口迁过来"，占46.8%；排在第二、第三位的选项分别是"帮助就业"（43.6%）、"改善生活环境"（40.6%）；接下来选择比例从高到低依次为改善住房条件、建设道路自来水等基础设施、给予贷款、孩子上学、技能技术培训、分配土地、发给最低生活保障费、搞好社会治安、改善就医条件、养老保险、医疗保险等（见表10-2）。从问卷结果来看，自发移民反映最强烈的诉求是核转户籍、帮助就业和改善生活环境，选择比例最少的是"医疗保险"，占14.6%。宁夏的医疗保险于2014年通过制度整合，将"新农合"与"城镇居民医疗保险"合并，建立了统一的"城乡居民医疗保险"，截至2016年10月，参保率已在90%以上，基本实现了制度的全覆盖。自发移民因为户籍问题，缴纳费用和报销还需要到原籍，带来很多不便，但对城乡居民医疗保险制度发展的整体状况，满意度还是较高的。

表10-2　您最希望政府解决哪方面的困难？

单位：人，%

位次	内容	人数	百分比	位次	内容	人数	百分比
1	把户口迁过来	327	46.8	6	给予贷款	221	31.6
2	帮助就业	305	43.6	7	孩子上学	197	28.2
3	改善生活环境	284	40.6	8	技能技术培训	197	28.2
4	改善住房条件	274	39.2	9	分配土地	192	27.5
5	建设道路自来水等基础设施	259	37.1	10	发给最低生活保障费	191	27.3

续表

位次	内容	人数	百分比	位次	内容	人数	百分比
11	搞好社会治安	184	26.3	14	医疗保险	102	14.6
12	改善就医条件	163	23.3	15	其他	30	4.3
13	养老保险	127	18.2				

注：表中的"百分比"为"有效百分比"。

（二）访谈中表达的利益诉求

在对自发移民的访谈中，移民们也表达了各自的利益诉求，以下是几位移民在访谈中讲到的，从中我们可以了解他们内心真实的想法。

> 移民：现在一心想把户口迁到这里，没有户口很不方便。乡上给的扶贫太阳能热水器我们没有户口的也享受不上，啥也享受不上。最大的愿望就是把户口迁过来。还有就是想把家里的房子改造改造，房子是砖包坯的房子，太旧。但户口不在这儿，房子也不能纳入危房改造。
>
> ——访谈资料 FH02

> 移民：总体来说，我觉得国家对老百姓和我们回民的政策很优惠、很好，目前我这个年龄，下一步如果政府把这里拆迁掉，能把我们迁到一个离清真寺近的地方，上寺方便一些。这里的环境太差了，就是个垃圾窝，根本没办法居住。2011年拆迁了170多户，后来又拆迁了一些，但留下的人不符合分房的政策。2015年3月，这儿的老百姓到开发区、西夏区、银川市反映情况，银川市召开了会议，研究X村的搬迁。
>
> ——访谈资料 CB04

> 移民：现在最主要的问题就是养老问题，以前也到镇上反映过、打过报告，就是想着搬迁上去的流动人口生计问题、就业门路如何解决，想着周边占用大家地的企业是不是能给安置一下，年轻力壮的给搞个技能培训，有个一技之长也好就业，中老年人

第十章 西部民族地区自发移民的发展困境与利益诉求

可以在环保部门打扫卫生、看个门什么的,这方面能解决一部分人,再就是老弱病残的是不是靠国家民政部门能给一些最低生活保障。但是反映上去也没有什么下文了。

——访谈资料 CM01

从访谈来看,虽然每一户自发移民都有各自的困难,想法也不一样,但总体来看,自发移民的诉求主要还是集中在户籍问题、提供更多的就业信息和机会、改善住房条件、改善生活环境,以及加强技能培训等方面。特别是像 X 村这样的自发移民集中聚居区,由于面临征地拆迁,移民们更希望政府尽快解决移民的搬迁,能够按照现有人口分配安置房;希望自发移民拆迁后,工业园区能够给移民提供一些就业岗位,用于安置移民,加强移民的技能培训;解决户籍问题,从而方便大家在当地缴纳社会保险、贷款;针对移民的宗教信仰,希望能够在安置区解决信教群众的上寺问题。这些诉求反映了移民群体基于生存需求和发展需求的利益表达,也是他们当前生产生活困境的具体体现。

(三)上访中表达的利益诉求

在与自发移民的访谈中,多位移民谈到自己有上访的经历,有的移民是为了自己的事单独上访,有些共性的诉求则是集体上访。上访成为自发移民谋求解决利益诉求的途径和希望所在,而集体上访则成为自发移民群体维护自身权益、表达利益诉求惯用的方式。自发移民的困境和诉求主要集中表现在以下方面。

(1)关于土地、草原确权的问题。自发移民从宁夏南部山区移民到北部川区后,在迁入地主要通过购买政策性移民或当地村民土地,或者自行开垦荒地获得土地。由于没有合法的手续证件,根据国家新的土地确权政策,这部分土地不能得到认可,从而引发自发移民的大规模集体上访。

(2)关于落实惠农政策及社会保障的问题。自发移民由于户籍在原籍,在迁入地不能享受各项惠农政策和社会保障待遇,引发集体上访。一种情形是来自区内的自发移民，如 1990 年代初期从南部山区移民到中宁县农场的自发移民，不能享受当地的各项惠农政策，不能在当地缴纳养老保险；另一种情形是来自区外的自发移民，如来自陕西省陕北地区的自发移民 30 余人，他们于 1980～1990 年代，分别迁居到宁夏银川市金凤区 F 林场，承包经营耕地，一直没有签订《土地承包经营合同》。自国家实施粮食补贴以来，F 林场以自发移民没有《土地承包经营合同》为由，拒发粮食等惠农补贴。自发移民认为不公平，要求补发粮食等惠农补贴，到自治区政府集体上访。

（3）关于宗教场所拆迁合寺的问题。随着新型城镇化进程的快速推进，大量的宗教活动场所由于征地面临被拆迁重建的问题。近年来，宁夏回族自治区提倡鼓励移民迁入区的宗教教民合坊建寺，引发大量上访问题。

（4）关于征地拆迁安置的问题。反映的问题主要包括两种情况，一种情况是认为安置房分配不公平，如宁夏银川市西夏区芦花乡顾家桥村六队村民 35 人反映，2013 年 1 月，银川市西夏区政府建设银川润恒农副产品冷链物流产业园项目，将他们的土地征收、住房拆除。2015 年 8 月，在分配安置房时，外来的自发移民得到了优先安置，原村村民认为不公平，因住房分配等问题到自治区党委集体上访。另一种情况是反映自发移民的房屋存在"被拆迁"的问题。

（四）自发移民的利益诉求行动有其必然性

透过上述记载和分析，我们可以得到以下一些基本判断。

（1）自发移民的上访是维护自身基本权益而采取的一种迫不得已的行动。自发移民群体性上访事件，反映的问题主要集中在土地和草场的权属、惠农政策的待遇享受、宗教场所的规划建设，以及征地拆迁过程中的安置、待遇等问题。对一个普通的农民而言，土地（草场）、住房以及因土地而带来的各种福利待遇是维持其生计生存的基本保障，当基本的生存保障受到了威胁，抗争必然会成为他们的不二选择，这是农民基于"生存伦理"做出的一种本能的反应。总

第十章　西部民族地区自发移民的发展困境与利益诉求

体来看,自发移民的维权抗争主要是利益之争,上访反映的诉求也是经济目的大于政治目的。在维权抗争中,他们往往具有很强的规则意识,抗议者非常关注国家发出的信号,尽力按照国家的规则来进行,无论是正式的还是非正式的,他们都不会质疑中国共产党的领导权威。反应性大于进取性,具有明显的被动性。上访是一种反应性的抗争行动,以现行的法律法规为底线,要求政府公平公正调处,行为相对控制。

（2）基层政府的不作为是自发移民走向集体行动的最主要动因。在访谈中,自发移民多次谈到,他们往往成群结队、一呼百应地去各级政府部门上访,是被逼无奈之下不得不做出的选择。但他们上访并不代表他们反对中央的政策规定,他们只是在一些切实利益受到无理或不公正对待的时候,才把信访作为一种"手段"与地方政府博弈,他们试图通过信访这种方式来借助上级国家机关的权力,以限制基层政府的不合理行为。① 在上访过程中,他们往往会以中央的某个文件精神作为抗争的依据和理由,认为地方政府的文件、做法背离了中央的精神,背离了他们认可的公平公正原则,所以,他们往往把冲突的矛头主要指向当地的基层政府,这一现象也正是当下我国乡村社会冲突的典型表现。学者赵树凯指出,"当前中国乡村冲突正在呈现新特点,冲突的发生主体已经明显地转换为农民和基层政府,而不是乡村内部的农户之间、村社之间的资源利益之争;其次,冲突过程中农民的组织方式已经越来越具有现代特色,新型的农民利益表达组织和表达渠道正在萌生,传统形式有所褪色"。② 乡村冲突的新特点,一方面源于农村基层组织对快速社会转型的不适应,另一方面也表明,加快社会体制改革,尽快改变制约移民乃至农村发展的制度机制,已经到了刻不容缓的地步。

（3）自发移民社会融入的意愿推动了权利意识的觉醒。随着自发移

---

① 于建嵘:《抗争性政治:中国政治社会学基本问题》,北京:人民出版社,2010年版,第217页。
② 赵树凯:《乡村治理:组织和冲突》,《河北学刊》2003年第5期。

民社会融入意愿越来越强烈，维持基本的生存已经不再是移民的主要心愿诉求，他们有了更高层次的梦想和追求，即更关注自身价值的体现，更重视自身权利的实现，一旦财产权、信仰权、表达权、参与权等受到侵犯或有不公的待遇，他们都会奋起抗争。自发移民集体抗争的行动表明，他们已经从关注自身的经济利益保护，开始转向追求公民权利的实现，自发移民权利意识的觉醒和提升，不仅使他们的集体抗争变得更有策略，而且给基层政府的社会治理提出了更严峻的挑战。

在现实生活中，一些地方政府往往把上访看作社会不稳定因素，或是影响其政绩的对抗行为，所以，总是试图大事化小、小事化了，以维稳的需要和旗号将各种抗争掩盖起来，却忽视了抗争群体所要表达的利益诉求，以及这种诉求本身的合法性、合理性，也忽视了这些抗争、冲突本身可能对社会变迁、社会进步带来的正向效应。所以，从社会冲突理论对社会产生的正功能来看，如果我们更多地关注移民上访的缘由及上访可能给社会带来的正效应，也许更有助于问题的解决。

第三节　本章小结和讨论

美国政治学家米格代尔在《农民政治与革命》一书中写道："农民没有完全进入主流社会制度，主要是由于受到许多条件的限制。"[1]农民在社会阶层中属于较低阶层，如果现实社会生活中没有开放和扶持的政策机制，那么他们向上流动的机会显然比较渺茫。自发移民迁移尽管在迁入区实现了稳定居住，但在迁入区依然属于被边缘化的社会群体，缺乏向上流动的机会，而不能进入主流社会主要是制度壁垒导致的结果。自发移民的发展困境主要体现在以下方面。

一　身份之困

从宁夏自发移民迁移的历史来看，自发移民迁移最早始于1980

---

[1] 钱自鹏：《维护农民工选举权的思考与认识》，《传承》2010年第12期。

第十章 西部民族地区自发移民的发展困境与利益诉求

年代初期,也就是说,宁夏的自发移民有的已经在迁入地居住了30多年。自发移民搬迁最集中的时期是1990年代至2000年,从这一时间段来看,自发移民在迁入区定居多数已达十年乃至更长时间。问卷调查统计结果显示,在被访的699户自发移民中,在迁入地居住5～10年的有479户,占68.5%;在迁入地居住10年以上的有22户,占3.1%。对自发移民来说,他们对迁入区有强烈的定居要求和融入愿望,而对那个贫困的老家已经渐渐地陌生了。但由于自发移民是自主迁移,不属于政府组织实施的政策范围内的搬迁,自发移民在迁入区往往被作为流动人口来对待。在有户籍的住户眼里,他们是"外来户"或"外乡人",对自发移民有一种潜意识的排斥。长期以来,庞大的自发移民群体因为户籍问题在迁入区不能正常享受各项惠农政策和福利待遇,成为被边缘化的群体。而户籍给自发移民群体子女带来的烦恼和困惑让移民们有更深的痛,所以,核转户籍,做真正的本地人,成为自发移民最强烈的诉求和最迫切的期待。

二 民生之困

宁夏的自发移民少部分比较集中地居住在一起,大部分是与政策性移民或原住户插花居住。自发移民聚居区的各项民生建设非常滞后,民生问题均得不到保障。这些问题主要表现在:从就业和收入来看,还有相当一部分自发移民很难得到政府的扶贫开发政策的眷顾,由于信息来源渠道不畅,自发移民外出打工主要通过亲朋好友的介绍,2015年以来受经济下行压力的影响,普遍反映打工难,收入减少,以打工为主要收入来源的就业不充分,收入偏低,尚未完全摆脱贫困;从住房来看,自发移民的住房主要是自己购买或自建,房屋质量一般,特别是银川市周边的自发移民聚居区的房屋普遍比较破旧,也得不到危房补助款;从子女受教育的国民待遇来看,自发移民的子女上学在迁入区都要缴纳借读费,中考高考都要回原籍参加考试,有的还不能就近读书;从社会保障来看,缴纳、报销社会保险费必须回原籍办理,极不方便,或者根本无法享受社保待遇;从公共基础设施来看,自发移民聚居区道路建设滞后,饮用水设施自己解决,有的仍然使用井水，污染严重，用电、灌溉等主要是自己解决，生活环境差，基本上没有什么公共基础设施，移民意见非常大。

三　权利之困

自发移民在迁入区处于政治权利贫困的状态，主要体现在选举权、被选举权缺失，在重大事项上没有发言权、表决权、知情权。由于权利缺失，信息不对称，自发移民基本不参与村级组织的管理事务，对村委会的选举不关心，对国家政策主要通过媒体了解，对居住地基层组织多有不满。随着国家土地政策调整，自发移民购置的土地、开垦的荒地、经营的林地等权属问题困扰着自发移民，在征地拆迁土地和房屋补偿方面，自发移民普遍感到政策不公平，导致大批群体性上访。

四　治理之困

对自发移民的管理成为基层政府社会治理的难点。自发移民往往以户籍不在当地为借口，在迁入地私自买卖土地、房屋，或乱搭乱建。近年来，自发移民因土地、房屋拆迁问题曾多次到政府部门集体上访。自发移民超生现象普遍，在迁入地又难以实施有效的干预，给迁入区的计划生育管理带来极大的困扰。基层政府对待自发移民，常常处于管与不管的摇摆之间。面对自发移民大量迁入带来的社会治理的新情况、新问题，政府的决策和反应明显滞后，除了将自发移民当作流动人口对待以外，在顶层设计上缺乏积极明确的应对之策，导致自发移民问题日积月累，解决的难度不断加大。

目前，我国正处于快速的社会转型过程中，各利益群体的诉求日趋多元化，社会冲突日趋加剧，利益群体之争已成为我国改革发展过程中不能回避的重大现实问题。如果我们不从认识上根本改变对自发移民的偏见，准确评价自发移民的反贫困意义，不尽快改变自发移民的身份困境、民生困境和权利困境，为自发移民群体创造生存发展的良好环境，不能让改革发展成果惠及这一群体，将会导致自发移民群体更强烈的不满，他们争取权益的抗争也会给民族地区的基层社会治

第十章 西部民族地区自发移民的发展困境与利益诉求

理带来更多的困扰。

走向"善治",实施积极的社会政策,是民族地区基层社会治理创新的方向。为此,必须尽快建立利益均衡机制,扩大改革受益者的范围,让多数人受益,促进社会公平公正,更好地满足社会各阶层的利益表达诉求,这也是应对自发移民诉求的基本态度取向。

第十一章
创新自发移民聚居区社会治理的思路和建议

自发移民,是西部民族地区在实施扶贫移民开发战略进程中产生的一个特殊群体。多年来,地方各级政府在对待自发移民问题上意见不一、疑虑重重,迟迟缺乏有效的政策措施出台,使自发移民问题成为困扰西部民族地区基层政府社会治理的难点。创新自发移民聚居区社会治理,需要历史地、辩证地认识和看待自发移民群体,也需要各级政府实施积极包容的社会政策。

第一节 创新自发移民聚居区社会治理的意义

创新自发移民聚居区社会治理的前提是正确认识和评价自发移民,因而有必要探讨一下认识和评价自发移民的几个理论视角。

一 如何认识和评价自发移民

(一)自发移民的迁移具有历史传承性

迁移从根本上讲是人类趋利避害本质的体现。无论是政治的、经济的、军事的还是宗教的原因,迁移一直在人类历史上不断地延续着,是人类历史上非常普遍的社会现象,从古到今,历来如此,具有传承性。中国人有句古话叫作"树挪死,人挪活",是对绵延不断的迁移历史的一种经验总结。人们为了躲避灾害和战乱,戍边屯垦,摆脱其他民族的侵扰和迫害以及政治流亡等而流动迁徙。在当代中国,数亿人迁移流动的民工潮源于改革开放以后工业化对劳动力的大量需求以及各种束缚的解除。宁夏自1983年开始由政府组织的移民搬迁规模在历史上是空前的，同时还催生了一大批自发移民，这一人口的迁移流动也是历史的传承。

（二）自发移民迁移的正当性

赋权（empowerment）是指赋予个人或群体权力或权威的过程。在现实生活中，由于社会利益的分化和制度安排等原因，处于社会底层或社会边缘的弱势群体总是缺乏维权与实现自我利益主张的权力和能力。① "赋权于广大贫困农民并提供市场参与机会，是改革开放初期我国实施以体制改革促进减贫为主，以救济式为辅的扶贫治理体系能够实现大规模减贫的重要原因之一。"② 赋权理论在1980年代被成功地运用于农村改革，广大农民在获得农业生产经营自主权后，迅速抓住机遇，在短期内解决了温饱和摆脱了贫困。

赋权理论常常被用来解释社会生活中的社会底层群体的基本权利无法得到满足和实现甚至被剥夺的状况。这一理论的基础在于承认生存和发展是每一个来到这个地球上的社会成员的不可剥夺、不可让渡的权利。如果他本人由于各种原因缺乏获取自己生存发展所必需资源的能力，那么社会就有责任帮助他获取这些基本的资源。同样，每一个人，他在不危害社会的共同利益、不伤害他人利益的前提下，有权谋取自己生存发展所需要的各种资源。从这个意义上可以说，自发移民的迁移是为了摆脱极度贫困的状态而采取的行动，这种行动本身具有正当性，无可厚非。迁移是自发移民为维护自己的生存发展权而采取的行动，是为了改变贫困状态而采取的路径和方式。

（三）自发移民迁移模式与政策性移民迁移模式的内在联系

在过去的移民搬迁中，无论是政策性移民，还是自发移民，搬迁不仅要付出高昂的物质代价和成本，也要付出巨大的精神代价，包括

---

① 范斌：《弱势群体的增权及其模式选择》，《学术研究》2004年第12期。
② 黄承伟、覃志敏：《论精准扶贫与国家扶贫治理体系建构》，《中国延安干部学院学报》2015年第1期。

故土情结和社会网络关系破坏、精神文化方面的不适应等。而过去所有的扶贫开发模式都有一个共同的特点，即政府主导。无论是易地搬迁，还是产业扶贫、金融扶贫，无论是造血式扶贫还是输血式救济，都是自上而下的实施，因为所有用来扶贫的资源都掌握在政府手中。贫困群体参与远远不够，也就难以有高涨的热情和积极的效果。

作为对以技术为中心，自上而下、保守的传统发展模式的反思和批判，"参与式发展"（participatory development）强调以参与和赋权为核心。参与的基本特征是发展干预的目标群体能够参与发展干预的全过程，能够通过自身的积极主动参与，在发展过程中做出贡献。①在政府组织的移民搬迁中，依照参与式发展理论，移民参与是让那些由于搬迁而受到改变的农户有权过问他们的未来，并参与将要改变他们命运的决策制定。②强调农户既是移民搬迁的受惠者，也是迁移活动的实施者，因此，应该调动农户参与的积极性和主动性，避免强制搬迁和信息不对称所带来的不良后果。

而合作型反贫困的含义是：反贫困工作不是由任何一个单一主体的投入即可完成的，它需要政府、社区、贫困群体之间的有效合作，这种有效合作必须通过一个有效的平台来完成。在合作型反贫困理念中，贫困被视为政府、贫困社区和贫困群体所共同面对的"客体"，强调在确实提升贫困群体权利位置使之处于与政府平等地位的基础上，将在政府内部以及贫困社区内部系统的合作视为整合扶贫资源和提高反贫困成效的重点。③

无论是赋权理论还是参与式发展理论，或者是合作型反贫困理论，其核心理念都是共同的，即扶贫开发、扶贫行动如果不调动贫困人口摆脱贫困的主动性、积极性，没有扶贫对象的积极全面的参与，

---

① 李小云：《参与式发展概论：理论·方法·工具》，北京：中国农业大学出版社，2001年版。
② 时鹏等：《基于农户视角的生态移民搬迁意愿及影响因素探析》，《中国水土保持》2012年第11期。
③ 林万龙、钟玲、陆汉文：《合作型反贫困理论与实践》，《农业经济问题》2008年第11期。

第十一章　创新自发移民聚居区社会治理的思路和建议

就不能取得积极的效果，反贫困必须有多方的参与合作，特别是贫困群体的参与才能取得事半功倍的效果。按照赋权理论和参与式发展理论，政府不应拥有独立控制发展和配置发展资源的权力，而应把一部分权力交给干预目标（扶贫对象）。扶贫对象要具有对涉及自身利益和命运的重大事项的决策权，具有反贫困政策制定过程中的知情权和发言权，包括对扶贫资源使用的知情权、发言权，等等。参与式扶贫开发可以说是全世界范围内具有普遍意义的理论。对中国的易地移民搬迁这一反贫困模式来说，尤其需要运用这一理论去指导。

当然，多年的反贫困实践表明，在扶贫开发中政府作用的发挥非常关键，但是也不能无限夸大政府的作用，企图包办一切的做法只会背离美好的制度设计，加剧贫困人口的依赖思想。所以，让贫困人口主动积极地参与到政府组织的反贫困战略中，激发他们艰苦奋斗的意识，调动他们脱贫致富的主动性，培育他们自立自强的精神，让贫困人口主动融入反贫困实践中应是政府施政决策考虑的关键。

自发移民没有直接参与政府的有关扶贫开发项目，他们的移民搬迁既没有政府的动员、组织和资助，也没有听到有关宣传和动员，这就是自发移民搬迁的路径与政府组织的移民的不同之处。但自发移民是在广义上参与了党和政府的扶贫开发部署，比起政策性移民或在本地参加政府的扶贫开发项目的贫困人口，自发移民的自我脱贫就是对扶贫开发战略的直接支持和参与。这种参与，是在缺乏政府直接组织引导下的主动的参与，不是"要我搬迁"，而是"我要搬迁"；这种参与，倾注了他们巨大的热情和勇气，耗费了几乎全部的家庭财产，特别是究竟能否在新的地方扎下根来，有很多未知的不可预期和控制的因素，又要承担极大的风险。因此，肯定自发移民的迁移行动，也是对参与式扶贫的肯定，有助于调动贫困人口参与扶贫开发的积极性和主动性。

二　充分肯定自发移民对反贫困的意义和价值

分析自发移民对反贫困的意义和价值，是正确认识和评价自发移民群体的前提和关键。自发移民的自主性搬迁产生了一些负面的影响，例如对资源的无序开发现象和造成生活环境的脏乱差等，但比起他们在没有政府和社会的支持下摆脱了贫困，仅就这一行动的积极社会意义和价值来说，正面的作用要远远大于负面的效应。

我国自1980年开始实施大规模减贫计划和政策，30多年投入了巨大的人力物力财力。自国家实行"三西"扶贫开发计划以来，国家每年对西部地区的扶贫资金的投入都有数亿元人民币，例如从1983年到2005年的20多年间，国家对宁夏的各类扶贫资金的总量达到65.63亿元。"十二五"期间宁夏中南部地区易地扶贫搬迁工程实施五年来，全区累计完成投资123亿元，搬迁安置移民7.65万户32.9万人，人均投入3.74万元。

而自发移民的迁移完全是自主自助式的迁移，他们没有享受国家政府的任何资助帮扶，是完全依靠家庭或个人的积蓄和亲朋邻里的帮助，走出了环境恶劣的山区，走上了脱贫致富的道路。可以说，他们的反贫困之路与国家政府的反贫困战略和目标是完全一致的，自发移民减轻了政府反贫困的压力。从这个角度来说，自发移民的迁移对反贫困实践是有很强的示范和引导意义的，他们的做法应该得到全社会的认可和理解。

三　创新自发移民聚居区社会治理的必要性和可行性

（一）创新自发移民聚居区社会治理的必要性和紧迫性

一方面，让成千上万的自发移民游离于政府管辖和社会治理之外，使他们成为无人问津的边缘化群体，无论对自发移民，还是对社会和国家都不是一件好事。自发移民问题久拖不决将加剧移民的心理失衡，导致越来越严重的社会问题。另一方面，如果这部分群体不能完全脱贫，显然也会影响整个西部民族地区脱贫目标的如期实现。因此，从创新和加强社会治理、精准扶贫精准脱贫两个方面看，解决自发移民问题都是必要的、刻不容缓的。"十三五"末，我国要实现农村贫困人口全部脱贫，要打赢精准扶贫这场硬仗，自发移民问题是绕不过去的一个迫切需要解决的问题。西部民族地区的自发移民都有其规律性，对其社会效益也要做出全面评价。如果对这一群体放任不管，这部分群体不能完全脱贫，显然也会影响各省区脱贫目标的如期实现。反之，如果我们的观念解放一些，对那些自主搬迁、走出大山的贫困人口予以扶持，能积极稳妥地把自发移民纳入精准扶贫的举措之中，规范土地转让活动，那么将会取得事半功倍的扶贫开发效果。

（二）创新自发移民聚居区社会治理的可行性

（1）解决自发移民问题已经没有政策法律障碍。十八届三中全会后，中央关于全面深化农村改革的战略决策中，明确提出促进土地承包经营权有序流转的政策，这为自发移民流转所得宅基地、耕地确权奠定了政策和法律基础。

（2）解决自发移民问题的历史时机已经成熟。从各省区的实践来看，2013年12月，宁夏回族自治区出台了《中共宁夏回族自治区委员会关于深化改革推动经济社会发展若干问题的决定》，提出"自治区内自发移民在迁入地农村居住并承包经营农村土地的人员，可在迁入地入户"。2016年1月7日，宁夏回族自治区党委李建华书记在全区脱贫攻坚誓师大会上的讲话提出：宁夏24万自发移民中存在的各种问题，也要统筹考虑解决。宁夏回族自治区在解决自发移民问题上已迈出了实质性的步伐。2016年1月6日，自治区党委、政府两办印发《关于M移民区整体移交银川市管理有关问题的指导意见的通知》，开启了解决自发移民问题的具体进程。文件提出，一揽子解决M移民区自主迁徙居民问题，促进该地区经济持续健康发展、社会和谐稳定，为全区解决自主迁徙居民问题提供经验和借鉴。困扰自发移民和迁入地政府一二十年的问题——自发移民的合法性问题终于有了比较明确的正式意见。宁夏回族自治区党委、政府提出解决全区自发移民问题的决策，是一项事关民生、顺利实现脱贫目标和与全国同步进入全面小康社会的重大举措，无疑为西部民族地区整体解决自发移民问题积累了宝贵经验和提供良好的示范和借鉴。

（3）大多数自发移民自力更生已经摆脱了贫困。与国家在政策性扶贫移民开发中的巨额投入相比较，自发移民艰苦创业的做法和精神应该给予肯定。自发移民的整体收入水平已比过去大幅度提高，要远高于贫困地区人口的收入水平，大部分自发移民实际上已经摆脱了贫困，也为他们整体脱贫创造了条件。国家在已经摆脱贫困的自发移民身上可能的投入要远远低于对易地搬迁移民的投入。

第二节 创新自发移民聚居区社会治理的思路和对策

一 创新自发移民聚居区社会治理的思路

（一）政府在创新自发移民聚居区社会治理中负有主体责任

1. 创新自发移民聚居区社会治理，体现着政府的责任和担当

随着自发移民群体经济实力的提升，他们的社会融入的意愿越来越强烈，自发移民群体特别是新一代的自发移民，维权的意识越来越强，因此，要保障自发移民聚居区的社会稳定，实现脱贫目标，必须摒弃长期以来对自发移民采取的排斥、拒绝和冷漠的惯性思维和态度，实施包容、接纳的社会政策。创新自发移民聚居区的社会治理，既考量着政府的作为和智慧，也考量着政府的责任和担当。

随着自发移民越来越多，相应也积累了比较多的社会治理问题。对自发移民的自主迁移行为，对移民扶贫开发区的土地自行转让的现象，究竟应当采取什么政策来应对，是严格禁止还是积极引导，是自主行事还是规范约束，这是需要政府来研究对策的。面对改革开放以来的自发移民问题，我们的管理机制确实要不断创新，提高应对能力，解决效率低的问题。一是今后为避免大批自发移民的再产生，特别需要加强对生态移民区的管理，规范土地流转。"十二五"期间宁夏易地搬迁安置移民7.65万户32.9万人，这些生态移民区可能还会为自发移民的产生提供条件和土壤。对于生态移民的二次搬迁和土地房屋的流转既不能完全禁止，也不能放任不管，而需要在规范化的制度规定中有序进行。二是宁南山区贫困人口的流动迁移要与宁夏的新型城镇化建设结合起来，采取多措并举、综合配套的政策，提倡劳务移民，鼓励贫困人口迁往城镇打工就业。

2. 统筹安排解决自发移民问题所需资金

自治区各地方政府过去之所以对解决自发移民问题顾虑重重，缺乏积极性，一个重要原因是地方财政负担会加重。部分自发移民聚居区基础设施比较差，道路交通、水利等基础设施建设薄弱，学校、医疗机构、公共卫生和公用上下水，都需要整治或重建。目前，完善自发移民聚居区的基础设施条件，加强配套的公共服务，需要大量的资金投入，会给政府带来巨大的财政压力。对自发移民必须提供的公共产品和基础设施建设的投入要从自治区的角度全盘考虑，自治区要为地方分担需要的资金，同时考虑把扶贫开发和自发移民结合起来，政府的公共事业建设项目要适当向这些地区倾斜。具体可以考虑以下一些举措。

一是将自发移民群体纳入新一轮的扶贫开发项目范围，从而使这一群体能够直接享受政府的政策支持；迁出区与迁入区之间必须精诚合作、群策群力，共同分担移民安置所需的费用，在涉及土地、住房、惠农补贴、社会保障等各方面费用分担比例上要提前谋划，从而为解决自发移民的现实困境提供经费上的支持与合理的财务分担。二是鼓励和推动更多社会力量参与扶贫工作。在解决自发移民的安置问题上，政府既要积极履行责任，推动问题的尽快解决，也要避免大包大揽，为社会适度让渡空间。政府要将公共资源、社会资源与市场资源有机整合起来，更好地发挥社会组织在扶贫工作中提供就业信息、技能培训、心理疏导、精神慰藉等方面的优势作用。三是按照中央部署，整合使用财政涉农资金，形成"多个渠道引水、一个龙头放水"的扶贫投入新格局，从而破解我国长期以来形成的在涉农资金使用方面撒胡椒面、多头下达等突出问题，解决资金使用分散或重复、效益低的问题。

（二）创新自发移民聚居区社会治理的思路

当前，西部民族地区各级地方政府应从全面建成小康社会以及实现精准脱贫目标的要求出发，全力推进自发移民问题解决。创新自发移民聚居区社会治理要坚持"尊重历史，以人为本"的原则，本着

"消化存量，控制增量；整体解决，分类施策；抓住重点，保障民生"的思路进行，要摒弃固守国家行政区划的狭隘的地方本位主义意识，实施积极的社会政策。

（1）"消化存量，控制增量"。首要任务是防止自发移民点的无序扩张，加强管理服务工作。对集中连片居住、形成规模的自发移民点，要尽快明确属地管理，纳入迁入地管辖。

（2）"整体解决，分类施策"。对迁入本省区的自发移民要通盘考虑，整体解决。在解决的先后顺序上，一是迁入地集中连片、形成规模的自发移民群体；二是混居于政策移民区且人口占比较高的自发移民；三是零星插花的自发移民。

（3）"抓住重点，保障民生"。政府相关部门必须密切配合，通力合作，抓住重点。要把保障民生作为工作的出发点和落脚点，切实维护自发移民的各项合法权益。

（三）统筹解决省（区）内外自发移民问题

自发移民的跨省区迁移，是西部民族地区人口流动的显著特征。按照宁夏回族自治区公安厅的调查，全宁夏的自发移民中尚有近4万名外省籍的人口。关于M移民区的文件提出解决自发移民问题的范围只限于宁夏籍，如果要整体解决自发移民问题，是否要把外省籍移民排除在外呢？建议还是一揽子通盘解决为好。当然，也需要请求中央出面，从国家层面出台政策统筹解决跨省区自发移民问题。

第一，统筹解决跨省区自发移民问题，有利于社会的安定团结。如果不打算解决外省区的自发移民，那么可以有两种选择：一是遣返原籍，二是长期当作流动人口对待。遣返原籍，显然难度非常大，宁夏作为一个具有悠久的移民传统的地区，历史上的人口迁徙源远流长，遣返也与当代中国开放的社会氛围和社会环境不相协调。长期被当作流动人口对待，事实上他们已经定居在宁夏，而非流动人口硬要被当作流动人口对待，既不能保障这一群体的权益，也会给社会治理造成麻烦和困难，所以亦非长久之计。

第二，统筹解决跨省区自发移民问题，有利于实现反贫困的总体目标。跨省区迁移的自发移民,绝大部分也是原来的贫困人口。他们为生活所迫,迁居到外省区。妥善解决他们的问题,让他们在迁入地安居乐业,也是全国实现反贫困"两个确保"总目标的一个重要内容。

第三,统筹解决跨省区自发移民问题,将为全国解决此类问题提供经验借鉴。

据2011年的调查,宁夏固原市西吉县按照户籍统计的人口是50.5万人,然而实际上常住人口只有41.2万人。西吉籍农民自发迁徙到新疆的有数万人之多。[①] 据了解,新疆昌吉回族自治州就有10万名宁夏籍自发移民。新疆能否把所有宁夏籍移民遣返,显然不可能也不应该。宁夏采取主动积极的态度和步骤,统筹解决外省区迁入本区的自发移民问题,既有利于宁夏迁居到外省区人口问题的解决,也可为全国解决此类问题提供经验借鉴。

(四) 创新自发移民聚居区社会治理的难点和重点

1. 公共资源的配置问题

解决自发移民的户籍问题,其制约的关键点有以下几个方面。第一,土地房屋等资源的分配问题。自发移民拥有了当地的户籍,政府能否满足自发移民提出的分配土地、住房的要求。第二,社会保障等福利待遇问题。涉及移民的养老、医疗保险资金需要政府补贴的部分费用如何核转解决,社会救助、低保等福利待遇如何配置划转到迁入地。第三,惠农政策待遇保障问题。拥有土地或仍在耕种土地的移民,他们能否与原住户一样享受国家同等的惠农政策待遇。第四,关于基础设施建设问题。自发移民集中聚居区基础设施建设普遍滞后,特别是事关民生的公共服务设施不足,如学校、医疗机构、道路、水网管道等如何建设的问题。

以上四个方面正是解决自发移民问题的瓶颈和制约因素,也导致地方政府不愿解决或虽有愿望但能力不足而无法解决自发移民问题。

[①] 孔炜莉、陈之曦:《宁夏自发移民户籍管理问题研究》,《宁夏社会科学》2012年第3期。

解决自发移民户籍问题的核心是公共资源的分配问题,迁出、迁入地政府缺乏沟通、协调。迁入地政府认为,自发移民与当地居民争夺资源,不受国家政策保护,一旦解决他们的户籍问题,不仅默认"不合法行为合法化",而且必须解决他们的农业补贴、救灾救济、社会保障等一系列问题,还需要投入大量资金加强基础设施建设,增加迁入地政府的财政负担,形成无序迁移的恶性循环。迁入地政府不愿承担为自发移民提供公共产品和公共服务的责任,致使自发移民集中聚居区成为社会管理盲区,成为被国家"遗忘的角落",矛盾积累多,负面影响大。根据调查,目前,区内自发移民的主要诉求是希望政府能为他们解决在迁入地的户籍,使他们成为在当地有户籍的合法公民,并因此能享受相应惠民政策以及政府提供的公共服务和公共产品。[①]

2. 整体解决跨省区迁移问题

自发移民来源多,既有省区内的,也有省区外的。自发移民问题在西部民族地区具有普遍性,不单单是一个省区内人口流动的问题,还涉及大量外省区流入的自发移民群体的问题。从宁夏来看,24万名自发移民群体中,省区内迁移的人口占83%,外省区迁入的自发移民占17%,外省区的自发移民群体成为解决自发移民问题的一个难点。所以,解决自发移民问题需要从国家层面予以考量,更需要西部民族地区各级政府从保障民生的角度出发,通力合作,树立整体解决自发移民问题的思路和理念。

3. 理顺土地房屋权属关系问题

户籍和土地问题是解决自发移民问题的关键。土地权属的混乱已经是普遍严重的问题。例如,红寺堡这一宁夏最大的移民开发区,曾被称为"户不清、人不清、地不清、房不清"的"四不清"地区(2011年),相关部门认为五年内都不一定能把"四不清"完全搞

[①] 陈通明、孔炜莉等:《宁夏政策性移民和自发移民户籍管理制度改革研究报告》,载《2013中国生态移民与区域发展学术研讨会论文集》,2013。

清。移民开发区的土地都是新开垦的土地，荒地很多，政府当年分给政策性移民时就比较乱，有些政策性移民随意占地更是司空见惯，而他们出于利益驱动又把土地转让给自发移民。在扶贫移民开发区，土地（包括宅基地）的转让现象长期普遍存在，导致土地房屋隶属关系比较复杂，有的自发移民占有的土地经过了多次转手，有的开发荒地没有任何手续，还有的公职人员也占有一些土地。在自发移民和政策性移民混合居住的地方，这种隶属关系就更加复杂。

4. 落实厘清户籍关系

大部分自发移民的户籍都在原籍，即处于人户分离的状态，而其中少部分自发移民的第二代甚至到了谈婚论嫁的年龄，都没有户口，属于无户籍人员，有的户口拿在自己手里，成了"口袋户"，有些自发移民的户口则已经迁入当地。

5. 促进移民的社会融入

自发移民在迁入区永久性稳定定居和融入迁入地，对防止社会失范、降低社会风险、维护社会稳定、打赢精准脱贫攻坚战、实现社会和谐都具有非常重要的意义。自发移民融入迁入地的过程，不仅是移民再社会化的过程，也是移民的价值观念从传统向现代转变的过程，对于文化程度不高、阅历相对简单的自发移民来说，这是一个艰难的、渐进的过程。在当代改革开放的大背景下，社会结构转型和新型城镇化对每一个社会成员的行为模式都产生了深刻影响。大部分自发移民有适应、融入迁入地的意愿，但能否适应迁入地的社会生活，实现与迁入地的顺利融合，不仅取决于他们自身的努力，也受到社会环境的极大影响。让自发移民真正融入迁入地，在当地安居乐业，应当是政府施策的主线和重点。

二 创新自发移民聚居区社会治理的对策

创新自发移民聚居区社会治理体制机制，必须以开放包容的态度对待自发移民，要从政治上平等对待、经济上帮扶、社会上支持、文化上重塑、生态上建设，尊重和维护自发移民的合法权益。

（一）赋予自发移民合法身份的关键是在户籍制度改革中加快核转落实户口问题，使其在迁入地落户

户籍管理制度是新中国成立后基于国情建立的一项基本社会管理制度，在我国的人口管理中发挥了重要作用，其功能主要体现在统计人口信息、身份证明、户籍档案管理等方面。我国的户籍管理制度建立之初是为了重建社会秩序，是出于维护社会稳定的需要，但由于我国城乡之间经济社会发展的不均衡不协调，户籍制度则又进一步演化为资源配置、社会控制、利益分配的重要手段。户口作为资源配置和利益分配的重要凭据，限制了公民自由迁徙、定居和享受社会福利的范围。① 这也使我国西部民族地区自发移民的落户成了一个非常棘手的问题。随着社会的快速转型发展，户籍管理越来越成为制约社会公平公正的一项制度性障碍，对户籍制度批判改革的呼声越来越高。近年来，打破城乡二元分割的局面，促进农村人口的自由流动，已成为我国户籍制度改革的大方向。要针对自发移民的不同情况，依据是否拥有土地住房，解决自发移民户籍问题。

（1）拥有迁入地土地的自发移民。一是在迁入地有宅基地和承包地的自发移民，自愿在迁入地落户的，可在迁入地申请办理居民户口。二是在迁入地有农村宅基地的自发移民，自愿在迁入地落户的，可在迁入地申请办理居民户口。三是在迁入地有承包地的自发移民，自愿在迁入地落户的，须提供迁入地农牧部门出具的土地证明材料，以及提供自愿放弃原籍承包地证明材料，可在迁入地申请办理居民户口。在迁入地签转户籍的自发移民，继续享受原居住地退耕还林政策，原户籍必须无条件核销，原居住地的房屋全部拆除，终止原居住地的土地承包合同，土地交由当地政府进行生态恢复。

（2）没有迁入地土地的自发移民。在迁入地没有承包地的自发移民，按照是否拥有"固定住所、稳定职业、一定年限"的条件，根据移民的迁移意愿，逐步纳入迁入地人口管理中，对自愿迁入在城

---

① 陆益龙：《户籍制度——控制与社会差别》，北京：商务印书馆，2003年版，第198页。

第十一章 创新自发移民聚居区社会治理的思路和建议

镇落户的自发移民,要按照国务院《关于进一步推进户籍制度改革的意见》,不得将收回宅基地和承包地作为进城落户的条件。自发移民的户籍核转落实后,要加快解决涉及他们的民生保障问题。将自发移民的养老、医保等纳入迁入区社会保障服务体系。将重残、低保、五保、孤儿、优抚、高龄等特困人群保障信息接转纳入迁入区,列入辖区特困人群保障范畴,这一做法也有助于在新型城镇化背景下推进自发移民的市民化进程。

(3)避免重复享受国家扶贫优惠政策。在政府组织移民搬迁的过程中,特别是"十二五"期间组织的易地搬迁工程中,一些自发移民也获得了移民新区的住房和土地。因此,整体解决自发移民的工作也要精准到人到户,摸清底数。根据自愿的原则,对于在生态移民搬迁中分到房屋土地的自发移民,或迁入移民新区,或留在现迁入地,但需要退出在移民新区分到的房屋和土地。

(4)解决无户籍人员的户口。在解决户籍问题过程中一并解决超生子女入户和无户籍人员的户口问题。宁夏南部山区人口超生问题在自发移民身上同样存在。自发移民中的无户籍人员,很多都是因为超生而无法入户,一部分已经成年结婚或生育了下一代,也依然无法入户。建议在解决自发移民户籍签转过程中,一并解决无户籍人员的户口问题。

(二)建立健全自发移民聚居区的基层组织,为基层治理提供制度性资源

(1)建立村或居委会组织。加强和规范自发移民聚居区的社会治理,必须把自发移民纳入现行的行政管理体制内,对自发移民的自治权利给予法律上的保障,提高村民自治的自觉性和主动性。对自发移民居住相对集中的地区,就近划入当地乡镇(街道办事处)管理,由居住地乡镇(街道办事处)按照党的基层组织设立条件,在移民区设立基层党组织和自治组织,维护辖区稳定。不具备设立村级组织或居委会条件的,纳入就近村委会(居委会)进行管理。

(2)依法管理聚居区的宗教事务。维护现有宗教格局,维护宗教领域的和谐稳定，认真处理好自发移民的宗教信仰问题。在回族自发移民聚居的地方，由于教派分立和不同群体之间的矛盾，所建清真寺较多，例如西夏区兴泾镇 X 村三个教派就建有四座清真寺。在整体解决自发移民的过程中，需要高度重视民族宗教工作，对涉及教派与建清真寺的问题，应在法治框架内，以维护团结和谐、尊重信教群众意愿为处理的原则。

（三）维护自发移民的经济权益，使自发移民与所有贫困人口同步进入小康社会

（1）做好耕地、住宅（宅基地）的确权。对户籍已核转的自发移民，按土地实际情况予以确权。一是实际占有耕地或住宅（宅基地）属于迁入地县（市、区）国有或集体土地，流转手续清晰且无纠纷的，迁入地县（市、区）政府予以确权；二是实际占有耕地或住宅（宅基地）属于国有农场、林场用地，流转手续清晰且无纠纷的，由政府统一收回后划拨迁入地政府，再由迁入地政府予以确权。政府收回、划拨土地时，要充分考虑自发移民聚居区后续公共设施、农田基本设施建设用地需求，适当增加一定量的土地，为自发移民村镇规划发展预留空间。对于没有土地的自发移民，政府在一般情况下难以承担给他们在迁入地再分配土地的责任。因为，迁入地在大多数情况下已无地可分。

此外，针对自发移民的耕地或住宅（宅基地）的确权，还要考虑避开矿产资源区和地质灾害区，耕地要避让盐碱地等不适宜农作物生产和土壤改良成本高的土地，并考虑好今后的排水、沟渠建设问题，否则，都应通过给予相应补偿的方式调整宅基地、耕地的位置，避免为后续的整体规划和发展留下隐患。无论是生产用地还是生活用地，都要协调好水资源和土地的关系，保证水资源的配置；要处理好移民安置区老住户和自发移民住户土地权属调整关系；要处理好农田水利开发投资标准和节水灌溉的关系，整理和新开发的耕地必须使用节水灌溉系统。[①]

---

① 刘文玲、尹建国：《浅析宁夏"十二五"生态移民土地开发整理项目区的选择》，《宁夏农林科技》2011 年第 11 期。

（2）纳入精准扶贫规划，加大帮扶和就业创业扶持力度。目前，自发移民中的绝大部分已经摆脱了贫困，但有一小部分自发移民仍然处于贫困状态。习近平总书记指出："阻止贫困现象代际传递，是功在当代、利在千秋的大事。"当前，防范贫困的代际传递，是精准治理贫困的关键一环。如果自发移民群体在扶贫制度中的"被挤出"现象长期不能改变，不仅会导致一部分应该给予帮扶的贫困人口得不到及时的帮扶，再次陷入贫困，而且会加剧该群体的不满情绪，同时会无形中助长大量政策性移民"等靠要"的依赖思想，从而放大自发移民的"被剥夺感"，在移民区形成"对立"情绪，将对社会公平公正构成严峻的挑战。

当前，遏制贫困的代际传递，需要建立符合现实需求的扶贫制度，扶贫的效益将主要取决于制度和政策设计的公正与有效性。因此，一方面，我们需要重新审视过去的扶贫政策，对各类困难群体在帮扶过程中取得的效益进行评估，力求在"十三五"时期的扶贫开发过程中补足短板，让自发移民中的贫困人口都能够共享国家的好政策，从而激发贫困人口的内生动力，鼓励艰苦创业、自我奋斗的精神。另一方面，国家应进一步完善各项制度和社会政策的顶层设计，应当把自发移民聚居区的发展整体纳入精准扶贫规划中，按照精准扶贫精准脱贫的政策要求统筹安排。尽可能消除一切制度安排的歧视性规定，并尽可能对自发移民中的贫困家庭、贫困人口实行必要的制度性照顾和政策性倾斜，以保证形成脱贫的政策支持体系以及脱贫后不返贫的政策干预体系，为包括自发移民贫困人口在内的所有贫困人口的自主发展提供公平正义的制度保障。①

（四）加强自发移民聚居区社会建设，实现公共服务均等化

所谓公共服务，指的是政府为社会提供国家安全、社会安全以及包括教育、医疗、社会保障等在内的公共服务产品。公共产品不足，公共服务短缺是当前自发移民面临的现实困境。所以，针对自发移民

---

① 张赛群、汤兆云：《阻止贫困现象代际传递功在当代利在千秋》，《光明日报》2016年8月24日。

群体，要采取包容和接纳的心态，在保障基本公共服务产品供给的基础上，解决好公共服务均等化的问题。良好的公共服务是政府的基本职能，也是政府职能转变的方向，更是激发社会活力、增加社会和谐因素的重要手段。

（1）解决基础设施建设问题，营造良好的生活环境。要将自发移民聚居区的基础设施、村庄规划、产业开发和公共服务设施建设，纳入当地经济社会发展规划，倾斜安排，加速推动落实。目前，急需解决的是饮水、供电、道路、村级组织活动场所等基础设施。实施农村安全饮水工程，建设安全饮水设施，接通自来水，解决人畜饮水问题。加大乡村道路建设及环境综合治理，配套完善群众公共活动场所，逐步改善人居环境。对于房屋简陋、破损程度严重的和前期在田头私搭乱建等各类有建房意向的自发移民，引导他们按照规划建造房屋，给予农房改造补助，改善自发移民的居住环境和发展环境。

（2）维护自发移民的社会保障权益，提高社会保障覆盖面。在调研中发现，自发移民绝大部分都在原籍参加了城乡居民医疗保险，但参加养老保险的不到一半。因此，在自发移民纳入迁入地管理的过程中，要加强对社会保障的管理，扩大参保面，力争做到城乡居民医疗保险和养老保险全覆盖。在国家对城乡居民的社会保障投入方面，自发移民在原居住地的社保关系转入迁入地后，由政府负担投入的费用整体划拨给迁入地。对于自发移民中失去劳动能力的贫困人口和家庭应纳入低保范围，以保障其基本生活。对因病致贫、因病返贫的建档立卡贫困人口，要发挥医疗救助在精准扶贫中的作用，及时给予必要的医疗救助和其他形式的社会帮扶救助。为防止因病致贫、因病返贫，还要将自发移民中的重残、五保、孤儿、优抚、高龄等特困人群接转纳入迁入区特困人群保障范畴。总之，要充分发挥社会保障的兜底功能，确保自发移民中的贫困人口脱贫。

（3）发展医疗卫生和教育事业。自发移民聚居区的医疗卫生资源和教育资源不足是带有普遍性的问题。保障自发移民的受教育权和便捷就医是实现公共服务均等化的基础性工作。要适当加大对自发移民聚居区教育、医疗的投入力度，改善自发移民聚居区的教育条件和办学环境，保障其子女受教育的机会和权利，提供最基本的医疗卫生服务。

（4）强化技能培训和就业指导服务，提升移民整体素质和创业就业能力。促进自发移民就业创业，帮助自发移民发展特色产业。参照生态移民培训政策，为移民提供免费就业技能和农业实用技术培训，发挥自发移民的主观能动性，重视提升劳动技能，提升就业创业的本领，使他们从一个普通的体力劳动者尽快成长为有一技之长的技能人才，实现从"体力型"劳动者向"技能型"工匠人才的转变。为自发移民提供免费的就业创业政策咨询、用工信息、求职登记、职业指导和职业介绍等服务，把他们打造成新型城镇化建设的主力队伍。

（五）推动自发移民聚居区的文化建设，重塑移民群体的新形象

（1）形成正面评价自发移民的社会氛围。过去很多年来，自发移民的问题之所以久拖不决，一个重要的原因是自发移民往往被当作不守规矩的"流民"，其迁徙被认为是对社会产生负面影响的行动。因此，应倡导人文关怀，关心自发移民的生产和生活，引导全社会客观评价自发移民，消除偏见，纠正自发移民被"污名化"的倾向。充分尊重和维护自发移民的权益，特别是要宣传自发移民在反贫困方面的积极意义和价值，在心理上认同和接纳自发移民，形成积极评价和充分肯定自发移民的社会氛围。

（2）加强对自发移民的引导和教育。高度重视自发移民聚集区的社会治理，确保自发移民聚居区社会稳定、民风向善。一是加强自发移民的教育引导，不断提升他们的文化水平、法律观念和诚信意识；加强文化知识的学习，提升文化素质，培养遵纪守法的意识和理念，改变生活陋习，增强自身社会适应的能力；倡导勤劳致富、艰苦创业、自立自强的价值理念。二是在思想上引导教育自发移民摒弃陈旧观念，培养创业意识、市场意识、风险意识，培养移民的现代意识和文明行为，提高自发移民的科学文化和思想道德素质。

（3）提供更多参与社区活动的机会和途径。加强文化娱乐阵地建设，通过修建文化广场，开展丰富多彩的社区文化活动，满足自发移民参加文艺活动、休闲娱乐的需求，增强自发移民聚居区的凝聚力。社区是移民融入的基础，要为自发移民提供与基层政府、管理人员、当地居民社会交往和互动的机会，提供更多参与社区选举和社区管理的平台，鼓励和吸收自发移民参与，加强自发移民与原住户之间的沟通、交流、互信和互助，创造条件推动自发移民在迁入地的社会融入，增强他们对聚居区的归属感，重塑并展示自发移民群体自强不息的新形象。

（六）重视生态建设与环境治理，形成人与自然和谐发展的新格局

目前，在环境保护方面，各级政府更多关注的是迁出区，而对迁入区的环境问题显然重视不够。自发移民希望有一个整洁舒适的生活环境和空间，认为有了好的生活环境，生活才能越来越好。他们也愿意为保护家园做出自己的贡献，尽到自己应尽的责任和义务。所以，如何应对和解决新的环境问题对各级政府和自发移民而言都是一个重大的课题。

党的十八届五中全会提出，要树立创新、协调、绿色、开放、共享的发展理念，坚持绿色发展，必须坚持节约资源和保护环境的基本国策，形成人与自然和谐发展的新格局。

（1）坚持资源开发与生态保护相结合。随着《全国主体功能区规划》出台，宁夏也制定了自治区主体功能区规划，将南部山区8县划归限制及禁止发展区。今后，宁夏要严格按照主体功能区规划，坚持保护优先，严守生态红线，建成西部生态安全屏障。自发移民在迁入地的土地确权后，在迁出区退出的承包地要用于生态修复和生态建设，特别是迁出区原有的林地、草地也要得到有效的保护，避免由于人口迁移而导致人为的砍伐损毁，遏制生态环境的恶化。

（2）强化土地资源管理。土地资源是不可再生资源，重点是做好迁入区土地资源的管理和使用。严格执行土地利用总体规划，实行城乡建设用地增减挂钩，控制城镇建设用地，保护基本农田。规范迁入区的土地流转程序，严禁私下买卖转让土地。建立健全自发移民聚

居区的土地承包经营权流转机制，允许自发移民以出租、转让、转包、股份合作等形式流转土地承包经营权。

（3）重视迁入区的污染治理。从改善移民生活环境入手，做好生活垃圾、废弃物、污水和畜禽粪便的处理，保护好耕地土壤环境。加强农用残膜回收利用，推广低毒低残留农药，提高农村面源污染防治水平。严守环境质量底线，防控重大环境风险。提升自发移民的生态环境保护意识，政府和企业要切实履行保护环境的责任。

第三节 本章小结和讨论

一 从历史发展和以人为本的角度认识和评价自发移民

认识和对待自发移民，不仅需要历史的、辩证的眼光，而且需要各级政府实施积极包容的社会政策。而正确认识和评价自发移民的理论视角有如下三点。第一，宁夏自1983年开始由政府组织的移民搬迁规模在历史上是空前的，同时还催生了一大批自发移民，这一人口的迁移潮流也是历史的传承。第二，从每个公民趋利避害追求幸福的需求来看，自发移民的迁移具有正当性。赋权理论常常被用来解释现实生活中社会底层的基本权利无法得到满足和实现甚至被剥夺的状况，这一理论的基础在于承认生存和发展是所有来到这个地球上的社会成员不可剥夺、不可让渡的权利。第三，从参与式扶贫的角度来看，自发移民的迁移模式与政策性移民的迁移模式有内在的有机联系。自发移民在改变贫困面貌的过程中，主动参与的程度要远高于政策性移民。

扶贫开发、扶贫行动如果不调动贫困人口摆脱贫困的主动性、积极性，没有扶贫对象的积极全面的参与，就不能取得积极的效果，反贫困必须有多方的参与合作，特别是贫困群体的参与才能取得事半功倍的效果。参与式发展理论可以说是全世界范围内具有普遍意义的理论，对中国的易地移民搬迁这一反贫困模式来说，尤其需要运用这一理论进行指导。自发移民的自我脱贫是对扶贫开发战略的直接支持和参与，这种参与，是在缺乏政府直接组织引导下的主动参与，不是

"要我搬迁",而是"我要搬迁";这种参与,倾注了他们巨大的热情和勇气,耗费了几乎全部的家庭财产,特别是究竟能否在新的地方扎下根来,有很多未知的不可预期和控制的因素,又要承担极大的风险。因此,肯定自发移民的迁移行动,也是对参与式扶贫的肯定,有助于调动贫困人口参与扶贫开发的积极性和主动性。

自发移民的自主性搬迁虽然产生了一些负面影响,例如对资源的无序开发和造成生活环境的脏乱差等,但他们对全社会在反贫困方面的贡献和积极意义无疑是最值得肯定的。

二 创新自发移民聚居区社会治理不仅是必要的也是可行的

一方面,让成千上万自发移民游离于政府管辖和社会治理之外,使他们成为无人问津的边缘化群体,无论对自发移民,还是对社会和国家都不是一件好事。自发移民问题久拖不决将加剧移民的心理失衡,导致越来越严重的社会问题。另一方面,如果这部分群体不能完全脱贫,显然也会影响整个西部民族地区脱贫目标的如期实现。因此,从创新和加强社会治理、精准扶贫精准脱贫两个方面看,解决自发移民问题都是必要的、刻不容缓的。

解决自发移民问题的历史时机已经成熟。党的十八届三中全会后,中央关于全面深化农村改革的战略决策中,明确提出促进土地承包经营权有序流转的政策,这为自发移民流转所得宅基地、耕地确权奠定了政策和法律基础。大多数自发移民自力更生已经摆脱了贫困。与国家在政策性扶贫移民开发中的巨额投入相比较,自发移民艰苦创业的做法和精神应该给予肯定。自发移民的整体收入水平已比过去大幅度提高,要远高于贫困地区人口的收入水平,大部分自发移民实际上已经摆脱了贫困,也为他们整体脱贫创造了条件。

三 创新自发移民聚居区社会治理的思路

第一,政府在创新自发移民聚居区社会治理中负有主体责任。自发移民,对个体来说,是改变生活状况和命运的抉择;对社会来说,则是无数个体构成的一种群体性活动。正确对待这一群体,是政府不可推卸的责任。创新自发移民聚居区社会治理，既考量着政府的作为和智慧，也考量着政府的责任和担当。

第二，创新自发移民聚居区社会治理，要坚持"尊重历史，以人为本"的原则，本着"消化存量，控制增量；整体解决，分类施策；抓住重点，保障民生"的思路进行，要改变以国家行政区划为施政界限的狭隘的地方保护主义意识，实施积极开放的社会政策。

第三，统筹解决省（区）内外自发移民。自发移民的跨省区迁移，是西部民族地区人口流动的显著特征。按照宁夏回族自治区公安厅的调查，全宁夏的自发移民中尚有近4万名外省籍的人口，还是应当一揽子通盘解决为好。这样，有利于社会的安定团结，有利于实现反贫困的总体目标，将为全国解决此类问题提供经验借鉴。

第四，创新自发移民聚居区社会治理，难点在于自发移民的土地、房屋权属关系混乱，户籍关系复杂，如何做好公共资源的配置和促进自发移民的社会融入。自发移民在迁入区永久性稳定定居和融入迁入地，对防止社会失范、降低社会风险、维护社会稳定、打赢精准脱贫攻坚战、实现社会和谐都具有非常重要的意义。让自发移民真正融入迁入地，在当地安居乐业，应当是政府施策的主线和重点。

四 创新自发移民聚居区社会治理的对策

创新自发移民聚居区社会治理体制机制，必须以开放包容的态度对待自发移民，尊重维护自发移民的合法权益，要从政治上平等对待、经济上扶持、社会上支持、文化上重塑、生态上建设。一是赋予自发移民合法身份的关键是在户籍制度改革中加快核转落实户口问题，使其在迁入地落户；二是建立健全自发移民聚居区的基层组织，为基层治理提供制度性资源；三是切实维护自发移民的经济权益，使自发移民能与所有贫困人口同步进入小康社会；四是加强自发移民聚居区社会建设，实现公共服务均等化；五是推动自发移民聚居区的文化建设，展示自发移民群体自强不息的精神风貌；六是加强自发移民聚居区的生态建设与环境治理，形成人与自然和谐发展的新格局。

参考文献

古籍文献

房玄龄：《晋书·北狄匈奴传》卷 97，北京：中华书局，1974年版。

胡汝砺编，管律重：《嘉靖宁夏新志·所属各地·灵州守御千户所》卷 3，银川：宁夏人民出版社，1982 年版。

郦道元：《水经注》，（清）王先谦校，成都：巴蜀书社，1985年版。

司马光：《资治通鉴·卷纪二》，北京：中华书局，1956 年版。

司马迁：《史记·平准书》卷 30，北京：中华书局，1959 年版。

司马迁：《史记·五帝本纪第一》，北京：中华书局，1999 年版。

司马迁：《史记·匈奴列传》卷 110，北京：中华书局，1959年版。

脱脱等：《宋史·夏国下》卷 486，北京：中华书局，1977 年版。

杨新才、吴忠礼主编《明宪宗实录》卷 100，银川：宁夏人民出版社，1988 年版。

杨新才、吴忠礼主编《清德宗实录》卷 159，银川：宁夏人民出版社，1986 年版。

当代地方史志

《当代宁夏纪事》编写部编《当代宁夏纪事》，银川：宁夏人民出版社，1990 年版。

《灵武市志》编纂委员会编《灵武市志》，银川：宁夏人民出版社，1998年版。

《银川市志》编纂委员会编《银川市志》，银川：宁夏人民出版社，1998年版。

《宁夏农垦志》编纂委员会编《宁夏农垦志》，银川：宁夏人民出版社，1995年版。

《万历朔方新志》卷1，载员有强、李习文主编《宁夏旧方志集成》卷6，北京：学苑出版社，2015年版。

学术著作

安东尼·吉登斯、菲利普·萨顿：《社会学》（第七版），北京：北京大学出版社，2015年版。

陈梧桐：《古代民族关系论稿》，北京：中央民族大学出版社，2006年版。

辞海编委会编《辞海》，上海：辞书出版社，2000年版。

丁焕章、刘钦斌：《中国西北回民起义斗争史》，北京：中国科学文化出版社，2003年版。

段成荣：《人口迁移研究：原理与方法》，重庆：重夫出版社，1998年版。

范建荣、姜羽：《宁夏自发移民理论与实践》，银川：黄河出版传媒集团，2012年版。

甘肃省图书馆书目参考部编《西北民族宗教史料文摘》（宁夏分册），甘肃省图书馆编印，1986年版。

葛剑雄：《中国移民史》（第一卷），福州：福建人民出版社，1997年版。

谷苞主编《西北通史》，兰州：兰州大学出版社，2005年版。

贺雪峰：《新乡土中国》，桂林：广西师范大学出版社，2003年版。

侯钧生：《西方社会学理论教程》，天津：南开大学出版社，2004年版。

霍维洮、胡铁球：《近代西北少数民族社会变迁》，银川：宁夏人民出版社，2010年版。

贾春增：《外国社会学史》，北京：中国人民大学出版社，2005年版。

靳江好、王郅强：《和谐社会建设与社会矛盾调解机制研究》，北京：人民出版社，2008年版。

李范文主编《西夏通史》，北京：人民出版社，2005年版。

李鸿宾：《唐朝的北方边地与民族》，银川：宁夏人民出版社，2011年版。

李培林、李强、马戎主编《社会学与中国社会》，北京：社会科学文献出版社，2008年版。

李培林、王晓毅主编《生态移民与发展转型——宁夏移民与扶贫研究》，北京：社会科学文献出版社，2013年版。

李强、刘精明、郑陆：《城镇化与国内移民：理论与研究议题》，北京：社会科学文献出版社，2015年版。

李小云：《参与式发展概论：理论·方法·工具》，北京：中国农业大学出版社，2001年版。

李智超：《乡村社区认同与公共事务治理》，北京：中国社会科学出版社，2015年版。

刘建娥：《中国乡－城移民的城市社会融入》，北京：社会科学文献出版社，2011年版。

刘天明、王晓华、张哲：《移民大开发与宁夏历史文化》，银川：宁夏人民出版社，2008年版。

陆益龙：《户籍制度——控制与社会差别》，北京：商务印书馆，2003年版。

马明良：《伊斯兰文化新论》，银川：宁夏人民出版社，1999年版。

马戎：《民族社会学——社会学的族群关系研究》，北京：北京大学出版社，2004年版。

马忠玉主编《宁夏应对全球气候变化战略研究》，银川：宁夏人民出版社，2012年版。

马宗保：《多元一体格局中的回汉民族关系》，银川：宁夏人民出版社，2002年版。

任颖卮、王东升：《青岛佛教研究》，北京：中央编译出版社，2015年版。

束锡红：《宁夏回族文化图史》，银川：宁夏人民出版社，2008年版。

宋林飞：《西方社会学理论》，南京：南京大学出版社，1997年版。

孙嘉明、王勋：《全球社会学——跨国界现象的分析》，北京：清华大学出版社，2006年版。

田继周：《中国古代民族关系史大事记》，北京：社会科学文献出版社，2011年版。

王春光：《巴黎的温州人——一个移民群体的跨社会建构行动》，南昌：江西人民出版社，2000年版。

王列军等：《完善城镇化进程中的社会政策》，北京：中国发展出版社，2013年版。

翁独健：《中国民族关系史纲要》，北京：中国社会科学出版社，1990年版。

吴海鹰等：《挑战贫困》，银川：宁夏人民出版社，2008年版。

吴忠礼：《朔方集》，银川：宁夏人民出版社，2011年版。

谢玉杰、束锡红、何彤慧：《宁夏区域生态建设与人文资源》，银川：宁夏人民出版社，2003年版。

徐杰舜、罗树杰、许立坤：《中国民族政策简史》，银川：宁夏人民出版社，2011年版。

闫云翔：《中国社会个体化》，上海：上海译文出版社，2012年版。

杨浣：《他者的视野——蒙藏史籍中的西夏》，银川：宁夏人民出版社，2013年版。

杨建新：《中国西北少数民族史》，银川：宁夏人民出版社，1988年版。

杨森翔：《吴忠溯源》，银川：阳光出版社，2010版。

杨新才：《宁夏历代农业统计叙录》，北京：中国统计出版社，

1992年版。

杨作山：《回藏民族关系史》，银川：宁夏人民出版社，2013年版。

银川市志办、银川移民史研究课题组：《银川移民史研究》，银川：宁夏人民出版社，2015年版。

于建嵘：《抗争性政治：中国政治社会学基本问题》，北京：人民出版社，2010年版。

张进海：《国家战略中的宁夏未来》，银川：宁夏人民出版社，2012年版。

张体伟：《西部民族地区自发移民迁入地聚居区建设社会主义新农村研究》，北京：中国社会科学出版社，2011年版。

张耀武：《宁夏扶贫实践与创新研究》，银川：宁夏人民出版社，2013年版。

张跃东、束锡红：《移民与宁夏区域文化》，银川：宁夏人民出版社，1994年版。

《中国北方民族关系史》编写组：《中国北方民族关系史》，北京：中国社会科学出版社，1987年版。

中国回族学会编《全面建设小康社会与回族学》，银川：宁夏人民出版社，2004年版。

中国社会科学院民族研究所编《回族史论集》，银川：宁夏人民出版社，1984年版。

周伟洲：《中国中世西北民族关系研究》，桂林：广西师范大学出版社，2007年版。

学术论文

陈勃：《人口老龄化背景下城市老年人的社会适应问题研究》，《社会科学》2006年第6期。

陈孔立：《有关移民与移民社会的理论问题》，《厦门大学学报》（哲学社会科学版）2000年第2期。

陈通明：《当代宁夏社会的主要特征》，《宁夏日报》2016年1月15日。

陈通明、孔炜莉等：《宁夏政策性移民和自发移民户籍管理制度改革研究报告》，载《2013中国生态移民与区域发展学术研讨会论文集》，2013。

《第一讲西方社会学产生的思想基础及历史背景》，豆丁网互联网文档资源http://www.docin.com，2015年6月11日。

丁鼎、王明华：《中国古代移民述论》，《安徽师范大学学报》（哲学社会科学版）1997年第4期。

丁明俊：《移民安置与回族教坊的重构——以宁夏红寺堡移民开发区为例》，《回族研究》2013年第1期。

杜毅、孙晓锦：《我国农村贫困致因研究综述》，《洛阳理工学院学报》（社会科学版）2016年第4期。

范斌：《弱势群体的增权及其模式选择》，《学术研究》2004年第12期。

范雷、田丰、李培林：《农民消费与全面建成小康社会——宁夏生态移民家庭消费研究》，《江苏社会科学》2013年第5期。

冯春梅、史贤华：《新视角下我国移民分类研究》，《宿州学院学报》2014年第10期。

傅义强：《当代西方国际移民理论述略》，《世界民族》2007年第6期。

嘎日达、黄匡时：《国外社会科学》，《西方社会融合概念探析及其启发》2009年第2期。

郭煦：《7000万人脱贫之路：现存在严重地域性绝对贫困》，《小康》2015年第23期。

郭正礼、杨永芳：《在法治轨道上不断推进社会治理创新》，《宁夏日报》2015年1月4日。

黄承伟、覃志敏：《论精准扶贫与国家扶贫治理体系建构》，《中国延安干部学院学报》2015年第1期。

黄匡时、嘎日达：《社会融合理论研究综述》，《新视野》2010年第11期。

黄平：《当代中国农民寻求外出——迁移的潮流》，http://www.

wyzxsx. co。

黄永伟:《论精准扶贫与国家治理扶贫体系建构》,《中国延安干部学院学报》2015 年第 8 期。

姜安印、冯英杰:《六盘山集中连片特困地区县域贫困状况评价》,《石家庄经济学院学报》2015 年第 4 期。

孔炜莉、陈之曦:《宁夏自发移民户籍管理问题研究》,《宁夏社会科学》2012 年第 3 期。

李惠:《人口迁移的成本、效益模型及其应用》,《中国人口科学》1993 年第 5 期。

李建华:《举全区之力坚决打赢脱贫攻坚战 提前两年实现"两个确保"脱贫目标》,《共产党人》2016 年第 2 期。

李建华:《统一思想 明确目标 坚定打赢脱贫攻坚战的决心和信心》,《宁夏日报》2016 年 1 月 19 日。

李凯中:《农民组织化和农村社区治理》,《社会科学论坛》2006 年第 12 期。

李禄胜:《宁夏山区发展劳务经济:绩效、问题与对策探析》,载马清贵主编《中国(宁夏)劳务经济发展论坛论文集》,银川:宁夏人民出版社,2006 年版。

李明欢:《20 世纪西方国际移民理论》,《厦门大学学报》2000 年第 4 期。

李明欢:《国际移民学研究:范畴、框架及意义》,《厦门大学学报》2005 年第 3 期。

李强:《当前我国城市化和流动人口的几个理论问题》,《江苏行政学院学报》2002 年第 1 期。

李强:《影响中国城乡流动人口的推力与拉力的因素分析》,《中国社会科学》2003 年第 1 期。

李强:《中国大陆城市农民工的职业流动》,《社会学研究》1999 年第 3 期。

李珊:《农村移居老年人的社会适应及其影响因素探析》,《安徽农业科学》2011 年第 5 期。

李增元：《乡村社区治理研究：分析范式、分析方法及研究视角的述评》，《甘肃行政学院学报》2012年第4期。

林万龙、钟玲、陆汉文：《合作型反贫困理论与实践》，《农业经济问题》2008年第11期。

刘文玲、尹建国：《浅析宁夏"十二五"生态移民土地开发整理项目区的选择》，《宁夏农林科技》2011年第11期。

刘有安：《新中国成立至改革开放前宁夏的人口迁入及其特点》，《西北民族大学学报》（哲学社会科学版）2011年第5期。

陆海发：《边疆少数民族自发移民问题治理研究》，《云南社会科学》2011年第5期。

罗桂海、黄宁：《早出去 早开发 早脱贫——百色地区部分农户异地开发见成效》，《广西农村经济》1994年第2期。

罗家德、李智超：《乡村社区自组织治理的信任机制初探——以一个村民经济合作组织为例》，《管理世界》2012年第10期。

马清贵：《以积极的劳务经济政策促进劳务产业的健康发展》，载马清贵主编《中国（宁夏）劳务经济发展论坛论文集》，银川：宁夏人民出版社，2006年版。

马晓梅：《对宁夏回汉民族关系的现实考量与未来展望》，《中共银川市委党校学报》2012年第2期。

马宗保：《论回汉民族关系的历史特点》，《西北民族研究》2001年第4期。

马宗保：《银川市回汉民族居住格局变迁及其对民族间社会交往的影响》，载马平主编《人类学视野中的回族社会》，2004年版。

麦海娟、罗昌状：《宁夏回族移民乡镇小学师资状况调查分析——以银川市兴泾镇为例》，《北方民族大学学报》2013年第4期。

米文宝、仲俊涛：《宁夏绿色发展战略研究》，载张廉主编《2016宁夏经济蓝皮书》，银川：宁夏人民出版社，2015年版。

钱自鹏：《维护农民工选举权的思考与认识》，《传承》2010年第12期。

任远、邬民乐：《城市流动人口的社会融合：文献述评》，《人口研究》2006 年第 3 期。

任志安：《农村社区治理模式探析——绍兴"两种"模式为例》，《黑龙江社会科学》2007 年第 6 期。

时鹏、余劲等：《基于农户视角的生态移民搬迁意愿及影响因素探析》，《中国水土保持》2012 年第 11 期。

史树娜、黄小葵：《北方少数民族地区生态移民研究文献综述》，《内蒙古财经学院学报》2011 年第 5 期。

束锡红、何海：《试论宁南山区环境、资源、人口协调发展的扶贫开发政策选择》，《人文地理》2000 年第 4 期。

滕玉成、牟维伟：《农村社区建设和治理研究述评》，《东南学术》2010 年第 11 期。

汪红娟：《甘肃三线建设述论》，《河西学院学报》2008 年第 3 期。

汪三贵：《在发展中战胜贫困——对中国大规模减贫经验的总结与评价》，《管理世界》2008 年第 11 期。

王明霞：《西方社会建设理论对构建和谐社会的启示——功能论和冲突论的视角》，《社会科学论坛》（学术研究卷）2007 年第 24 期。

王晓毅：《精准扶贫与驻村帮扶》，《国家行政学院学报》2016 年第 7 期。

位秀平、杨磊：《国际移民理论综述》，《黑河学刊》2014 年第 1 期。

文军：《从分治到融合：近 50 年来我国劳动力移民制度的演变及其影响》，《学术研究》2004 年第 7 期。

文军：《论我国城市劳动力新移民的系统构成及其行为选择》，《南京社会科学》2005 年第 1 期。

吴宏林：《我区 2015 年将实施退耕还林还草 25 万亩》，《宁夏日报》，2015 年 6 月 6 日。

吴前进：《跨国主义的移民研究——欧美学者的观点和贡献》，《华侨华人历史研究》2007 年第 4 期。

吴忠礼：《"安定属国"汉代的民族自治试验区》，《共产党人》2007年第8期。

项继权：《论我国农村社区的范围与边界》，《中共福建省委党校学报》2009年第7期。

徐爱花、甘诺：《转型社会中农村社区治理困境及对策》，《青海社会科学》2011年第6期。

徐华炳、奚从清：《理论构建与移民服务并进：中国移民研究30年述评》，《江海学刊》2010年第5期。

徐勇、朱国云：《农村社区治理主体及其权力关系分析》，《理论月刊》2013年第1期。

许凌：《宁夏：建设沿黄经济区 打造重要增长极》，《经济日报》2011年6月23日。

闫书华、范伟：《坚决打赢脱贫攻坚战》，《学习时报》2016年2月15日。

颜雅英：《农民工市民化路径研究——以泉州市为例》，《福建师大福清分校学报》2013年第4期。

杨波：《开发聚宝盆 再造新宁夏》，《中国经济导报》，2009年9月22日。

叶继红：《城市新移民的文化适应：以失地农民为例》，《天津社会科学》2010年第2期。

叶剑平、蒋妍、丰雷：《中国农村土地流转市场的调查研究》，《中国农村观察》2006年第4期。

尤靖雯：《社会资本理论视角下的我国收入分配制度改革问题探讨》，《商业时代》2011年第2期。

俞可平：《中国农村治理的历史和现状》，《经济体制比较》2004年第2期。

张国富、孙金华：《论农村公共品供给与新农村的建设》，《经济问题》2006年第2期。

张璐璐：《生态系统理论视阈下农民工子女社会融合教育探微》，《黑河学刊》2013年第4期。

张其度:《宁夏医疗卫生服务体系建设研究报告》,载张廉主编《2016宁夏社会蓝皮书》,银川:宁夏人民出版社,2015年版。

张赛群、汤兆云:《阻止贫困现象代际传递功在当代利在千秋》,《光明日报》2016年8月24日。

张淑凤:《群体性事件研究述评》,《中共乐山市委党校学报》2013年第11期。

张铁军:《生态移民社会适应问题研究》,《理论建设》2012年第6期。

张文宏、雷开春:《城市新移民社会融合的结构、现状与影响因素分析》,《社会学研究》2008年第5期。

张雪筠:《心理疏离与民工犯罪——城市化进程中民工犯罪的心理分析》,《理论与现代化》2002年第6期。

赵春娥:《我国农村弱势群体利益表达机制研究》,《首都经济贸易大学》2013年第2期。

赵杰:《论回汉民族关系亲密的四大共因》,《回族研究》2007年第1期。

赵泉民:《农民的公民意识与中国乡村合作经济组织的发展》,《社会科学》2010年第8期。

赵树凯:《乡村治理:组织和冲突》,《河北学刊》2003年第5期。

郑长德、单德朋:《集中连片特困地区多维贫困测度与时空演进》,《南开学报》(哲学社会科学版)2016年第3期。

《中共中央国务院关于打赢脱贫攻坚战的决定》,《人民日报》2015年12月8日。

钟涨宝、杜云素:《移民研究述评》,《世界民族》2009年第1期。

周传斌:《回族聚居地区的民族关系——基于宁夏L镇回汉社会交往与民族关系的调查》,《北方民族大学学报》2011年第6期。

周皓:《流动人口社会融合的测量及理论思考》,《人口研究》2012年第3期。

周敏、黎相宜:《国际移民研究的理论回顾及未来展望》,《东南亚研究》2012 年第 6 期。

朱理峰：《三线建设评析》，《长春师范学院学报》2007 年第 5 期。

庄国土等：《中国新移民的类型和分布》，《社会科学》2012 年第 12 期。

硕博论文

陈之曦：《自发移民的社会适应和社会融入研究》，宁夏大学硕士学位论文，2016。

高洪：《当代中国人口流动问题》，复旦大学博士学位论文，2003。

刘有安：《20 世纪迁入宁夏的汉族移民社会文化适应研究》，兰州大学博士学位论文，2010。

沈纪：《"社会键"断裂：城市流动少年违法犯罪原因探析》，首都师范大学硕士学位论文，2014。

曾迪洋：《劳动力迁移对婚姻的影响》，清华大学博士学位论文，2014。

档案文献

全宗名称：甘肃省银川专署移民办公室，《关于北京市移民安置工作情况的检查报告》，卷号 162。

全宗名称：宁夏回族自治区民政厅，《关于对 60 年浙江来宁建设青年安置工作检查的报告》，卷号 50。

银川市档案馆：银川市委档案，全宗号：A1，案卷号：238，宁夏党委批转《自治区安置来宁建设人员委员会 1959 年安置浙江来宁建设青年工作总结报告》。

银川市档案馆：银川市委档案，全宗号：A1，案卷号：325，宁夏党委转发农垦局党组《关于做好浙江支宁青年工作的意见》。

附　录

宁夏回族自治区自发移民调查问卷

问卷编号：（　　　　　）
调研地点：
（　　　　　）自治区（　　　　　）市（　　　　　）县
（　　　　　）乡镇、街道（　　　　　）移民点

问卷说明：

您好！

我是宁夏社会科学院"西部民族地区自发移民迁入地聚居区社会治理创新研究"课题组的调研员。为了解西部民族地区自发移民的经济、社会生活现状、自发移民的发展困境和基本诉求，保护自发移民合法权益，为政府制定政策提供理论依据，我们随机抽取部分自发移民开展问卷调查。针对问卷中的问题请您如实回答（请在选择的题号后的括号内打钩），我们将按照我国法律法规的规定及一般的调研原则，对您的回答严格保密，并且只用于本课题的学术研究，不会泄露您的任何个人信息。感谢您的合作和支持！

A 个人及家庭基本情况（1）

A01. 您的性别：
（1）男　　　　　　（2）女
A02. 您的年龄：
（1）25 岁及以下　　（2）26~35 岁　　（3）36~45 岁
（4）46~60 岁　　　（5）61 岁及以上

A03. 您的民族：

(1) 汉族　　　　　(2) 回族　　　　　(3) 其他，请注明：

A04. 您的婚姻状况：

(1) 未婚　　　　　(2) 已婚　　　　　(3) 离婚

A05. 您的户籍所在地：

(1) 在现居住的本地本乡（镇、街道）

(2) 在本地其他乡（镇、街道）

(3) 户口在原籍，请注明：

(4) 其他，请注明：

A06. 您目前的户籍状况：

(1) 农业户口　　　(2) 非农业户口　　(3) 没有登记户口

(4) 其他，请注明：

A07. 您的文化程度：

(1) 没有上过学　　(2) 小学　　　　　(3) 初中

(4) 高中（职业高中、中专）　　　　　(5) 大专

(6) 本科　　　　　(7) 研究生及以上

A08. 您目前的就业状况：

(1) 在外务工　　　(2) 务农　　　　　(3) 个体经营

(4) 务农与务工结合 (5) 宗教人士　　　(6) 其他，请注明：

A09. 您家迁入本地的年限：

(1) 1年内　　　　 (2) 1~3年　　　　 (3) 4~5年

(4) 6~10年　　　　(5) 10年以上

A10. 您的家庭有几口人（指目前在一起共同生活的家庭人口）？

(1) 1口人　　　　 (2) 2口人　　　　 (3) 3~4口人

(4) 5~6口人　　　 (5) 7口人及以上

B 经济状况（2）

B01. 移民搬迁前，您家的主要收入来源：

(1) 种植　　　　　(2) 养殖　　　　　(3) 打工

(4) 做生意　　　　(5) 出租收入　　　(6) 行政事业单位收入

（7）政府补贴救济　（8）其他，请注明：

B02. 现在您家的主要收入来源：

（1）种植　　　　　（2）养殖　　　　　（3）打工

（4）做生意　　　　（5）出租收入　　　（6）行政事业单位收入

（7）政府补贴救济　（8）其他，请注明：

B03. 您的家庭收入和移民搬迁前相比有何变化？（只选一项）

（1）增加　　　　　（2）减少　　　　　（3）没有变化

B04. 您的家庭支出与移民搬迁前相比有何变化？（只选一项）

（1）增加　　　　　（2）减少　　　　　（3）没有变化

（4）说不清

B05. 去年（2014）您家庭全年各项收入总共是多少元？（只选一项）

（1）5000 元及以下　　　　　　　（2）5001～10000 元

（3）10001～20000 元　　　　　　（4）20001～30000 元

（5）30001～50000 元　　　　　　（6）50001 元及以上

（7）说不清

B06. 在您的家庭各项收入中，收入比较多的是哪几项？

（1）农业经营收入

（2）打工收入（工资、奖金、福利等，不含退休金）

（3）经商做生意收入

（4）出租房屋土地等收入

（5）家庭金融投资理财收入

（6）家庭成员退休金、养老保险金等社保收入

（7）社会救助收入（如最低生活保障、困难补助、疾病救助、助学金等）

（8）其他收入，请注明：

B07. 您家是否还有原籍家乡的各项补贴收入（如农业补助、退耕还林补助等）？

（1）有　　　　　　（2）没有　　　　　（3）说不清

B08. 去年（2014）一年您的家庭收入与各类花费（支出）之

间：（限选一项）

(1) 收入大于花费　　(2) 收入和花费基本持平

(3) 收入不够花费　　(4) 说不清

B09. 在本地是否有属于您自己的土地？（只选一项）

(1) 有　　　　　　　　　　　　(2) 没有

(3) 曾经有，现在已被征用　　　(4) 不知道

B10. 您的土地来源

(1) 自己开垦的　　(2) 购买他人的　　(3) 亲戚朋友转让的

(4) 政府分给的　　(5) 租别人的　　　(6) 承包集体的

(7) 说不清

B11. 您家的土地目前或曾经主要用于：（只选一项）

(1) 种植业　　　　(2) 养殖业　　　　(3) 林业

(4) 撂荒　　　　　(5) 租给别人　　　(6) 其他，请注明：

B12. 您是否同意下列说法？

		同意	不同意	说不清
1	穷与富，天注定	(1)	(2)	(3)
2	只要自己肯吃苦，生活总会好起来	(1)	(2)	(3)
3	亲朋的帮助，对我改善经济状况非常重要	(1)	(2)	(3)
4	没有社会的帮扶，个人再努力也不顶用	(1)	(2)	(3)
5	有了好的环境，才能使生活好起来	(1)	(2)	(3)

C 社会生活与社会地位（3）

C01. 您家目前的住房来源：（只选一项）

(1) 自建　　　　　(2) 购买　　　　　(3) 租赁

(4) 其他，请注明：

C02. 移民搬迁后您家的住房状况是否有变化？（只选一项）

(1) 变好了　　　　(2) 没有变化　　　(3) 变差了

(4) 说不清

C03. 您目前的居住地上中小学方便吗？（只选一项）

(1) 方便　　　　　(2) 不太方便　　　(3) 非常不方便
(4) 说不清

C04. 您目前的居住地看病就医方便吗？（只选一项）
(1) 方便　　　　　(2) 不太方便　　　(3) 非常不方便
(4) 说不清

C05. 您目前已办理下面哪种社会保险？

	已办理	没有办理	说不清
城乡居民养老保险			
城乡居民医疗保险			
新型农村合作医疗保险			
失业保险			
生育保险			
工伤保险			
企业职工养老保险			
最低生活保障			
其他，请注明			

C06. 您缴纳上述社会保险费是在哪里？
(1) 现居住地　　　(2) 原籍　　　　　(3) 说不清

C07. 您认为现居住地的计划生育管理怎么样？（只选一项）
(1) 严格　　　　　(2) 一般　　　　　(3) 不严格
(4) 说不清

C08. 您家生育几个孩子？（只选一项）
(1) 1个　　　　　(2) 2个　　　　　(3) 3个
(4) 4个　　　　　(5) 5个及以上

C09. 您认为居住地社会治安如何？（只选一项）
(1) 很好　　　　　(2) 一般　　　　　(3) 不好
(4) 非常不好　　　(5) 说不清

C10. 您现在居住地由谁管理？（只选一项）
(1) 村民自我管理

（2）没有任何人或部门管理

（3）基层乡镇（街道）或行政村（居委会）管理

（4）移民开发区

（5）说不清

C11. 对居住地的社会秩序，您是否同意下列说法？

		同意	不同意	说不清
1	依法做事，不能违法	（1）	（2）	（3）
2	大家都凭天理良心行事	（1）	（2）	（3）
3	大家怎么做，我就怎么做	（1）	（2）	（3）
4	人与人好好相处，才能过好日子	（1）	（2）	（3）
5	个人顾个人，谁也管不了谁	（1）	（2）	（3）

D 民族关系、宗教信仰及文化生活（4）

D01. 您认为自己居住地的回族和汉族的关系好不好？（只选一项）

（1）很好　　　（2）一般　　　（3）不好

（4）说不清

D02. 您愿意与回族（汉族）的人做邻居吗？（只选一项）

（1）愿意　　　（2）无所谓　　　（3）不愿意

（4）说不清

D03. 您愿意回族（汉族）的人一起工作劳动吗？（只选一项）

（1）愿意　　　（2）无所谓　　　（3）不愿意

（4）说不清

D04. 您愿意回族（汉族）的人一起聊天来往吗？（只选一项）

（1）愿意　　　（2）无所谓　　　（3）不愿意

（4）说不清

D05. 您愿意回族（汉族）的人交朋友吗？（只选一项）

（1）愿意　　　（2）无所谓　　　（3）不愿意

（4）说不清

D06. 您本人或子女愿意与回族（汉族）的人通婚吗？（只选一项）

（1）愿意　　　　（2）无所谓　　　　（3）不愿意

（4）说不清

D07. 您了解回族（汉族）过节的风俗习惯吗？（只选一项）

（1）了解　　　　（2）不了解　　　　（3）说不清

D08. 最近3年内，当地回汉民族之间发生过冲突吗？（只选一项）

（1）没有发生过　　（2）偶然发生过　　（3）经常发生

（4）不清楚

D09. 您的宗教信仰：（只选一项）

（1）不信仰宗教　　（2）佛教　　　　（3）道教

（4）伊斯兰教　　　（5）天主教　　　（6）基督教

（7）其他，请注明：

D10. 在您居住的地方有可以进行宗教活动的场所吗？（只选一项）

（1）有　　　　　　（2）没有　　　　（3）不知道

D11. 您感到在现在住的地方进行宗教活动方便吗？（只选一项）

（1）方便　　　　　（2）无所谓　　　（3）不方便

（4）说不清

D12. 您目前居住的村子（社区）平时有下列文化娱乐活动吗？

		经常有	偶尔	从没有	不知道
1	跳广场舞	（1）	（2）	（3）	（4）
2	看电影	（1）	（2）	（3）	（4）
3	打牌下棋	（1）	（2）	（3）	（4）
4	打篮球等体育活动	（1）	（2）	（3）	（4）
5	闹社火	（1）	（2）	（3）	（4）
6	组织文艺演出	（1）	（2）	（3）	（4）
7	图书阅览室看书	（1）	（2）	（3）	（4）
8	其他（请注明）	（1）	（2）	（3）	（4）

E 社会关系与社会融入（5）

E01. 移民搬迁前，如果遇到困难通常会找谁帮忙？（可选3项）

（1）亲戚　　　　（2）朋友　　　　（3）同事
（4）邻居　　　　（5）村干部　　　（6）宗教权威人士
（7）其他，请注明：

E02. 您现在遇到困难通常会找谁帮忙？（可选3项）

（1）亲戚　　　　（2）朋友　　　　（3）同事
（4）邻居　　　　（5）村干部　　　（6）宗教权威人士
（7）其他，请注明：

E03. 搬迁到这里后，您能够说上话、帮上忙的亲戚朋友邻居比原来：（只选一项）

（1）增加了　　　（2）减少了　　　（3）没有差别
（4）不好说

E04. 搬迁到这里后，您家与周围邻里村民的关系：（只选一项）

（1）很好　　　　（2）一般　　　　（3）不太好
（4）不好说

E05. 移民搬迁前，您是否参加过原来村子的村民代表大会？（只选一项）

（1）是，经常　　（2）是，偶尔　　（3）没有参加过
（4）说不清

E06. 现在您是否参加过本居住地的村民代表大会？（只选一项）

（1）是，经常　　（2）是，偶尔　　（3）没有参加过
（4）说不清

E07. 没有参加的原因？（只问上题选第三个答案的，只选一项）

（1）没有当地户籍
（2）不认为是本社区的人
（3）没有接到选举通知
（4）没兴趣，不愿参加
（5）不好说

E08. 和移民搬迁前相比，您和现在的政府干部接触的机会多吗？（只选一项）

（1）比搬迁前更多　（2）和搬迁前差不多

（3）比搬迁前少　　（4）说不清

E09. 您是否有过外出打工经历？（只选一项）

（1）有　　　　　　（2）没有

E10. 您打工是在什么地方？（只选一项）

（1）本地　　　　　（2）区内外县　　　　（3）区外

E11. 您外出打工依靠谁介绍工作？（只选一项）

（1）亲戚　　　　　（2）朋友　　　　　　（3）邻居

（4）政府信息　　　（5）自己寻找

E12. 您是否参加过政府组织的相关就业培训？（只选一项）

（1）参加过　　　　（2）没有参加过

E13. 请根据自己的经历和现居住地的情况对下列问题发表看法：

		很好	一般	比较差	说不清
1	周围人的友善诚信等品行	（1）	（2）	（3）	（4）
2	干部与群众的关系	（1）	（2）	（3）	（4）
3	人与人的关系	（1）	（2）	（3）	（4）
4	社会风气	（1）	（2）	（3）	（4）

F 生态环境保护与资源管理（6）

F01. 您认为目前当地下列情况存在吗？

		比较严重	一般	不严重	说不清
1	水被污染不干净	（1）	（2）	（3）	（4）
2	土地沙化或盐渍化	（1）	（2）	（3）	（4）
3	居住周围的树、草越来越少	（1）	（2）	（3）	（4）
4	空气不新鲜，呛人	（1）	（2）	（3）	（4）
5	垃圾没有人管	（1）	（2）	（3）	（4）
6	其他，请注明	（1）	（2）	（3）	（4）

F02. 您家目前使用的生活用水：（只选一项）

（1）自来水　　　　（2）井水　　　　　　（3）河水

（4）窖水　　　　　（5）其他，请注明：

F03. 您家生活用水的来源：（只选一项）

（1）政府统一解决的（2）自己解决的　　（3）还没有解决

（4）其他，请注明：

F04. 您现在居住地移民和原居住地的村民是否因用水发生过冲突？（只选一项）

（1）发生过冲突　　（2）没有发生过冲突（3）不知道

F05. 您家目前的用电状况：（只选一项）

（1）已正常通电　　　（2）尚未通电

（3）通电设施正在安装过程中

（4）其他，请注明：

F06. 您是否同意下列说法？

		同意	不同意	说不清
1	保护环境，人人有责，从我做起	(1)	(2)	(3)
2	保护环境主要靠政府和企业	(1)	(2)	(3)
3	保护环境个人使不上劲	(1)	(2)	(3)
4	保护环境要靠全社会的共同努力	(1)	(2)	(3)

G 搬迁态度及满意度（7）

G01. 您搬迁到现居住地的原因是：

（1）原居住地条件差，很贫穷，这里比原籍生活谋生的条件好

（2）躲避计划生育政策罚款

（3）为了子女有一个好的教育环境

（4）原籍邻里村上矛盾多

（5）其他，请注明：

G02. 您是通过哪种途径搬到现居住地的？

（1）自己了解情况后主动搬过来的

（2）在亲戚朋友的带动介绍下搬过来的

（3）周围邻居都搬走了，我家也跟着过来了

（4）其他，请注明：

G03. 您是否满意自己的移民搬迁？（只选一项）

（1）满意　　　　（2）不满意　　　　（3）说不清

G04. 您对现居住地下列方面是否满意？

		很满意	比较满意	不太满意	很不满意	说不清
1	务工就业	（1）	（2）	（3）	（4）	（5）
2	文化娱乐	（1）	（2）	（3）	（4）	（5）
3	政府惠民政策	（1）	（2）	（3）	（4）	（5）
4	政府的关心帮助	（1）	（2）	（3）	（4）	（5）
5	村委会的管理	（1）	（2）	（3）	（4）	（5）
6	道路建设	（1）	（2）	（3）	（4）	（5）
7	供水下水	（1）	（2）	（3）	（4）	（5）
8	卫生条件	（1）	（2）	（3）	（4）	（5）
9	其他，请注明	（1）	（2）	（3）	（4）	（5）

G05. 您对现在居住地的社会秩序和生活环境怎么看待？

（1）很好　　　　（2）一般　　　　（3）比较乱

（4）很糟糕　　　（5）说不清

G06. 与移民搬迁前相比，您的生活水平有什么变化？

（1）越变越好　　（2）没变化　　　（3）越来越差

（4）说不清

G07. 您是否有二次搬迁的打算？（只选一项）

（1）有　　　　　（2）没有　　　　（3）说不清

G08. 您目前面临的最大困难是哪些方面？（选3项）

（1）生产资金短缺　（2）无房住房条件差　（3）缺土地

（4）收入少　　　（5）看病难看病贵　（6）子女入学难

（7）交通不方便　（8）户籍问题　　　（9）购物不方便

（10）没有困难　（11）家中有重病人　（12）其他，请注明：

G09. 您最希望政府解决哪方面困难？（多选）

（1）给予贷款扶持　（2）孩子上学　　　（3）改善就医条件

（4）改善住房条件　（5）分配土地　　　（6）把户口迁来

（7）养老保险　　　　　　　　　　　（8）医疗保险

（9）发给最低生活保障费　　　　　　（10）帮助就业

（11）建设道路、自来水等基础设施

（12）改善生活环境　　　　　　　　（13）技能技术培训

（14）搞好社会治安　　　　　　　　（15）其他，请注明：

G10. 您对自己和家庭今后的发展：

（1）充满信心　　　（2）信心不足　　（3）比较悲观

（4）不好说

问卷调查结束，感谢您接受我们的访问！

"西部民族地区自发移民迁入地聚居区
社会治理创新研究"课题组

2015 – 3

后　记

　　自 2012 年 9 月起，我在宁夏回族自治区信访局挂职。接待来访过程中，我发现自发移民的来访人数较多，自发移民的社会治理问题引起了我的关注。2012 年底，我以《西部民族地区自发移民迁入地聚居区社会治理创新研究》为题申请国家社科基金课题，并获得立项资助。该课题的立项，是我学术生涯迈出的重要一步，是对我从事社会学学术研究能力的一个肯定，从而也坚定了自己做好学术研究的信心和服务社会的使命感、责任感。

　　自发移民群体伴随着政策性移民而产生，其特点是人数多、规模大、形成的历史跨度长、背景复杂。在反贫困的历史进程中，自发移民群体无疑成为一个备受关注和有争议的群体。如何解决自发移民问题成为地方政府基层治理的难点，这使得本项研究具有特殊性、复杂性、必要性和紧迫性。

　　课题研究是艰辛的。在研究过程中，我深受疾病困扰，不明原因的长期持续发烧使我的研究工作时断时续。很多时候，我都是在身体高烧的状态下依然忍受着折磨，坚持课题研究和书稿的写作，特别是书稿的最后修订都是在我休病假期间在医院的病房和家中完成的。幸运的是，我学术道路上的成长过程和本课题研究都得到了学界前辈的无私关怀和大力支持。在此，我要特别感谢宁夏社会科学院原副院长、宁夏社会学会会长陈通明研究员。老院长全程参与了此项课题的研究工作，包括提纲拟定、问卷设计、问卷调查、入户访谈、召开座谈会、撰写论文和最后统稿。老院长以其扎实的学术功底、精益求精的工作态度和严谨务实的学风，对本项研究的顺利完成给予了宝贵的支持和帮助，使我深受鼓舞和感动，也使该课题在国家社科基金评审

后 记

中得到专家们的一致肯定和好评。此情无以回报，唯有铭记心中！特别值得一提的是，老院长的爱人在我们进行田野调查过程中，亲自为我们驾车，并帮助发放和回收问卷，协助我们完成了在宁夏全区五个市近1000份问卷的采集和对30余户移民的入户访谈任务。

此书也是我献给敬爱的母亲和已在天堂的父亲的一份礼物。我的父母给予了我无私无尽的爱。多年来，母亲为支持我的工作和事业，放弃了本该属于她的退休后的休闲生活，任劳任怨地为我分担家务照顾女儿，默默奉献。父母一直教导我要勤奋读书、厚道为人，他们的教诲永远是我前行的力量和准则，此书的出版也是对我父母的一个回报吧！

我要感谢参与本课题研究的一些同事朋友：王晓华、陈之曦、丁全龙、郭亚莉、徐东海等；感谢北方民族大学束锡红教授的研究生们参与课题的问卷调查；感谢自治区党委政研室社会处原处长吴灵捷和中卫市党委政研室对问卷调查的鼎力支持，保证了课题问卷调查的顺利完成。

最后，我要感谢爱人和女儿的倾情支持和理解，感谢兄弟姊妹们的关爱，一路走来，是他们的爱让我一直这么坚强而充满力量。

本书是在我的国家社科基金课题基础上修改后完成的。各章的写作情况是：第一章、第二章、第四章、第五章、第七章、第十章、第十一章，杨永芳；第三章，王晓华、杨永芳；第六章，杨永芳、徐东海；第八章，陈之曦；第九章，丁全龙。

本书借鉴和参考了学术界的一些相关研究成果和观点，在此表示谢忱！

春华秋实，谨以此书与前辈、师长、学友、家人分享收获的喜悦！宁夏社会科学院将本书列入院的文库丛书，对本书出版给予资助，我在此表达深深谢意！由于作者水平所限，本书难免有疏漏或不当之处，敬请读者批评指正！

杨永芳

2018年12月16日于银川

图书在版编目(CIP)数据

自发移民与社会治理：宁夏的实践和经验／杨永芳著 .-- 北京：社会科学文献出版社，2018.12
（宁夏社会科学院文库）
ISBN 978-7-5201-4041-6

Ⅰ.①自… Ⅱ.①杨… Ⅲ.①移民问题-研究-宁夏 Ⅳ.①D632.4

中国版本图书馆 CIP 数据核字（2018）第 281413 号

宁夏社会科学院文库
自发移民与社会治理
—— 宁夏的实践和经验

著　　者／杨永芳

出 版 人／谢寿光
项目统筹／隋嘉滨
责任编辑／胡　亮　马甜甜

出　　版／社会科学文献出版社·群学出版分社（010）59366453
　　　　　地址：北京市北三环中路甲29号院华龙大厦　邮编：100029
　　　　　网址：www.ssap.com.cn

发　　行／市场营销中心（010）59367081　59367083
印　　装／三河市尚艺印装有限公司

规　　格／开　本：787mm×1092mm　1/16
　　　　　印　张：19.75　字　数：292千字
版　　次／2018年12月第1版　2018年12月第1次印刷
书　　号／ISBN 978-7-5201-4041-6
定　　价／99.00元

本书如有印装质量问题，请与读者服务中心（010-59367028）联系

▲ 版权所有　翻印必究